조선왕조실록
2

정종 · 태종

조선왕조실록

피와 눈물로 세운 나라의 기틀

朝鮮王朝實錄 2

이덕일 지음

다산
초당

# 조선왕조실록을 읽는다는 것

## 500년 정신이 담긴 위대한 기록

'조선'이라는 이름을 들으면 가장 먼저 어떤 생각이 드는가? 성리학이라는 형이상학에 매몰된 문약(文弱)한 나라, 지배층인 양반들은 당쟁만 일삼고 국가에 재난이라도 일어나면 제일 먼저 몸을 피하는 비겁한 나라. 혹시 이러한 비판적인 인상이 먼저 들지는 않는가? 이러한 일반적인 인식은 서세동점(西勢東占)의 물결이 전 세계에 몰아친 20세기 초, 변화의 흐름을 놓치고 일제의 침략을 받아 나라를 잃은 역사를 감안하더라도 지나치게 가혹하다.

조선에 대한 이러한 부정적 평가는 '조선은 낙후되고 정체된 나라', '조선은 타율적이고 나약하다'라는 말로 요약되는 일제강점기 식민사학의 영향 탓이다. 분명 조선 후기에 노론 중심의 부패한 정치가 나라를 망친 것은 사실이지만, 무려 518년이라는 긴 세월 동안 유지된 왕조를 한마디로 규정할 순 없다. 역사상 존재한 수많은 나라들 중에서도 이렇듯 긴 수명을 유지할 수 있었던 데에는 이유가 있다. 나는 그 핵심을 《조선왕조실록(朝鮮王朝實錄)》이라는 위대한 기록 유산의 존재와 조선이라는 나라의 제도, 즉 시스템과 정신에 있다고 생각한다.

《조선왕조실록》을 동시대에 존속했던 중국 왕조의 정사인 《명사(明史)》, 《청사고(淸史稿)》 등과 비교해보면 큰 차이가 난다. 《조선왕조실록》은 조선 멸망 후 일본인이 편찬을 지휘한 《고종실록(高宗實錄)》, 《순종실록(純宗實錄)》을 제외하면 조선인이 직접 편찬한 것이다. 《명사》는 명나라가 망한 후 청나라의 장정옥(張廷玉) 등이 편찬했고, 《청사고》 역시 신해혁명으로 청나라가 무너진 후 민국 정부에서 편찬한 것이다. 모두 뒤의 정권에서 앞의 정권을 평가한 역사서다. 그 과정에서 수많은 사실들이 정리되고 삭제되었을 것이다. 그래서 편찬 형태도 《명사》와 《청사고》는 기전체(紀傳體) 역사서다. 황제의 사적인 〈본기〉와 각종 통계기록인 〈지(志)〉, 〈표(表)〉, 신하들의 사적인 〈열전〉으로 구성된다. 반면 《조선왕조실록》은 뒤의 임금이 앞의 임금 때 있었던 일들을 날자별로 기록한 편년체(編年體) 역사서다. 기전체 역사서는 체제는 깔끔하지만 현장의 생생한 목소리는 부족하다. 반면 태조 이성계로부터 철종에 이르기까지 25대 472년간의 역사를 날자별로 기록한 편년체 역사서인 《조선왕조실록》은 현장의 생동감이 그대로 살아 있다. 마치 그 현장에 있는 것처럼 당시의 목소리가 생생하게 전해진다.

선왕이 세상을 떠나면 후왕이 실록청(實錄廳)을 설치해 선왕 때의 역사를 편찬하는데, 선왕 때 사관의 기록과 《승정원일기(承政院日記)》,

《의정부등록(議政府謄錄)》등 정부 기관의 기록은 물론 경연에 참석했던 신하들의 경연일기 등 선왕 때 기록된 모든 자료를 모아서 편찬한다. 실록에 기록되는 왕은 대부분 현왕의 아버지이고, 신하들은 생존해 있는 경우가 대부분이다. 그래서 실록 편찬에 살아있는 권력의 간섭을 막는 것이 절대과제였다. 이런 이유 때문에 대신들은 물론 후왕도 실록을 볼 수 없었다. 선왕 때의 일이 필요한 경우 해당 부분만 따로 등사해 국정에 참고하게 했을 뿐이다. 그래서 《조선왕조실록》은 《명사》, 《청사고》와 달리 살아 있는 권력의 개입을 원천에서 차단했다. 그래서 국왕이 감추고 싶은 기사까지 그대로 실려 있다. 《태종실록(太宗實錄)》 4년 2월 8일에는 이런 글이 실려 있다.

> (왕이) 친히 활과 화살을 가지고 말을 달려 노루를 쏘다가 말이 거꾸러져서 낙상했으나 다치지는 않았다. (왕이) 좌우를 돌아보며, "사관(史官)이 알지 못하게 하라"고 말했다.

태종은 공신들에 대한 피의 숙청으로 왕권을 반석으로 만든 절대군주였는데도, 그가 감추고 싶어 했던 말까지 그대로 기록한 것이 《조선왕조실록》의 정신이다. 연산군 때 선비들이 화를 당한 사화(士禍)를 사관들이 화를 당한 사화(史禍)라고도 하는 이유는 이때 사형당한 선비들이 대부분 사관들이었기 때문이다. 조선의 선비들은 당대의 진실을 후대에 전하기 위해 목숨을 걸었고, 그래서 사관들은 비록 목숨을 잃었지만 사화의 단초가 되었던 김종직의 〈조의제문(弔義帝文)〉이 그대로 실록에 실려 우리에게 전해지는 것이다. 그 정신이 담겨 있는 것이 바로 1997년 유네스코 세계유산으로 등재된《조선왕조실록》이다.

"역사를 잊은 민족에게 미래는 없다"는 말이 회자되고 있다. 단재 신채호의 말이라고 하는데 정확하지는 않다. 그러나 중요한 것은 이 말이 품은 참뜻이다. 오늘날 우리 사회가 과연 목숨을 걸고 진실을 전했던 조선의 사관정신과 망명지를 전전하며 역사를 연구하고 옥사하는 순간까지 역사서를 저술한 신채호의 사관정신을 계승하고 있다고 감히 말할 수 있을까? 식민사학에 경도된 어느 중진 역사학자가 공개 학술대회 석상에서 "신채호는 세 자로 말하면 또라이, 네 자로 말하면 정신병자"라고 망언했는데도 어느 역사학자 한 명 항의하지 않았다는 사실에 우리 사회 사관들의 정신 상태를 알 수 있다.


## 선조의 혜안에서 얻는 산지식

우리는《조선왕조실록》에서 무엇을 배워야 할까? 조선 왕조 518년 동안 27명의 임금이 있었다. 한 임금이 평균 19년 정도 왕위에 있었던 셈인데, 이중 성공적인 정치가였다는 평가를 받는 군주는 그리 많지 않다. 물론 27명의 왕들은 각기 그가 처한 환경이 달랐다. 개국 초 태조 이성계와 태종 이방원이 처한 상황이 달랐고, 조카인 단종을 죽이고 왕이 된 세조 이후가 달랐으며, 임진왜란 전후가 달랐고, 인조반정 이후가 달랐다. 각각의 시대가 필요로 하는 시대정신을 어떻게 인식하고 현실 정치에 구현했느냐에 따라 당대의 성공과 실패가 갈린다.

예컨대 수양대군의 왕위 찬탈은 태종이 피의 숙청으로 무너뜨린 공신집단을 부활시킨 사건으로, 조선 사회는 그 대가를 혹독하게 치러야 했다. 임진왜란은 200년을 이어온 조선이 다시 개국에 준하는 자세로 새로 태어나야 함을 보여준 사건이다. 그러나 이후 서인(이후 노론)들은 시대정신의 요구와는 상반된 행보를 보였다. 인조반정을 일으켰고, 병자호란을 초래해 백성을 도탄에 몰아넣었다. 이들이 득세한 이래 조선에선 임금이 약하고 신하들은 강한 '군약신강(君弱臣强)'이 노골화되었고, 그 결과 국운은 날로 기울어져갔다.

반대로 성공적인 정치를 펼친 임금도 있었다. 태조는 정도전과 조준이 제시한 과전법을 통해 토지 개혁이란 시대적 과제를 풀어내 새 왕조의 개창을 이뤘다. 당시 고려는 소수 귀족 집안이 산천을 경계로 삼을 정도의 대토지를 소유하고 있었고, 정작 그 땅을 경작하는 농민들은 대부분 굶주림을 면치 못할 정도로 민생이 파탄 난 상태였다.

조선 중기의 책 《송와잡설(松窩雜說)》은 조선 개창 세력이 신돈의 자식으로 몰아 폐위시킨 우왕에 대해 다음과 같은 이야기를 전한다. 강릉에 유배됐다가 죽음에 몰린 우왕이 겨드랑이를 드러내 보이며 "왕씨는 본래 용의 종자로 아무리 잔약한 후손이라도 몸 어딘가에는 반드시 비늘이 있다"면서 "내가 지금 이를 보이지 않고 죽으면 너희들이 내가 신(辛)가가 아닌 줄 어찌 알겠냐?"고 했다는 것이다.

'용의 자손'이라는 혈통이 고려와 왕씨가 내세운 천명이었다면, 조선 개창은 그보다 훨씬 우위에 있는 천명을 통해 이룩됐다. 바로 백성이다. 일찍이 맹자는 "백성이 가장 귀하고 사직은 그다음이며 임금은 가장 가볍다"고 말했는데, 조선 왕조의 개창은 바로 이러한 맹자의 말을 현실에 구현한 과전법으로 민생을 살핌으로써 들판 백성들의 마음, 즉 천심(天心)을 얻었기에 이룰 수 있었다.

또한 태조의 손자인 세종처럼 부왕인 태종이 깔아놓은 꽃길 위에서 왕조의 찬란한 번영을 일궈낸 경우도 있다. 반대로 정조는 부친인 사도세자를 죽인 노론에게 둘러싸였지만, 자신의 가혹한 운명을 탓하지 않고 조선 후기의 '르네상스'를 이끌어냈다. 이처럼 성공과 실패는 당대의 환경에 좌우되지 않았다. 오늘날 대한민국 앞에 놓인 운명 역시 결코 순탄치 않아 보이지만, 누가 어떤 정치를 하느냐에 따라 그 모습이 판이하게 다를 것이다.

또한 조선은 어느 한 기관도 독주할 수 없는 상호견제의 원칙을 제도로 확립했다. 이는 국왕과 신하 사이도 마찬가지였다. 조선은 의정부서사제와 육조직계제를 번갈아 시행했는데, 전자는 의원내각제, 후자는 대통령중심제와 비슷하다. 의정부서사제에서는 대신들의 권한이, 육조직계제에서는 국왕의 권한이 더 컸다. 조선은 둘을 번갈아 사용하는 운영의 묘를 살리면서 왕권과 신권의 조화를 추구했다.

의정부와 육조 판서 등 고위 관료들의 전횡은 대간(臺諫)이라 불린 사헌부·사간원의 중하위 관료들이 지닌 탄핵권으로 견제했다. 대간의 탄핵을 받으면 진위를 막론하고 무조건 사임하는 것이 원칙이었다. 이런 대간을 정승과 판서들의 영향에서 독립시키기 위해 그 인사권을 정5품 이조전랑에게 주었다. 이조전랑은 이직할 때 후임자를 스스로 천거하는 방식으로 권력자의 인사 개입을 원천적으로 차단했다.

수사권 역시 사헌부를 비롯해 의금부, 형조, 포도청 등 여러 기관에 나누어줘 수사기관의 부패와 전횡을 방지하고 정의를 실현하는 데 만전을 기했다. 오늘날처럼 수사와 기소의 독점권을 가진 대한민국 검찰의 폐단을 원천적으로 차단한 것이다. 게다가 수사는 문과 출신 인재들이 담당했지만 수사 기록에 대한 판결은 사율원의 중인들이 담당했다. 양반의 수사 결과를 중인이 판결하게 한 것에 선조들의 혜안이 담겨 있다. 재량권을 남용하지 말고 법조문대로 판결하라는 취지였다. 대한민국 사법부가 신뢰받지 못하는 근본적인 이유가 '무전유죄, 유전무죄'로 상징되는 재량권 남발에 있다는 점을 감안하면, 우리는 선조들이 꾀했던 운용의 묘를 본받을 필요가 있다.

이처럼 《조선왕조실록》에 담긴 역사 하나하나는 단지 흥미 있는 옛이야기에 그치는 것이 아니라, 오늘날에도 끊임없이 되새기며 현실에 적용할 수 있는 살아 있는 지식들이다.

## 역사는 가장 탁월한 미래학이다

미래의 길이 보이지 않을 때일수록 과거를 돌아봐야 한다. 과거를 돌아보는 목적은 미래의 길을 찾고자 함이다. 역사가 과거학이 아니라 미래학인 까닭이 여기에 있고, 우리가 역사를 공부하는 목적도 여기에 있다. 옛 사람들이 《자치통감》이나 《동국통감》처럼 역사서 제목에 거울 감(鑑)자를 넣은 이유 역시 역사라는 거울을 통해 오늘의 우리의 지금 모습을 살피고 미래의 길을 찾고자 함이었다.

《조선왕조실록》에는 당대의 모든 사실을 가감없이 적어 놓았다. 우리는 방대한 《조선왕조실록》에서 사대주의의 어두운 그늘과 어떠한 전횡과 부정부패도 용납하지 않았던 선비 정신을 함께 볼 것이다.

그렇다면 우리는 이 책을 통해 구체적으로 무엇을 얻을 수 있을까?

첫째, 우리 사회나 한 조직의 앞일을 예측할 수 있는 청사진이 될수 있다. 역사를 앞서간 마차의 수레바퀴라는 뜻의 전철(前轍)이라고부른 이유가 이것이다. 어느 길로 간 앞 수레는 순탄히 목적지에 도착했지만 다른 길로 간 앞 수레는 엎어졌다. 이를 통해 우리는 어느 길로 가야 할지 알 수 있다. 중국의 역대 정치 지도자 대부분이 역사를공부한 것은 이 때문이다.

둘째, 자신이 속한 사회나 조직에 필요한 사람이 누구인지 알 수 있게 된다. 성공한 조직의 공통점은 성공한 인재 등용이다. 성공한 리더 곁에는 늘 뛰어난 참모가 존재했다. 세종에게는 황희와 김종서 같은, 정조에게는 채제공 같은 명신(名臣)이 있었다. 효종이 사대부들의격렬한 반대를 무릅쓰고 대동법을 확대 실시할 수 있었던 것은 탁월한 경세가 김육이 있었기 때문이다. 잘못된 쿠데타였지만, 수양대군역시 한명회의 머리를 빌려 임금의 자리에 오를 수 있었다. 크든 작든조직을 이끌어가는 사람이라면 《조선왕조실록》을 통해 자신의 조직에는 어떤 사람이 필요한지 알 수 있을 것이다.

셋째, 《조선왕조실록》을 통해 우리 개개인의 삶을 돌아볼 수 있다.조선은 선비의 나라였다. 공직에 진출한 유학자에게 가장 두려운 것은 국왕이나 상급자의 명령을 거부해 받는 처벌이 아니라, 선비들의의논인 사론(士論)이었다. 국왕도 예외는 아니다. 왕세자가 받는 교육에서 가장 중시된 것도 바로 《대학(大學)》의 다음 구절이다. "먼저 몸을 닦고, 집안을 가지런히 만들고, 나라를 다스리고, 천하를 평안하게한다." 다시 말해, 수신제가치국평천하(修身齊家治國平天下)의 왕도다.

조선의 국왕은 스스로 선비임을 내세웠고, 사론을 중시했다. 이것이 때로 양반 사대부의 기득권 옹호나 사대주의 성리학에 대한 신봉으로 나타나는 폐단도 있었지만, 목에 칼이 들어와도 할 말은 하고 지켜야 할 것은 지키는 선비 정신이야말로 조선의 정신 세계를 이끌어간 핵심이라고 할 수 있다. 권력에 아부해 출세한다거나 사사로운 이익을 지키는 데 급급하지 않고, 진짜 지켜야 할 확고한 '자기중심'을 갖는 것. 오늘날 사회에 치여 이리 저리 흔들리기 쉬운 이들이 한 번쯤 되새겨보아야 할 가치가 충분하다.

마지막으로 왜곡된 역사를 바로잡는 것이다. 조선 개창의 함의는 오늘날까지도 우리에게 많은 숙제를 안겨준다. 이성계가 위화도 회군 당시 내세운 '작은 나라가 큰 나라를 칠 수 없다'는 사대(事大) 논리는 지금까지 기승을 떨치는 우리 사회의 숙제다. 필자가 줄곧 식민사학 청산을 주장하는 핵심적인 이유도 바로 여기 있다. 식민사학은 다름아닌 '친일 사대주의 역사학'이기 때문이다.

위화도 회군은 고구려 옛 강토 수복의 기회를 내부에서 좌절시켰다는 점에서 비난받아 마땅하다. 그러나 위화도 회군 후에도 고려는 물론 조선의 북방 강역이 지금의 압록강~두만강 영역에 그치지 않고, 요녕성 심양 남쪽 진상둔진에서 두만강 북쪽 700리 공험진까지 이르렀다는 사실은 잊지 말고 기억해야 한다. 태조 이성계는 물론 태종 이방원과 세종도 이 강역을 조선의 북방 강역으로 굳게 지켰다.

조선 초의 사대주의와 조선 후기의 사대주의는 분명 다르다. 태종 이방원에게 친명사대는 국체를 보존하기 위한 고육책이었다. 태종이 안남(安南: 베트남)에 들어선 새 왕조를 멸망시킨 명나라와의 일전을 대비해 서울 남산에 산성을 쌓은 것처럼, 조선 초의 사대주의는 국체 보존을 위한 실용적 사대주의였다. 중화 사대주의를 명분으로 내세웠던 인조반정 이후 서인, 노론의 이념적 사대주의와는 분명 다르다. 조선 초기의 자주성은 인조반정 세력들의 집권 이후 정묘·병자호란을 겪으면서 점점 약해졌고, 급기야 숙종 때 백두산정계비를 통해 압록강 북쪽 강역을 포기하고 말았다. 그러나 그때도 간도(지금의 연변 지역)는 조선 강역이었다. 조선의 최대 강역이 지금처럼 압록강~두만강으로 인식하게 된 것은 일제강점기 식민사학자들의 악의적 왜곡 때문이다. 이런 왜곡을 이번 기회에 최대한 바로잡으려 노력했다.

"모든 역사는 현대사"라는 말이 있다. 긍정적인 부분이든 부정적인 부분이든 조선이 오늘날 우리의 의식과 행동에 많은 영향을 끼쳤다는 사실을 인정한다면, 조선의 역사는 우리가 선택할 또 다른 미래의 길을 고민하게 한다고 말할 수 있다. 역사를 통해 교훈을 얻지 않으면, 우리는 앞선 세대의 실패를 똑같이 되풀이할 수 있다. 좋은 일에서 가르침을 얻고 나쁜 일은 반면교사로 삼아야 보다 나은 지금을 살 수 있다. 이런 점에서 오늘 《조선왕조실록》을 읽는 것은 조선의 500년 역사를 통해 오늘의 우리를 비춰보고 내일의 미래를 그려볼 수 있는 가장 좋은 방법이 될 것이다.

2018년 6월
이덕일

## 차례

1부

———

무욕의 어진 임금, 정종

首善全圖

수선전도. 국립중앙박물관.
태조 이성계는 새로운 나라에는 새로운 수도가 필요하다고 생각했다. 그래서 태조 3년(1394) 신하들의 거센 반대를 무릅쓰고 천도를 단행한다. 이후 한양은 조선 왕조 500년의 중심지가 된다. 위 지도는 1840년대 고산자 김정호에 의해 제작되었다.

# 천추의 한

## 명나라, 대란에 휩싸이다

정종 1년(1399) 3월 명나라 요동 동녕위에 속해 있던 조선 사람이 도주해 왔다. 요동의 정세가 심상치 않자 조선으로 되돌아온 것이다. 그가 전하는 명나라의 정세는 긴박했다.

"연왕(燕王)이 태조 고황제(太祖高皇帝)의 제사를 지낸다며 군사를 거느리고 수도에 갔는데, 새 황제가 연왕 혼자 성에 들어오라고 했습니다. 연왕은 봉지(封地)로 되돌아가 황제 곁의 간신들을 모두 없애겠다는 명분을 들고 일어났습니다."《정종실록(定宗實錄)》1년 3월 1일)

명나라 요동은 새 황제 주윤문(朱允文: 1377~?)의 숙부이자, 명 태조 주원장(朱元璋)의 넷째 아들인 연왕 주체(朱棣: 1360~1424, 영락제)가 장악하고 있었다. 그가 새 황제에게 맞서 군사를 일으키려 한다는 것이었다. 명나라가 대란에 휩싸일 조짐이었다.

조선 조정은 바짝 긴장할 수밖에 없었다. 정종도 마찬가지였다. 만약 무인난(1차 왕자의 난)이 일어나지 않아서 이성계(李成桂)와 정도전(鄭道傳), 남은(南誾)이 건재했더라면 명나라의 대란은 북벌의 호기로 받아들여졌을 것이다.

사실 명나라의 대란은 이미 예견되고 있었다. 조선에서 왕자의 난이 일어나기 석 달 전인 태조 7년(1398) 윤 5월 24일, 명 태조 주원장이 71세의 나이로 서궁에서 세상을 떠나자마자 명나라 황실 사람들은 위기를 느꼈다. 주원장은 가난한 농부의 아들로 태어나 탁발승을 거쳐 황제의 자리까지 오른 풍운아로, 여색도 상당히 밝혔다. 황후 마씨를 포함해 모두 스물두 명의 여성에게서 스물여섯 명의 황자를 낳았는데, 황후 마씨가 낳은 적자만 넷이었다. 조선이 세자 방석(芳碩: 1382~1398)은 어린데 장성한 이복형들이 많아서 문제였다면, 명나라는 태자가 어린데 장성한 숙부들이 많은 것이 문제였다.

주원장은 황제로 등극한 홍무(洪武) 원년(1368), 황후 마씨 소생의 장남 주표(朱標)를 황태자로 삼았다. 주원장은 주표를 아꼈지만 두 사람은 성격이 맞지 않았다. 주표는 아버지가 수행한 피의 숙청이 옳다고 생각하지 않았다. 특히 주원장의 창업을 도운 수많은 공신들을 죽인 것이 도의가 아니라고 보았다. 그래서 주표가 정사를 보좌하면서부터 부자 사이에는 긴장이 흘렀다.

부자의 긴장 관계는 아들이 먼저 죽자 정리되었다. 조선이 건국한 해인 홍무 25년(1392), 지방을 시찰하고 돌아오던 황태자 주표가 병에 걸려 38세의 나이로 세상을 떠났다. 주표가 즉위하면 주원장의 철권 통치가 유교에 입각한 인의(仁義) 정치로 바뀔 것으로 생각했던 대신들은 태자의 죽음을 크게 애도했다. 주원장은 주표에게 의문태자(懿文太子)라는 시호를 내리고 그의 둘째 아들 주윤문을 황세손으로 책봉했다. 첫째 손자 주웅영(朱雄英)이 아홉 살 어린 나이로 일찍 세상을 떠났기 때문에 주윤문이 생존 장손이었다.

홍무 31년(1398), 병석에 누운 주원장은 자신이 다시 일어나지 못할 것을 직감했다. 그러나 편하게 눈을 감을 수 없었다. 두 가지 큰 걱정 거리가 있었기 때문이다. 하나는 조선의 북벌 움직임이었다. 조선이 실제로 북벌을 단행하면 개국 이래 초유의 위기를 맞게 될 게 분명했다. 이성계는 패한 적 없는 상승(常勝) 장군이고, 그의 참모 정도전은 불세출의 전략가였다. 정도전이 요동의 여진족 우두머리들을 만났다는 정보를 들은 주원장이 끝까지 조선에 그의 압송을 요구한 것은 위기를 사전에 방지하려는 목적이었다. 조선군이 북벌에 나서고, 여진족이나 몽골족이 이에 가세하는 최악의 상황이 되면 명나라는 개국 30년 만에 끝장날 수도 있었다. 이런 생각 때문에 주원장은 편히 눈을 감을 수 없었다.

또 한 가지 이유는 장성한 아들들이었다. 어린 황태손 주윤문에게 과연 장성한 숙부들이 복종할지 안심할 수 없었다. 스물여섯 명의 황 자들 중에서 넷째인 연왕 주체가 가장 문제였다. 모두들 오래 전부터 장남 주표보다 넷째 주체가 기질적으로 주원장과 훨씬 닮았다고 수군 거렸다. 주체가 조카 황제에게 불복하는 가운데 조선군이 북벌에 나 선다면? 주원장으로선 상상하기도 싫은 상황이었다.

주원장은 비밀리에 부마인 영국공(榮國公) 매은(梅殷)을 불렀다. 둘째 딸 영국공주(寧國公主)의 남편 매은은 열여섯 명의 부마 중 그가 가장 신임하는 사위였다.

"너는 나이도 있고 충신(忠信)하니 어린 황제를 부탁할 만하다."

어린 새 황제를 보필하라는 유조(遺詔)였다.

"감히 천자를 어기는 자가 있다면 네가 토벌하라."

그가 가장 염두에 두고 있는 사람은 자신의 아들들이었지만, 유조에는 조선의 북벌도 염두에 있었다. 할아버지의 뒤를 이어 명나라 2대 황제가 된 혜제(惠帝) 주윤문은 주원장이 생전에 무엇을 우려했는지 잘 알고 있었다. 즉위한 이듬해(1399) 연호를 건문(建文)으로 개칭한 주윤문은 제태(齊泰)를 병부상서(兵部尚書)로 삼고, 황자징(黃子澄)을 태상시경(太常寺卿)으로 삼고, 방효유(方孝孺)를 한림원(翰林院) 시강(侍講)으로 삼아 국사를 의논했다.

가장 시급하고 중요한 것은 숙부들이 제후로 있는 번(藩)을 철폐하는 삭번(削藩) 정책이었다. 주원장이 사망하면서 생긴 지방 권력의 공백을 황자들의 번이 담당했다. 이런 이유 때문에 혜제 주윤문은 즉위 초부터 삭번을 단행했다. 주원장의 다섯째 아들 주왕(周王), 열두 번째 아들 상왕(湘王), 일곱 번째 아들 제왕(齊王), 열세 번째 아들 대왕(代王), 열여덟 번째 아들 민왕(岷王)이 맡고 있던 번을 차례로 철폐한 것이다. 가장 큰 문제는 넷째 아들 주체가 장악하고 있는 연왕부(燕王府)였다.

다른 번들도 삭번에 불만을 갖고 있었지만 어쩔 수 없이 받아들였다. 황제를 꿈꾸는 황자들이 아니었기 때문이다. 그러나 주체는 이들과 달랐다. 혜제 주윤문은 이 사실을 알고 있었기에, 대신들과 상의해 연왕 주체를 무력화시키는 데 나섰다. 먼저 주체가 북평(北平: 북경)을 거점으로 난을 일으킬 우려가 있다고 보고 홍무 31년(1398) 12월 공부시랑(工部侍郎) 장병(張昺)을 북평포정사(北平布政使), 사귀(謝貴)를 북평도지휘, 장신(張信)을 북평도지휘사로 삼아 북평의 군사권을 장악했다. 뒤이어 도독(都督) 송충(宋忠)을 북평 근처 개평(開平: 지금의 당산)에 주둔시켜 연왕 주체의 군대를 장악하게 했다. 주체는 자신의 목덜미를 겨냥한 조카의 칼날을 느끼고 반격의 기회를 노렸다.

그런데 한 가지 걸림돌이 있었다. 세 아들 고치(高熾), 고후(高煦), 고수(高燧)가 수도 금릉(남경)에 인질로 잡혀 있었던 것이다. 먼저 이 세 아들을 빼내 와야 했다. 주체는 병을 칭하고 누워버렸다. 아픈 부친을 보러 가겠다는 사촌들의 요구를 거절할 수 없었던 혜제는 주체의 세 아들을 북평으로 돌려보냈다. 그러나 미심쩍은 구석이 많다고 생각한 혜제는 연왕부의 장사(長史) 갈성(葛誠)을 금릉으로 불러 연왕부의 사정을 물었다. 갈성은 새 황제의 질문에 솔직하게 답했다.

"연왕은 아무런 병이 없습니다. 장차 모반할 것입니다."

놀란 혜제는 북평포정사 장병과 도지휘 사귀 등을 시켜 연왕부를 포위하게 했다. 이때 주체의 참모는 승려 요도연(姚道衍)이었다. 주체는 요도연 등과 모의를 거듭한 끝에 장옥(張玉), 주병(朱能) 등에게 날랜 군사 800명을 무장시켜 왕부(王府)에 잠복하게 한 뒤 장병과 사귀 등을 불렀다.

"연왕부의 무장을 해제시켰으니 들어와서 군사를 검열하시오."

연왕부에서 회유하는 말을 믿은 장병과 사귀 등이 왕부로 진입하자 주체는 곧바로 매복시켰던 군사를 시켜 장병과 사귀 등을 체포했다.

주체는 이들에게 호통쳤다.

"내가 어찌 병이 있겠는가? 일이 이렇게 된 것은 너희 간신배들이 나를 핍박했기 때문이다."

두 장수가 끝까지 항복하기를 거부하자 주체는 그들의 목을 베고, 혜제에게 붙은 장사 갈성과 노진(盧振)은 일가까지 도륙했다. 황제의 포위망을 무력화한 주체는 '청군측(淸君側)'을 명분으로 군사를 일으켰다. 청군측이란 임금 주변의 간신들을 제거한다는 뜻으로, 《춘추공양전(春秋公羊傳)》 정공(定公) 13년 조에 나오는 말이다. 주체는 혜제에게 자신의 행위가 '정난(靖難)'이라고 주장하는 상서를 올렸다. '정난'이란 나라의 위기를 편안하게 평정한다는 뜻이다. 주체는 혜제 주변의 제태, 황자징 등의 측근을 황실 지친을 모해한 간신으로 지목하며 처벌을 요구했다.

요동 동녕위의 조선 출신 군사가 조선으로 도주해 중원에 대란이 발생할 것임을 예고한 지 넉 달 만인 건문 원년(1399) 7월, 드디어 양측이 수십만 대군을 징발해 사력을 다해 싸우는 3년 내전이 시작되었다. 혜제는 금릉에서, 주체는 북평에서 각각 군사를 크게 모았다. 연왕 주체는 호락호락하지 않았다. 북평 주변 도시들이 속속 연왕에게 붙었다. 북평 동남쪽 통주가 붙었고, 계주, 준화, 밀운 등이 격파되거나 귀부했다. 주체는 만리장성의 주요 관문인 거용관을 격파하고, 7월 8일에는 예전에 한나라 낙랑군이 있었던 영평부(永平府: 현 하북성 노룡현)를 장악했다.

혜제는 주체를 응징하는 데 나섰다. 주체를 황실 호적에서 파내 서인으로 내리고, 주원장의 유조를 받은 부마 매은에게 군사를 모집하게 했다. 강소성 회안에 주둔한 매은은 40만여 명의 토벌군을 모았다. 영국공 매은은 주체가 보낸 사신을 비형(鼻刑), 즉 코를 베는 형벌로 처벌했다. 명 황실 내부의 싸움은 이처럼 서로에 대한 증오가 넘치고 있었다. 중국 남북으로 북평(북경)과 금릉(남경) 사이에 거대한 전선이 형성된 것이다.

만약 이성계와 정도전, 남은 등이 건재했다면 선조들의 구강(舊疆)을 수복하라고 하늘이 준 다시 없는 기회로 여겼을 것이다. 주체의 군대가 대거 남하했을 때 조선군을 북상시켰다면 텅빈 북경을 장악하는

**거용관.** ⓒHans A. Rosbach
천하제일웅관(天下第一雄關)이라 불린 만리장성의 주요 관문 중 하나로 북경 최종 방위선 가장 안쪽에 위치해 있다.

것도 그리 어렵지 않은 일이었을 것이다. 조선군이 북상하더라도 주체는 군대를 돌릴 수 없었을 것이다. 중원을 두고 사생결단하는 마당에 다시 북경으로 되돌아갈 수는 없었다. 쉽게 말해, 요동에서 북경까지는 무주공산이었다.


## 천재일우의 기회를 놓치다


조선에 주원장의 사망 소식이 전해진 것은 정종 즉위년(1398) 10월 3일이다. 전 성균사성(成均司成) 공부(孔俯) 등이 사신으로 가다가 요동에서 주원장의 사망 소식을 들었다. 이들은 태조 주원장이 죽고 태손 주윤문이 즉위하면서 대사면을 베풀었다는 소식을 듣고 조선으로 되돌아왔다. 명 태조 주원장의 사망 소식을 무려 넉 달이나 지난 뒤에야 알게 된 것이다. 명나라가 이 소식이 조선에 전해지는 것을 꺼린 탓이었다. 심지어 그들은 조선 사신이 수도 금릉을 방문하는 것 자체를 막았다.

명나라와 조선은 형식상 사대(事大)관계를 맺고 있었다. 조선이 공물을 바치는 조빙사(朝聘使)를 보내면, 명나라에서는 그에 답례하는 의미로 회사품(回賜品)을 내려주는 전형적인 조공 외교이자 사대 외교가 이뤄지고 있었다. 명나라는 3년에 한 번씩만 사신을 보내라는 '3년 1빙(三年一聘)'을 주장했다. 물론 조선은 그보다 훨씬 자주 사신을 보냈으나, 명나라는 이를 굳이 막지 않았다. 그런데 주원장이 사망한 뒤 명나라의 태도가 달라지기 시작했다. 정종 즉위년(1398) 11월 30일, 조정은 판삼사사(判三司事) 설장수(偰長壽)를 계품사(計稟使)로 삼아 김사형(金士衡), 하륜(河崙)과 함께 명나라에 보냈다. 사신 일행이 요동 파사포에 이르자 요동도사(遼東都司)가 금릉행을 막았다.

"3년 1빙의 시기에 어긋납니다."

뒤늦게 3년 1빙의 원칙을 내세운 것은 조선 사신에게 어수선한 명나라 내부를 보여주지 않겠다는 의도가 분명했다. 조선의 유학자들은 명나라를 상국의 나라로 보고 사대했지만, 명나라에게 조선은 끊임없이 구강 회복을 도모하는 동이족 국가일 뿐이었다. 설장수는 금릉에 가지 못하고 이듬해 1월 의주로 되돌아와 의주에서 좌정승 조준(趙浚)에게 글을 보냈다.

매년 조빙할 것을 청해 다시 주문(奏聞)하든지 아니면 진위(陳慰)하는 진향사(進香使)로 차견(差遣)하십시오.

'3년 1빙'을 '매년 조빙'으로 바꾸어달라고 요청하든지, 그렇지 않으면 명 태조의 국상을 위로하는 진향사로 바꾸라는 뜻이었다. 진향사는 국상이 났을 때 제문(祭文)과 장례에 쓰는 예물인 제폐(祭幣)를 가지고 가는 사신을 뜻한다.

정종 즉위년 12월 22일, 명나라는 조선에 주원장이 죽었음을 알리는 부음(訃音)을 전했다. 명나라 사신 진강(陳綱)과 진예(陳禮) 등이 압록강 서쪽에 도착하자 조선의 의주만호가 마중을 나갔다. 진강 등은 주원장의 부음을 알리는 자문(咨文)과 이듬해 달력을 전하고 곧바로 돌아가려 했다. 상국의 사신이라고 거들먹거리던 과거의 자세와는 딴판이었다. 의주만호가 거듭 청하자 강을 건너와 이틀 밤을 유숙하고 돌아갔다. 사망한 지 무려 7개월여 만에 알린 부음이었으니, 애써 감추다 마지못해 알렸다고 해도 과언이 아니다.

정종은 재위 1년(1399) 1월 2일, 우정승 김사형을 혜제의 등극을 하례하는 사신으로 보내고, 9일에는 설장수가 요청한 대로 조빙사의 명칭을 진향사로 바꾸어 보냈다. 두 달 후인 3월에는 앞서 언급한 것처럼 요동 동녕위 소속 조선 사람이 도주해 와 명나라에 대란이 일어날 것 같다고 고했다.

명나라의 내전은 조선 조정에서도 드디어 심각하게 논의되기 시작했다. 정종 2년(1400) 5월 17일, 경연에서 중국 삼국시대 오나라가 위나라에 항복했을 때 발생했던 문제가 논의됐다. 명나라에서 벌어진 내전을 논의하면서 《통감촬요(通鑑撮要)》에 나왔던 중국의 옛 사례를 든 것이다. 오나라 손권(孫權)이 우금(于禁)을 보내 위나라에 항복하겠다고 전하자 위나라 임금은 이를 받아들이려고 했는데, 유엽(劉曄)이 반대했다는 내용이다. 조조(曹操)의 아들 조비(曹丕)가 임금으로 있던 황초(黃初) 2년(221) 발생한 사건이다.

동지경연사(同知經筵事) 전백영(全伯英)이 정종에게 물었다.

"위나라 임금과 유엽 중 누가 옳습니까?"

"유엽의 간쟁이 옳다. 위나라 임금이 간하는 것을 좇지 않고 오나라의 거짓 항복을 받아들였으니 이는 대단히 잘못된 일이다."

전백영은 뒤이어 명나라의 일을 되물었다.

"지금 연왕이 군사를 일으켜 중국에서 난리가 났는데, 혹시 정료위 (定遼衛)에서 우리에게 항복하겠다고 요청하면 받아들이시겠습니까?"

요동에 설치한 명나라의 정료위가 조선에 항복하겠다고 하면 받아들이겠느냐는 질문이었다. 무인난(1차 왕자의 난)만 일어나지 않았더라면 요동을 저절로 차지할 수도 있는 상황이었다. 정종은 "항복을 받지 않는 것이 낫다"고 말했고, 지경연사 권근(權近)도 동조했다.

"만일 연왕이 난을 평정하고 천하를 차지하면 반드시 우리의 죄를 물을 것이니 그때는 어떻게 대답하겠습니까? 성상의 말씀이 의리에 합당합니다."

**의주북경사행로. 서울대학교 규장각한국학연구원.**
의주에서 북경에 이르는 사신의 통행로를 그린 지도. 조공과 책봉의 관계를 통해 중국은 중화질서의 구축이라는 명분을, 주변국은 국내의 정치적 안정과 무역 등을 통한 실리를 얻었다. 보물 제1592호.

정종이 동조했다.

"경의 말이 옳다."

요동 정료위에서 스스로 항복해도 받아들이지 않겠다는 뜻이었다. 정료위는 홍무 4년(1371) 명 태조 주원장이 설치한 것으로, 요동도사가 관할하는 군정기구였다. 현재 중국에서는 요녕성 요양시에 요동도사가 다스리는 치소(治所)가 있었으며 지금의 요녕성 대부분을 다스렸다고 주장하고 있지만 이는 사실이 아니다. 명나라 주원장과 고려 우왕이 맺은 국경 조약이 조선에도 그대로 적용되었는데, 그에 따르면 두만강 북쪽 700리 지점의 공험진과 압록강 북쪽 철령이 국경이었다. 철령은 지금의 요녕성 심양 남부 진상둔진으로, 압록강 대안의 단동에서 250킬로미터 정도 떨어진 곳이다. 이곳보다 더 서쪽에 있는 정료위가 조선에 항복할 경우 어떻게 할 것인가를 논의할 정도로 상황은 조선에 유리하게 흘러가고 있었다. 말 그대로 천 년에 한 번 올까 말까 할 천재일우(千載一遇)의 기회였다. 그러나 기회는 준비된 자만이 잡는 법이다. 조선은 무인난, 즉 1차 왕자의 난으로 그 기회를 스스로 날려버렸다.

# 회맹단의 맹세

방과의 운명

태조 7년(1398) 8월 26일 밤. 영안군(永安君) 방과(芳果: 1357~1419)는 재계한 뒤 소격전(昭格殿)에서 기도하고 있었다. 이성계의 둘째 아들이지만, 장남 방우(芳雨: 1354~1393)가 조선을 개창한 이듬해인 태조 2년(1393)에 사망했기 때문에 그가 생존 장남이었다. 소격전은 도교에서 별에 제사 지내는 초제(醮祭)를 주관하는 도관(道觀: 도교 사원)인데, 별뿐만 아니라 하늘의 신인 상제에게도 제사를 지냈다.

조선은 유교 국가를 표방했지만 성리학이 기승을 부리기 전에는 유교뿐만 아니라 왕실에서도 불교, 도교 등을 아우르는 다종교 사회였다. 소격전은 태조 1년(1392) 11월, 고려에 초제를 행하는 기관이 너무

많았다면서 이를 하나로 통일하자고 예조에서 건의해 만들어진 국가
기관이다. 소격전은 세조 때 소격서(昭格署)로 이름이 바뀌는데, 중종
때 성리학 지치주의(至治主義)를 표방한 조광조(趙光祖: 1482~1519) 등이
유학 기구가 아니라면서 철폐를 주장해 정국 현안이 되기도 했다.

이날 방과와 다른 형제 · 일족들은 부왕의 쾌유를 빌기 위해 모두
궁에 모였다. 방과와 익안군(益安君) 방의(芳毅: ?~1414), 회안군(懷安君)
방간(芳幹: 1364~1421), 정안군(靖安君) 방원(芳遠: 1367~1422) 같은 동생들
과 여동생 경신공주(慶愼公主: ?~1426)의 남편 이백경(李伯卿: 이애), 경선
공주(慶善公主: ?~?)의 남편 심종(沈淙) 등이 경복궁(景福宮) 근정문(勤政
門) 밖 서쪽 행랑에 모여 기도를 올렸다. 신의왕후(神懿王后) 한씨 소생
의 아들, 사위들뿐만 아니라 신덕왕후(神德王后) 강씨가 낳은 경순공주
의 남편 이제(李濟)와 태조의 이복동생인 의안군(義安君) 이화(李和) 등
도 함께 태조의 쾌유를 빌었다. 불과 몇 시간 후 서로 죽고 죽이는 살
육전이 벌어질 낌새는 전혀 찾아볼 수 없었다.

신시(申時: 오후 3~5시) 무렵, 방원의 종 김소근(金小斤)이 행랑에 나타
나 방원에게 급하게 전갈을 전하면서 사태는 급변한다.

"마님께서 갑자기 가슴과 배가 아프셔서 달려와 고합니다."

방원의 숙부인 의안군 이화가 청심환과 소합환을 주면서 말했다.

"빨리 가서 병을 치료하게."

방원은 소근이 준비한 말을 타고 집으로 달려갔다. 한참 후에 돌아
온 방원은 서쪽 행랑에서 방의, 방간 등과 이야기를 나누었다. 하지만
맏형 방과와는 의논하지 않았다. 방과가 병석의 부친에게 칼을 대는
패륜에 동참할 가능성이 없었기 때문이다. 밤이 이슥해진 초경(初更:

오후 7~9시) 무렵 방의, 방간, 방원 등이 일제히 궐 밖으로 나갔다.

　방과는 다들 집으로 돌아갔다고 생각해서 신경 쓰지 않았다. 방과는 집으로 돌아갈 생각이 없었다. 철야기도를 할 생각으로 입궐한 그는 홀로 소격전을 찾았다. 기도를 올리고 있자니 부왕과 겪었던 수많은 일들이 떠올랐다. 자신처럼 부친을 무조건 따른 자식도 찾기 힘들 거라는 생각이 들었다. 스물한 살 때인 우왕 3년(1377)에는 부친을 따라 지리산까지 내려가 왜적과 싸웠고, 우왕 14년(1388) 1월에는 부친이 우왕의 명을 따라 최영(崔瑩)과 함께 임견미(林堅味), 염흥방(廉興邦) 등을 제거할 때도 순군부만호(巡軍副萬戶)로서 가세했다. 같은 해 5월 우왕을 모시고 성주 온천에 있다가 위화도 회군 소식을 듣고는 급히 몸을 빼서 부친에게 달려갔다. 창왕 1년(1389)에는 절제사 유만수(柳曼殊)와 함께 해주로 달려가 왜적을 막았다.

　방과는 부친이 하는 일이면 옳고 그름을 판단하지 않고 따랐다. 그는 부친의 호위무사였다. 이성계가 창왕을 폐하고 공양왕을 옹립하는 거사를 일으켰을 때도 군사를 거느리고 가담했다. 덕분에 공신이 되었고, 종2품 밀직부사(密直副使)와 정2품 삼사우사(三司右使)까지 역임했다.

　가만히 앉아서 얻은 지위는 아니지만 이 모든 자리는 부친을 따른 덕분에 얻게 된 것이었다. 방과는 단 한 번도 부친의 명을 어긴 적이 없었다. 이것이 열 살 아래 동생 방원과 다른 점이었다. 방과에게 부친은 넘을 수 없는 거대한 산이고, 건널 수 없는 깊고 넓은 바다였다. 부친의 그릇은 그가 측량하기엔 너무 컸다. 사가(私家)를 왕가(王家)로 만드는 '화가위국(化家爲國)'을 몸소 실현시킨 부친이었다.

그래서 살아 있는 적장자(嫡長子: 적자이자 장남)인 자신을 제치고 스물 다섯 살이나 어린 막내 이복동생 방석을 세자로 결정했을 때도 감히 반발하지 않았다. 조선을 개창한 것은 부친이니, 후사 결정권도 부친의 몫이라고 생각한 것이다. 적장자인 자신을 제치고 형제 중 가장 어린 방석을 세자로 책봉한 것에 섭섭한 마음이 전혀 없는 것은 아니지만, 조선을 개창하고 영안군이라는 군호(君號)를 받은 것만으로도 충분히 만족했다.

그는 부왕이 건강하기를 바라는 것 외에 다른 소원이 없었다. 자신이 부왕의 쾌유를 비는 동안 동생들이 부왕에게 칼을 들이댈 준비를 하고 있으리라고는 상상도 하지 못했다. 늦은 밤 소격전 바깥이 소란스러워졌을 때도 설마 부왕에게 칼을 겨눈 동생들의 변란 때문이라고는 생각도 하지 못했다.

궁성 부근에서 일어난 화재로 궁성 안이 환해졌다. 중무장한 군사들이 분주하게 오갔다. 무인난(1차 왕자의 난)이 일어난 것이다. 당황한 방과는 어찌할 바를 몰랐다.

세자 방석이 부왕의 기질을 조금이라도 닮았더라면 전세는 뒤집혔을 것이다. 방석은 정변이 일어났다는 보고를 듣고는 예빈소경(禮賓少卿) 봉원량(奉元良)에게 궁 남문에 올라가 형세를 살펴보라고 명했다. 광화문에서 남산까지 중무장한 기병이 가득 들어차 있다는 보고를 들은 방석은 단박에 기가 죽었다. 궐내를 시위하던 조온(趙溫), 조영무(趙英茂)는 물론 믿었던 이무(李茂)마저 방원 측에 가담했다는 보고가 더해지자 두려움에 떨었다. 태조는 와병 중인 데다 정도전, 남은 등도 보이지 않았다.

방원이 거사에 대해 방과에게 미리 논의하지 않은 것은 방과가 반대할 것이라고 생각했기 때문만은 아니었다. 방과가 가담하면 거사의 주역은 방과가 될 것이기 때문이었다.

한편 방과는 진퇴양난이었다. 이복동생 방석의 편을 들 수도, 동복동생들의 편을 들 수도 없었다. 일단 몸을 피하자고 생각한 방과는 종에게 성 밖으로 빠져나가기 위해 밧줄을 걸게 했다. 밧줄을 타고 성을 빠져나온 방과는 어디로 몸을 숨길 것인지 고민했다. 집에는 이미 군사들이 진을 치고 있을 가능성이 높았기에, 걸어서 풍양(豊壤: 남양주) 독음마을 김인귀(金仁貴)의 집에 숨었다. 방과는 뜬눈으로 밤을 보내면서 갓 개국한 나라의 운명이 깊은 수렁에 빠졌다고 탄식했다.

한편, 방과가 사라졌다는 보고를 들은 방원은 사방의 연고지로 사람을 보내 맏형을 찾았다. 그러다 독음마을 김인귀의 집에 숨어 있다는 보고를 듣고는 즉시 궁성으로 모셔 들이라고 명령했다. 방과가 궁성 남문 밖에 이른 것은 정변 이튿날 해가 기울 무렵이었다. 방원은 방과에게 세자 자리에 오르라고 제의했다. 그러나 방과는 사양했다.

"당초에 대의를 주창하고 개국하여 오늘에 이른 것은 모두 정안(靖安: 방원)의 공이니, 내가 세자가 될 수는 없다."

방과는 세자 자리로 가는 길이 자칫 저승으로 가는 지름길이 될 수도 있다고 생각했다. 모든 비극이 여기에서 비롯됐다. 그러나 방원은 완강했다.

"국본(國本: 세자)은 당연히 적장자가 되어야 합니다."

방원은 아직은 명분을 앞세워야 할 때라고 생각했다. 무엇보다 자신이 세자가 되려고 동기들을 죽였다는 비난을 피해야 했다. 또한 부왕의 반발을 최소화해야 했다. 그래서 세자 자리를 방과에게 양보한 것이다.

## 태조 이성계, 양위를 결정하다

태조 7년(1398) 8월 27일 아침. 하룻밤 사이에 바뀐 정국에 충격을 받은 것은 방과만이 아니었다. 태조 이성계는 더 큰 충격을 받았다. 전우였던 공신들을 잃고 자신이 만든 왕국에서 완전히 힘을 잃었다는 사실을 믿을 수 없었다. 계속 헛구역질만 났다.

"목구멍 사이에 무엇인가 걸린 듯 내려가지 않는다."

방원 측에서 곁에 있는 세자 방석을 내보내달라고 요청했다. 유배 보내겠다는 것이었다.

"나가도 무엇이 해롭겠는가?"

《태조실록(太祖實錄)》은 이성계가 이를 허락했다고 전한다. 물론 실제로 그랬는지 여부는 알 수 없다. 방석이 울면서 하직을 고하자 방석의 부인 현빈(賢嬪) 유씨가 옷자락을 당기며 통곡했다. 방석은 유씨의 손길을 뿌리치고 궁성 서문 밖으로 나갔다. 유배지로 가는 줄 알고 나선 길이었다. 그러나 방석은 유배지에 닿지 못할 운명이었다. 이성계의 사돈인 이거이(李居易)·백경 부자와 방원과 동서인 조박(趙璞) 등이 중도에 사람을 시켜 죽여버렸기 때문이다.

방석의 동복 형 방번(芳蕃: 1381~1398)의 운명도 마찬가지였다. 강화도 부근 통진으로 향하는 유배길에 오른 방번이 양화도 건너 도승관(渡丞館)에 유숙할 때 방간과 이백경 등이 사람을 보내 죽여버렸다. 그뿐만 아니다. 방원은 경순공주의 남편 이제까지 죽였다.

이성계는 큰 충격을 받았다. 아무리 권력에 눈이 멀었기로 어린 동생들과 매제까지 죽여버릴 줄은 몰랐던 것이다. 그러나 이것이 바로 권력의 속성이다. 이성계가 한때 자신이 임금으로 모셨던 우·창·공양왕을 죽여버린 것과 비슷한 맥락이다.

이성계는 분노하고 좌절했다. 그나마 방원이 아닌 방과가 세자가 된 것이 극심한 상실감을 조금 위로해주었다. 9월 1일, 이성계는 환관 조순(曹恂)을 시켜 새로 세자가 된 방과와 여러 왕자들에게 교지를 내렸다.

나는 지금 아버지가 계시지 않으므로 영자(影子: 임금의 초상화)를 그려서 사모한다. 내가 비록 쇠약하지만 아직 숨이 붙어 있으니 너희들에게는 다행일 것이다. 지금 병이 오래 머물러 있는데, 다만 수정포도가 먹고 싶구나.

이 전지에 방과는 물론 여러 왕자들이 다 울었다. 방원도 마찬가지였다. 그는 이 전지가 자신에 대한 비난이라는 사실을 잘 알았다. 아비인 자신은 아직도 돌아가신 부친을 그리워해 초상화를 그려서 사모하는데, 자식인 너는 살아 있는 부친에게 칼을 들이대느냐는 힐난이었다. 방과는 즉시 과일을 담당하는 상림원사(上林園史) 한간에게 수정포도를 구해 오라고 명령을 내렸다. 사흘 뒤 경력(經歷) 김정준이 서리를 맞아 반쯤 익은 산포도 한 상자를 구해 바쳤다. 이성계는 한간에게 쌀 10석을 내려주고는 목이 마를 때마다 포도를 한두 개씩 맛보았다. 태조의 오랜 병은 회복되어갔으나 마음은 아니었다. 깊게 상처받은 마음은 회복될 기미를 보이지 않았다.

태조 7년(1398) 9월 5일. 이성계는 세자 방과를 불렀다. 방과는 급히 세자복을 갖추어 입고 부왕에게 달려갔다. 이성계는 내관의 부축을 받아 겨우 서 있었다. 이성계는 바닥에 엎드린 방과에게 직접 교서를 내렸다.

"종묘에 고하고 왕위에 오르기를 명한다."

방과는 크게 놀랐다. 왕위를 넘기겠다는 교서였기 때문이다. 방과가 극구 사양했지만 이성계는 받아들이지 않았다. 사실 마냥 거부할 수 있는 상황도 아니었다. 이성계는 이미 종이호랑이나 다름없었고, 이는 자신도 마찬가지였다. 주요 요직은 모두 방원의 측근들이 차지하고 있었다. 방과는 부왕의 교서를 받아 품속에 넣었다. 이성계가 좌정승 조준과 우정승 김사형을 불렀다.

"힘껏 새 왕을 도와 대업이 추락하지 않게 하라."

이성계는 방과, 즉 정종에게 국새를 내려주었다. 좌정승과 우정승이 전국보(傳國寶: 국새)를 받들고 앞에서 인도하는 가운데, 도승지 이문화(李文和)가 방과를 모시고 근정전으로 향했다. 즉위식을 치르려는 것이었다. 방과는 즉위복인 면류복으로 바꾸어 입고 왕위에 올라 이름을 경(曔: 밝을 경)이라 고쳤다. 즉위식을 마친 후 방과는 백관을 거느리고 이성계를 찾아뵌 뒤 상왕이라는 존호를 올렸다.

이렇게 정종 시대가 열렸다. 이성계가 적장자라고 부른 것처럼, 42세의 방과는 이성계의 살아 있는 맏이였다. 가슴에 깊은 상처를 입은 이성계는 그나마 방과에게 왕위를 물려줄 수 있는 것을 다행으로 여겼다.

방과에게 왕위를 물려주기 전, 병석의 이성계는 영삼사사(領三司事) 심덕부(沈德符)를 태묘(太廟: 종묘)에 보냈다. 조선을 개창한 후 국왕으로 추존한 목조·익조·도조·환조 4조(四祖)의 신주를 모신 종묘는 태조 4년 완성됐다. 이성계는 새 왕조를 개창할 수 있었던 것은 자신의 능력 때문만이 아니라 전주 시절의 목조 이안사부터 동북면의 부친 환조 이자춘(李子春: 1315~1360)에 이르기까지 여러 조상들의 음덕 덕분이라고 여겼다. 이에 왕위에서 물러난다는 사실을 고하기 위해 심덕부를 태묘에 보낸 것이다.

왕세자 이방과는 몸이 적장의 처지에 있고 일찍부터 인효(仁孝: 너그럽고 효도함)를 나타냈습니다. 또한 개국 초기에 도운 일이 많으므로, 이에 왕위에 오르기를 명하여 효사(孝祀: 조상의 제사)를 받들게 하니, 감히 이를 밝게 고합니다. (《태조실록》 7년 9월 5일)

이성계는 판삼사사 설장수와 예조전서(禮曹典書) 김을상(金乙祥)을 금릉(남경)으로 보내 명나라에도 양위 사실을 알렸다.

이성계가 전격적으로 양위한 데는 중요한 포석이 있었다. 새 왕조를 개창한 지 6년 2개월, 이성계의 나이는 벌써 예순셋이었다. 따라서 자신이 살아 있을 때 방과의 왕위를 튼튼하게 만들어 방원의 즉위를 막으려 한 것이다. 자신에게 칼을 들이댄 자식, 동기들을 죽여버린 패륜아가 자신이 세운 왕국을 차지하는 것만은 눈 뜨고 볼 수 없었다.

이틀 후인 9월 7일, 정종은 부인 덕빈(德嬪) 김씨를 덕비(德妃: 정안왕후)로 책봉하고, 방원에게 판상서사사(判尙瑞司事)를 겸하게 했다. 방원의 장인 민제(閔霽)를 삼사우복야(三司右僕射)로 삼고, 방원의 동서인 조박은 대사헌(大司憲)을 겸하게 했다. 이성계의 장녀 경순공주의 시아버지인 이거이에게 의흥삼군부(義興三軍府)를 맡게 하고, 무인난 때 방원을 도운 조영무, 조온 등에게도 중요한 직책을 주었다. 방원의 측근 중 측근인 이숙번(李叔蕃)은 우부승지로 삼았다. 사실상 방원의 조정이 만들어진 것이다.

같은 날, 태조 이성계는 방석 등의 명복을 빌면서 고기 반찬 없는 소선(素膳)을 들었다. 도평의사사에서 육선(肉膳)을 올리기를 청했지만 이성계는 고기를 먹지 않았다. 방석의 명복을 비는 것만큼 방원에 대한 증오가 쌓여갔다.


정사공신의 탄생


정종 즉위년(1398) 10월 9일. 정종은 공신들과 함께 회맹단으로 나아갔다. 태조 7년(1398) 9월 5일, 이성계의 양위로 임금 자리에 오른 지 한 달 남짓 흐른 뒤였다. 무인난(1차 왕자의 난) 때 공을 세운 29명의 공신들과 회맹(會盟)하기 위해서였다. 정종은 방원과 논의해 정사공신(定社功臣)을 책봉하기로 결정했다.

> 불행하게도 간신 정도전, 남은 등이 상왕의 병환이 오래토록 낫지 않자 이를 기회로 삼아 어린 서자(庶子)를 끼고 난을 일으켜 우리 여러 형제를 해치려 하고, 이미 이룩된 왕업을 뒤집으려고 해서 화가 예측할 수 없는 지경에 이르렀다. (《정종실록》 즉위년 9월 17일)

정종은 이런 내용이 담긴 교서를 도승지 이문화에게 내리면서 29명의 정사공신 책봉을 명했다. 그런데 정사공신이 회맹하기도 전에 불만이 터져 나왔다. 이무가 정사공신에 책봉된 것에 박포(朴苞)가 불만을 품은 것이다. 박포는 정탁(鄭擢)에게 이렇게 토로했다.

"이무가 비록 정사공신의 반열에 들었지만 그 공에 대해 인심이 만족하지 못하고 있소. 또한 그는 이랬다 저랬다 하는 인물로, 예측하기 어렵소."

이무가 1차 왕자의 난 당시 양쪽의 군세를 관망하다가 뒤늦게 방원 측에 붙은 것을 비판한 것이다. 이 말이 조영무와 방원의 귀에 들어가자 정종은 9월 12일 정탁을 청주에, 박포를 죽주에 유배 보냈다. 정사 2등공신인 정탁과 박포는 곧 유배가 풀려 돌아왔지만 공신들이 미처 회맹하기도 전에 조정은 분열된 셈이다.

이런 소동을 겪은 뒤 정종은 10월 9일 정사공신들과 함께 회맹단으로 나가서 황천후토(皇天后土: 하늘과 땅), 종묘사직, 산천백신(山川百神)의 영(靈)에게 맹약하는 회맹을 치렀다. 개국 직후 배극렴(裵克廉), 정도전 등 44명의 개국공신이 책봉된 지 6년 만의 두 번째 공신 책봉이었다. '정사(定社)'란 사직을 바로 세웠다는 뜻인데, 정도전과 남은 등이 어린 방석을 끼고 사직을 위태롭게 한 일을 바로잡았다는 의미였다. 공신들은 회맹문을 낭독했다.

> 이에 대의를 떨치고 계책을 결정하여 난리를 해결하고 반정을 성공시켜 종사가 편안해지니, 그 공로의 큰 것은 황하가 허리띠같이 좁아지고 태산이 숫돌처럼 작게 되어도 잊기 어렵습니다. 《정종실록》 1년 10월 9일)

1등공신은 이화, 방의, 방간, 방원과 태조의 장녀 경신공주의 남편인 이백경, 조준, 김사형, 이무, 조박, 하륜, 이백경의 부친 이거이, 조영무 등 12명이다. 이지란(李之蘭), 조온, 박포, 정탁, 이천우(李天祐), 이숙번, 신극례(申克禮)와 방원의 처남 민무구(閔無咎)·무질(無疾) 등 17명은 2등공신이었다.

1등공신에게는 각각 전지 200결(結)과 노비 25명 등이 지급되었고, 2등공신에게는 전지 150결과 노비 15명 등이 지급되었다. 이 토지는 자식들에게 세습 가능했다. 개국공신 중 배극렴과 조준은 전지 220결과 노비 30명, 정도전과 남은 등은 전지 200결과 노비 25명을 받았으니 개국공신에 준하는 포상을 받은 것이다.

6년 전인 태조 1년(1392) 9월 28일, 개국공신들은 왕륜동에 모여 "우리 자손에 이르기까지 대대로 이 맹약을 지킬 것"이라고 굳건히 맹세했지만, 자손은커녕 당대에 서로 원수가 되어 창칼을 휘둘렀다. 29명의 정사공신 중 과반수에 가까운 열세 명이 개국공신이었는데,

개국 1등공신인 조준, 이화, 김사형, 조박 등은 정사공신 1등에 거듭 봉해졌지만 같은 개국 1등공신이라도 정도전, 남은과 3등공신인 심효생(沈孝生)은 이들에 의해 불귀의 객이 되었다.

이 회맹은 개국시조 이성계의 극도의 좌절과 분노 위에서 치러진 잔치였다. 이성계의 상심과 분노는 깊었다. 이성계는 방석, 방번, 이제를 기리기 위해 고기 반찬을 물리고 사재를 털어 해인사(海印寺)에서 《대장경(大藏經)》을 인쇄하게 했다. 비명에 간 두 아들과 사위의 명복을 빌기 위함이었다. 이성계가 분노하고 좌절한 것은 단순히 사랑하는 자식들이 죽임을 당했기 때문만은 아니었다. 자신의 마지막 과업

**이제 초상화. 한국학중앙연구원 장서각.**
경순공주의 남편이자 태조 이성계의 사위. 개국 1등공신에 책봉되지만 1차 왕자의 난 때 정도전 일파로 몰려 이방원에 의해 살해당한다. 태조는 아들인 방번, 방석과 함께 사위 이제의 죽음도 크게 슬퍼했다.

이라 생각한 대제국의 꿈이 방원에 의해 좌절된 것이 방석 등의 죽음 못지않은 큰 상처가 되었다.

무인난이 발발하기 6개월 전인 재위 7년(1398) 2월 16일, 이성계는 진양(晉陽: 진주)에 우거하고 있는 유구국(琉球國) 산남왕(山南王) 온사도(溫沙道) 일행에게 식량과 의복을 하사했다. 지금의 오키나와를 지배하던 산남왕 온사도는 중산왕(中山王)에게 쫓겨나 15명의 수하들과 함께 조선으로 망명했다. 이성계는 조회 때 온사도를 불러 몇 번 만나기도 했다. 북벌에 성공했으면 유구국도 조선의 속국이 될 수 있었다. 그런데 방원이 일으킨 왕자의 난으로 이 모든 과업이 하루아침에 물거품이 되어버린 것이다. 크게 상심한 산남왕 온사도는 회맹 직후인 10월 15일 죽고 말았다.

그런데 정종의 속내를 알 수 없었다. 11월 6일에는 전라도 담양군을 담양부로 승격시켰는데, 덕비의 외가가 있는 고을이라는 이유에서였다. 다음 날에는 정종의 첩인 유씨를 후궁으로 맞아들였다. 유씨는 대사헌 조박 집안의 누이동생이다. 정종이 유씨를 입궁시키자 방원 측은 크게 긴장했다. 유씨에게는 불노(佛奴)라는 아들이 있었는데, 죽주에 살고 있었다. 그런데 조박이 정종에게 모자를 입궁시켜야 한다고 주청한 것이다. 정종은 유씨를 입궁시켜 가의옹주(嘉懿翁主)로 삼고, 그 아들 불노를 원자(元子)라고 일컬었다. 불노가 자기 아들임을 인정한 것이다. 원자란 세자로 책봉되기 전 단계의 호칭으로, 자칫 그가 세자가 될 수도 있었다. 그런 불노를 궁으로 불러들인 인물이 다름 아닌 정사공신 조박이었다.

우부승지 이숙번이 자신의 측근과 함께 방원의 사저를 급히 방문한 것은 이 때문이었다. 방원은 이숙번을 침실 안으로 불러들였다.

"사직을 안정시킨 지 지금 몇 달이 되지 않았는데, 조박은 공의 가까운 인척인데도 그 마음이 조금 변했으니, 나머지 사람의 마음도 알 수 없습니다. 공께서는 스스로 편안하게 할 계책을 깊이 생각하시고, 군사의 방비도 해이해져서는 안 될 것입니다."

군사의 방비를 엄하게 해야 한다는 말에 방원이 꾸짖었다.

"너희들은 부귀가 부족해서 이런 말을 하는가?"

이숙번이 대답했다.

"부귀가 부족해서가 아닙니다. 우리들 한두 명의 시복(廝僕: 종)이 목숨을 돌아보지 않고 사직을 급작스럽게 안정시킨 것은 모두 공을 임금으로 추대하기 위함이었습니다. 지금 원자라고 일컫는 자가 궁중에 들어와 있는데 우리들이 감히 알 바가 아니겠습니까? 공께서 만약 우리의 말을 듣지 않으신다면 반드시 후회할 것입니다. 나는 필부에 불과하니 머리 깎고 도망갈 수 있지만 공은 매우 귀중하신 몸이니 장차 어디로 가시겠습니까?"

방원은 아무런 대답도 할 수 없었다. 무엇보다 세자가 없는 것이 문제였다. 실제로 정종이 불노를 세자로 책봉하겠다고 나설 경우, 방원이 할 수 있는 일은 다시 군사를 일으키는 것밖에 없었다. 결코 쉽지 않은 일이었다. 정종은 이성계의 적장자였다. 게다가 방원의 동서인 조박도 정종에게 줄을 선 듯한 기미를 보였다. 조박은 방원과 동서지간일 뿐만 아니라 개국 1등, 정사 1등의 겹공신이었다. 그런 조박이 정종 편에 서면 그 여파가 작지 않을 게 분명했다. 방원은 정종의 속내가 무엇인지 경계하지 않을 수 없었다.

## 알 수 없는 정종의 속내

정종의 속내는 무엇이었을까? 누구도 알 수 없었다. 상반된 신호를 한꺼번에 주었기 때문이다. 정종은 즉위 초 아들들을 모두 궐 밖으로 내보냈다. 정종은 첫째 아들 의평군(義平君) 원생(元生)을 필두로 모두 열다섯 명의 아들과 덕천옹주(德川翁主)를 비롯해서 모두 여덟 명의 딸을 두었다. 모두 서자, 서녀들이었다. 덕비(정안왕후) 김씨는 아이를 낳지 못했다. 본관이 경주인 왕비 김씨의 아버지 김천서(金天瑞)는 우왕 3년(1377) 이성계가 지리산에서 왜구를 토벌할 때 부하로 함께 싸웠다. 그래서 이성계는 방과뿐만 아니라 그 부인 김씨도 아꼈다.

그런데 정종 방과는 즉위 후 모든 자식들을 궐 밖으로 내보냈다. 조선 후기 실학자 이긍익(李肯翊)이 쓴 《연려실기술(燃藜室記述)》은 정종이 "모든 왕자를 절로 보내 머리를 깎고 승려가 되게 하였다"라고 전한다. 모든 자식이 승려가 된 것은 아니니 이는 과장된 내용이다. 그러나 정종이 왕자들을 모두 궐 밖으로 내보낸 것은 사실이다. 방원이 방과에게 세자 자리를 양보한 데는 방과에게 적자가 없었던 점도 한몫했다. 방과는 자식들을 궐 밖으로 내보내서 자신의 자식에게 왕위를 물려줄 생각이 없다는 분명한 신호를 보냈다. 그러는 한편 유씨를 입궁시켜 가의옹주로 삼고, 그 아들 불노를 원자로 만들었다. 이는 원자를 세자로 만들어 왕위를 계승케 하겠다는 뜻으로 해석될 수도 있었다.

물론 자신의 자리는 방원과 그의 동지들이 만들었다는 사실을 잘 알고 있었다. 그래서 정사에 몰두하지 않는 모습을 보이는 것이 좋을 거라고 생각했다. 격구(擊毬)에 매달린 것은 그런 이유에서였다. 정종의 격구 사랑은 유명했다. 심지어 경연에서 문제가 될 정도였다. 정종 1년 1월 9일, 왕이 너무 격구를 좋아한다는 논란이 일자 정종은 다음과 같이 변명했다.

"과인이 병이 있어 수족이 저리고 아프니, 때로는 격구로 몸을 움직여서 기운을 통하게 하려고 한다."

지경연사 조박이 타협안을 제시했다.

"기운을 통하게 하는 놀이라면 그만두시라고 할 수 없겠습니다. 다만 환시(宦侍: 환관)나 간사한 소인의 무리와는 함께하지 마시길 청합니다."

조박의 간쟁에도 정종이 격구를 계속 즐겼다. 결국 조박은 이를 다시 제지했고 정종은 이렇게 변명했다.

"과인은 본래 병이 있어서 잠저에 머물 때부터 마음이 번잡해서 밤이 이슥하도록 자지 못하고 새벽에야 겨우 잠이 들어 늘 늦게 일어났다. …또 무가(武家)에서 자랐기 때문에 산을 타고 물가에서 자며 말달리는 것이 습관이 되어서 오랫동안 밖에 나가지 않으면 반드시 병이 생길 것이다. 그래서 잠시 격구 놀이로 기운과 몸을 기르려는 것뿐이다."

임금이 이렇게 변명하는데 더 이상 야박하게 따질 순 없었다. 조박은 그저 "예, 예"라고 답할 수밖에 없었다. 조박이 정종의 격구 사랑에 대해 거듭 문제를 제기한 것은 허수아비 임금 노릇을 하지 말라는 충고이기도 했다. 조박이 정종을 단순히 방원으로 건너가는 징검다리 임금으로 생각했다면 굳이 격구에 몰두하지 말라고 거듭 간쟁하지는 않았을 것이다.

정종이 격구에 몰두한 것은 왕위에 욕심이 없다는 의사를 표시하는 행위이기도 했다. 그렇다고 그가 허수아비 임금 노릇만 했던 것은 아니다. 재위 1년 2월, 방원이 겸직하고 있던 판상서사사를 사직하겠다고 청하자 바로 받아들였다. 상서사(尙瑞司)는 인사에 관한 일을 담당하던 부서다. 고려 중기 최씨 무신정권 때 문무백관의 인사를 담당하던 정방(政房)을 상서사로 개칭한 것이다. 인사권이 있는 핵심 중의 핵심 부서인데, 방원이 사직하겠다고 하자 이를 바로 받아들였다. 두 달 전 불노를 입궁시켜 원자로 삼은 것과 연결시키면 보다 적극적으로 임금 자리를 수행하겠다는 뜻으로 해석할 수 있었다.

사실 정종은 격구에 몰두한 것을 빼면 정사에 적극적으로 임한 편이다. 또한 정사에 임하면 그 누구 못지않은 인군(仁君)의 자질을 보였다. 재위 1년(1399) 1월, 한양 궁성의 지붕 덮개가 완성되지 않아 지방 백성들이 올라와서 역사(役事: 부역하는 것)해야 했다. 그런데 충청도 감사 이지(李至)가 오래전부터 백성들의 역사를 감해줘야 한다며 역사를 중단할 것을 요청했다. 전년에 가뭄이 들었고, 또 추운 겨울에 역사하는 것은 백성들에게 크게 해가 될 것이라는 이유에서였다. 정종은 마치 이런 말이 나오길 기다렸다는 듯이 즉각 받아들였다.

"내가 생각하기에 중외(中外: 지방)의 백성들은 가난하니 양식을 싸 가지고 올 수 없고, 나라도 저축한 것이 없어 식량을 줄 수는 없으니 지붕을 덮는 일을 교대하는데 그 폐해가 작지 않을 것이다. 이것은 우리 백성들을 해치는 것이다. 이러한 때는 일체의 영선(營繕: 건축)을 그만두어야 마땅한데, 하물며 궁성의 지붕 덮개라고 예외겠는가? 이 때문에 그 청을 따른다."

조박이 칭송했다.

"전하의 이 말씀은 진실로 우리 백성들의 복입니다."

정종은 백성들의 노고를 깊이 생각할 줄 아는 어진 군주였다. 그 역시 민간에 오래 살아서 백성들의 고통을 잘 알았기 때문이다. 정종은 백성이 수행하는 역사 중에서 가장 힘든 것이 배를 만들고 타는 선군 (船軍)이라는 사실을 잘 알았다. 그래서 재위 1년 3월 경연에서 이렇게 말했다.

"생민(生民)의 괴로움 중 배 타는 것보다 심한 것은 없다. 부모처자 봉양을 포기해야 하고 휴식할 시간도 없으니 참으로 통석(痛惜)하다. 근래 왜구가 조용하여 변경이 조금 편안하니, 마땅히 3분의 1은 파하고, 윤번으로 교대하며 수자리하게 하라."

대사헌 조박이 정종을 칭송했다.

"전하께서 소의간식(宵衣旰食: 해 뜨기 전 옷을 입고 해 진 후 식사를 함)하시면서 백성을 편하게 하시는 것만 염려하시니 신들은 기쁨을 이기지 못하겠습니다."

이렇듯 정종은 흠잡을 데 없는 임금이었다. 《정종실록》에는 "전하가 백성들에게 너그럽고 어질다"는 식의 표현이 자주 등장한다. 이런 점을 볼 때, 애초에 이성계가 방석이 아니라 방과에게 세자 자리를 주었더라면 무인난이란 비극은 없었을지도 모른다.

정종은 좋은 관례를 만드는 데도 인색하지 않았다. 경연에 사관(史官)이 입시하는 것을 제도화한 임금도 정종이다.

문하부에서 상소를 두 번 올려서 사관이 입시하기를 청했다.

"사관의 직책은 인주(人主: 임금)의 말씀과 움직임과 정사의 잘잘못을 그대로 써서 숨기지 않고 후세에 전해 반성하게 하고 권고와 경계를 드리우는 데 있습니다. 고려 말에 임금이 황음무도(荒淫無道)해서 부녀자와 내시를 가까이 하고 충성스럽고 어진 신하를 멀리했는데, 사관이 그대로 쓰는 것을 꺼려서 가까이에 있지 못하게 했으니 너무나 무도한 일이었습니다. 마땅히 고려의 실정을 거울 삼고 사관의 관직을 설치한 뜻을 생각하소서. 사관에게 날마다 좌우에 입시하여 말씀과 움직임을 기록하고 시정(時政)을 적게 해서 만세의 큰 규범이 되게 하소서."

자신의 말 한마디 동작 하나가 모두 기록되어 영원히 남는다는 것은 여간 부담스러운 일이 아니다. 그러나 문하부의 상소가 이치에 맞다고 생각한 정종은 국왕이 참석하는 모든 자리에 사관을 배석시켰고, 이것은 후대 임금들에게 바꿀 수 없는 관례가 되었다.

정종 재위 1년(1399) 1월 7일, 조박은 왕에게 이렇게 간했다.

"인군(人君: 임금)이 두려워할 것은 하늘과 사필(史筆)입니다. 하늘은 푸르고 높은 것을 말하는 것이 아니라 천리(天理)를 말하는 것입니다. 사관은 인군의 착하고 악한 것을 기록하여 만세에 남기니 어찌 두렵지 않겠습니까?"

왕조 국가에서 사필은 임금의 전횡을 제어하는 수단이었다. 사관을 임금이 있는 모든 자리에 배석시킨 것은 사필을 두려워할 일은 하지 않겠다는 다짐이기도 했다.

정종은 재위 1년(1399) 8월에는 분경(奔競)을 금지하는 하교를 내렸다. 분경이란 고관대작의 집에 찾아다니며 엽관(獵官:벼슬자리 청탁)하는 것을 말한다.

"분경을 금지하지 않으면 사람들이 우리 종실(宗室)을 의심하고, 우리 군신을 이간하는 데 이르고야 말 것이다. 그렇다면 고려 때보다 무엇이 낫겠는가!"

정종은 인재를 발탁하거나 승진시키는 데 있어 능력 이외에 다른 요소가 끼어들어서는 안 된다고 생각했다. 그래서 권세가의 집을 찾아가는 것 자체를 불법으로 규정한 것이다.

또한 정종은 자주 의식을 갖고 있었다. 조선의 유학자들은 명 태조 주원장을 천자로 떠받들었다. 사대주의에 물든 유학자들은 심지어 조선은 천자가 준 땅이라고도 말했다.

태조 이성계 때 일본의 육주자사(六州刺使) 다다량의홍(多多良義弘)이 사자를 보내 방물을 바치면서 자신은 백제 왕실의 후예라고 주장했다. 일본의 사료에는 백제가 망하자 임정태자(臨政太子)가 배를 타고 일본으로 들어와 대내(大內) 좌경대부(左京大夫)가 되었다고 나오는데, 대내(大內)는 일본인들이 임금을 칭하는 이름이다. 임정태자의 후손이 다다량(多多良)씨인데, 다다량은 후에 모리(毛利)씨로 고쳤다. 이들은 훗날 임진왜란 때 왜장으로 쳐들어오기도 했다. 다다량씨는 일본으로 건너간 후 지금의 일본 서부 중국(中國: 주고쿠)의 남쪽 안예국(安藝國: 아키노쿠니) 광도(廣島: 히로시마)에 도읍을 정하고 대대로 직위를 세습했다.

조선에서는 왜적의 본거지를 삼도(三島)라고 불렀는데, 상 대마도와 하 대마도, 일기도를 가리킨다. 이 세 섬의 왜구들이 기승을 부리자 정종은 통신관(通信官) 박돈지(朴惇之)를 일본의 대장군(大將軍)에게 보내 말을 전하게 했다.

"우리 중외의 군관들이 고생하는 것은 모두 삼도의 왜구 때문이어서 크게 군사를 내어 삼도를 치자고 청하므로 과인이 군사를 일으켜 토벌하려는 마음이 있다. 대장군은 일본의 병권을 오래 잡고 있었으니 어찌 삼도의 도적을 제압하지 못하겠는가? 대장군은 어떻게 생각하는가?"

일본의 대장군은 사신이 전한 정종의 명을 듣고는 이렇게 답했다.

"제가 능히 제어할 수 있습니다."

대장군은 곧 군사를 내어 상·하 대마도와 일기도를 공격했으나 여섯 달이 되도록 평정하지 못했다. 이때 다다량의홍이 대장군에게 가세해서 공격하자 세 섬의 도적들이 모두 무기와 갑옷을 버리고 나와 항복했다. 다다량의홍은 정종에게 사신을 보내 이 사실을 전하면서 이렇게 요청했다.

"저는 백제의 후손입니다. 일본국 사람들이 저의 세계(世系)와 성씨(姓氏)를 알지 못하니, 갖추어 써서 주시기를 청합니다."

의홍은 아울러 백제의 땅을 일부 하사해달라고도 요청했다. 정종이 도평의사사에 그 가문의 세계를 상고하게 했는데 너무 오래전 일이라 정확히 알 수 없었다. 정종은 의홍을 백제 시조인 온조, 고(高)씨의 후손으로 인정하고 완산(完山: 전주) 부근의 토전(土田) 300결을 주려고 했다. 그러나 권근과 박석명(朴錫命) 등이 땅을 떼어주면 나중에 여러 가지 문제가 발생할 수 있다면서 반대했다. 땅은 하사하지 말고 벼슬만 주자는 건의였다. 이때 박석명 등은 이런 논리를 펼쳤다.

"산천과 토전은 천자에게 받은 것으로, 사사로이 남에게 줄 수 없습

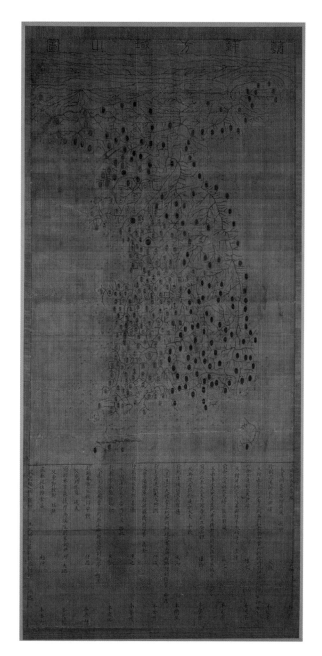

**조선방역지도. 국사편찬위 원회.**

조선 전기에 제작된 지도 로 그 형태가 지금의 모습 과 매우 유사하다. 조선 팔 도의 주현과 수영과 병영 을 각 군과 현마다 서로 다 른 색으로 표시했다. 조선 전기의 영토의식을 엿볼 수 있는 지도로, 대마도까 지 우리 영토로 표시하고 있다.

니다."

전주 부근의 토지를 하사해서는 안 된다는 주장은 합당하지만, 그 이유로 조선의 토지는 중국 임금이 준 것이니 남에게 줄 수 없다는 논리를 드는 것은 극단적 사대주의였다. 정종은 여러 신하들의 반대를 감안해 토지를 떼어주지 않았지만 그 이유가 이른바 천자에게 받은 땅이기 때문은 아니었다. 조선의 땅은 조상 대대로 전해져온 것이지 천자가 준 것이 아니었다. 정종은 무조건적인 사대주의자가 아니었다. 이런 생각을 가지고 있었기에 정종은 경연에서 명 태조 주원장이 공신들을 숙청한 것을 직접 비판하기도 했다.

"고황제(高皇帝)는 하루에 두 번씩 조회를 보고 천하 만기를 모두 친히 결단했다. 그러나 영웅과 공신을 의심하고 꺼려서 남당(藍黨)이니 호당(胡黨)이니 지목해서 모두 죽였으니 옳지 못한 일 아닌가!"

조선 임금이 명나라 임금을 직접 비판한 것은 중화 사대주의 유학자들로선 생각조차 할 수 없는 일이었다. 황제가 된 주원장은 자신을 도운 개국공신들을 대거 숙청했다. 개국공신 중 남옥(藍玉)을 중심으로 한 세력을 남당, 호유용(胡惟庸)을 중심으로 한 세력을 호당이라고 했는데, 이들이 모반을 기도했다면서 두 차례에 걸쳐 공신 4500명을 주살한 것이다. 정종은 그런 주원장과는 달랐다.

"인군은 마땅히 바른 마음을 갖는 것을 귀하게 여겨야 한다."

정종은 부친을 닮아 무인 기질이 강했다. 그래서 사냥을 즐겼지만 이를 말리는 신하들의 간쟁도 너그럽게 받아들였다. 재위 1년(1399) 10월, 정종은 종친들을 거느리고 강음현(江陰縣: 황해도 금천) 원중포에서 노루를 사냥했다. 그런데 문하부에서 사냥을 중지할 것을 청하자

"그 말은 맞는 말"이라면서 이렇게 답했다. "다만 내가 오랫동안 몸을 움직이지 못해서 병이 생겼으므로 한 번 밖에 나가 놀면서 울울하게 맺힌 기운을 풀려고 하는 것이다."

정종이 방원과 가장 다른 점은 부왕과의 관계였다. 이성계는 방원을 원수로 여겼으나 방과는 달리 대했다. 정종 1년(1399) 1월, 상왕 이성계가 무안군(撫安君) 이방번의 옛집으로 이어하려 하자 나라에 비상이 걸렸다. 개국군주가 사가(私家)에 거주할 수 없다는 원칙론을 넘어서 방간에게 자칫 그릇된 신호를 줄 수도 있는 민감한 문제였기 때문이다. 대간에서는 이를 말려야 한다고 정종에게 상언했고, 정종은 도승지 이문화를 통해 이 상언을 이성계에게 전했지만 이성계는 듣지 않았다. 정종이 도평의사사의 반대 의사를 다시 전달하자 이성계는 화를 냈다.

"호령진퇴(號令進退)는 인군의 한마디에 있는 것이다. 만일 '늙은 아버지의 뜻을 내가 어길 수 없다'고 한다면, 대간과 백관 중 누가 '안 됩니다'라고 하겠는가?"

그러나 다른 왕자들의 집이면 몰라도 방번의 집이라면 의미가 달랐다. 부친의 꾸지람을 들은 정종은 내관 박영문을 보내 태상왕에게 사정했다.

"부왕께서 만일 사가로 나가서 거처하시면 나라 사람들이 모두 제가 효도를 다하지 못한 탓이라고 말할 것이니, 제가 이 때문에 깊이 부끄럽습니다."

이성계는 정종의 말에 감동해서 이방번의 집으로 가지 않았다. 자칫 정종의 왕권을 약화시킬 수도 있다고 생각한 것이다.

같은 해 3월 이성계는 금강산 유점사(楡岾寺)에 가서 보살재를 베풀려고 했다. 태상왕이 움직이면 백성들에게 번거로운 일이 생길 것을 우려한 정종이 다시 내관 박영문을 보내서 말렸다.

"지난해 수재와 한재 때문에 백성들이 농사를 잃어서 기근에 시달리고 있고, 더구나 지금은 초여름이어서 농사일에 한창 바쁜 시기인데, 대가(大駕)가 거둥하시면 비록 호종을 간편하게 하더라도 그 폐단이 작지 않아 농사에 방해될까 두려우니, 농사가 한가한 때를 기다리시기 바랍니다."

이성계는 이렇게 답했다.

"아버지는 아들을 위해서 말하고, 아들은 아버지를 위해서 말하는 것인데, 어찌 생각하지 않고 말했겠는가? 내가 간다면 진실로 폐단이 있을 것이니 중지하는 것이 마땅하다."

박영문이 돌아와서 태상왕의 뜻을 전하자 정종은 크게 기뻐하며 옷 한 벌을 내려주었다. 이렇듯 이성계는 정종의 왕권을 강화하는 데 도움이 된다는 생각이 들면 기꺼이 자신의 뜻을 꺾었다. 정종의 왕권을 강화시키는 것이야말로 방원의 즉위를 막는 길이라고 생각했기 때문이다. 이렇듯 이성계가 힘을 실어주면서 정종의 왕위는 점점 안정되어갔다. 방원이 정종을 내쫓고 왕위를 차지하기는 쉽지 않아 보였다.

그래서 그랬는지 정종의 서자 한 명이 슬그머니 궁중에 들어왔다. 앞서 언급했듯, 정종은 즉위 후 모든 서자들을 궐 밖으로 내보내 살게 하거나 승려가 되게 했다. 그런데 서자 중 하나가 정종의 허락도 없이 입궁한 것이다. 쉬쉬하는 바람에 널리 알려지지는 않았지만 출가했던 서자가 환궁한 것은 큰 사건이었다. 세자 자리가 비어 있었기 때문이다. 조정 중신들은 대부분 방원의 사람이었지만 정종은 상왕의 지지를 받고 있었고, 또한 적장자였다. 아무리 방원이라 해도 섣불리 적장자를 내쫓고 왕이 되겠다고 나설 순 없었다. 이복동생들을 죽이고, 아버지를 쫓아낸 데다, 적장자인 친형까지 쫓아내고 왕이 된다는 멍에를 감수할 수는 없었다. 그래서 공신들 사이에서는 1차 왕자의 난 직후 방과에게 세자 자리를 양보한 것이 실책 아니냐는 시선이 생기기 시작했다.

세자 문제는 점점 더 민감하게 부각되었다. 정종 즉위 초, 개국 1등 공신 남재(南在)가 대궐 뜰에서 큰 소리로 외쳤다.

"지금 곧 정안공(靖安公: 이방원)을 세자로 세워야 한다. 이 일은 늦출 수 없다."

이 말을 들은 방원은 남재를 크게 꾸짖었다. 신하가 임금의 후사에 대해 특정인을 언급하는 것은 그 자체로 역모나 다름없다. 그런데 남재가 이런 행동을 한 이유가 있었다. 1차 왕자의 난 때 방원에게 죽은 개국 1등공신 남은이 바로 그의 동생이었다. 자신은 동생과 달리 방원을 지지한다는 뜻을 밝혀 생존을 도모하려는 의도였다. 이 때문인지 남재는 1차 왕자의 난 이후 남은의 연루자로 낙인 찍혀 유배되었지만 무혐의로 풀려났다.

정종의 후사 문제를 둘러싼 그림자는 궁중에 깊게 드리워졌다. 1차 왕자의 난 때 소격전에서 기도하던 방과가 임금이 될 수 있었던 이유 중 하나는 그에게 적자가 없기 때문이었다. 정종 또한 이런 사실을 알고 있었다. 정종은 불노를 궁중에 들여 원자로 삼은 것 외에는 후사에 대한 의사를 일절 피력하지 않았다.

그런데 정종의 후사가 자신이라고 생각하는 동생은 방원만이 아니
었다. 정종은 방원 외에 동생이 두 명 더 있었다. 태조의 3남인 익안대
군 방의와 4남 회안대군 방간이었다. 두 사람 모두 정사 1등공신이다.
그런데 방의는 왕위에 큰 욕심이 없었지만 방간은 달랐다. 그는 형인
자신을 제치고 방원이 정국을 주도하는 것에 큰 불만을 가졌다. 형제
사이는 언제 터질지 모르는 활화산 같았다.

# 천도, 끝나지 않는 권력투쟁

한 양 천 도 의 목 적

이성계는 재위 2년(1393) 1월 19일, 개경의 수창궁을 나섰다. 남은, 이지란 등 중신들이 뒤따랐다. 21일, 양주 회암사(檜巖寺)를 지나면서 왕사 자초(自超: 무학)를 합류시켰다. 자초는 풍수에 밝은 승려였다. 어가가 한강가에 이르렀을 때 이성계의 몸이 편찮아서 나흘간 유숙했다. 그러다 몸이 좀 나아진 2월 1일 새벽 다시 출발하기로 하고, 어가를 준비시켰다. 그때 지중추원사(知中樞院事) 정요(鄭曜)가 급하게 달려왔다.

"왕비마마께서 병이 나셨으며, 평주와 봉주(황해도 봉산) 등지에 초적(草賊)이 발생했습니다."

이성계는 이 보고의 의미를 금방 알아차렸다. 그래서 힐난조로 물었다.

"초적은 변장(邊將: 변방 장수)의 보고가 있었는가? 누가 와서 알려주었는가?"

정요는 대답하지 못했다.

"도읍을 옮기는 일은 세가대족들이 싫어하는 것으로, 이를 구실 삼아 중지시키려는 것이 분명하다. 재상들은 송경(松京: 개경)에 오랫동안 살았는데 편안한 땅을 옮기려 하겠는가? 천도가 어찌 그들의 뜻이겠는가?"

개경의 세가대족들이 천도를 막기 위해 허위보고를 올린 것 아니냐는 질책이었다. 이성계는 남은, 이지란, 자초 등을 거느리고 계룡산의 새 도읍 후보지로 가는 길이었다. 당초 이성계는 즉위한 다음 달인 재위 1년(1392) 8월 13일, 도평의사사에 도읍을 한양으로 옮기라고 명령했는데 시중 배극렴 등이 백성들의 피해가 우려된다면서 연기를 요청해 미뤄진 터였다. 한양 천도가 잠정적으로 연기된 사이, 계룡산이 새로운 후보지로 부상했다. 그래서 계룡산 부근을 직접 살펴보기 위해서 길을 떠났던 것이다. 남은이 새로운 방안을 제시했다.

"지금 이 행차는 계룡산에 이미 가까이 와 있으니 성상께서는 가셔서 도읍을 건설할 땅을 보소서. 신들은 남아서 초적을 치겠습니다."

"천도는 경들도 하고 싶지 않을 것이다. 자고로 역성(易姓)의 천명을 받은 군주는 반드시 도읍을 옮겼다. 지금 내가 급히 계룡산을 보려고 하는 것은 내가 직접 새 도읍을 정하고 싶기 때문이다. 그런데 유자(孺子: 방석)가 비록 내 뜻을 계승해서 천도하려 해도 대신들이 불가하다고 저지한다면 어찌 할 수 있겠는가?"

이성계는 중신들의 반대를 무릅쓰고 전횡하는 군주가 아니었다. 일단 어가를 돌리라고 명했다. 남은 등 신하들은 이번 행차의 길흉을 이민도(李敏道)에게 점치게 했다.

"왕비마마의 병환은 곧 나을 것이고, 초적도 염려할 것 없습니다."

신하들은 서로 의논한 후 이성계에게 다시 계룡산으로 가자고 청했다. 개국군주의 바람을 무시하기는 어려웠다. 그래서 어가는 청주를 거쳐 계룡산 밑에 이르렀다. 이성계는 새 도읍지의 형세가 마음에 들었다. 그래서 성석린(成石璘) 등에게 사방으로 통하는 길을 조사하게 하고, 이화와 남은에게는 성곽을 축조할 만한 곳의 지세를 살피게 했다. 권중화(權仲和)에게는 새 도읍지의 조감도를 그려 바치게 하고, 김사행(金師幸)에게는 먹줄로 땅을 측량하게 했다.

계룡산을 떠나기 이틀 전인 2월 11일, 태조는 새 도읍의 중심이 될 높은 언덕에 올라 형세를 두루 살펴보았다. 왕사 자초에게 어떠냐고 물었으나 아무런 대답도 하지 않았다. 그의 의중은 한양에 있었기 때문이다. 이성계는 김주(金湊) 등을 계룡산에 남겨 새 도읍 건설을 감독하게 하고 개경으로 돌아왔다.

그런데 태조 2년(1393) 12월, 경기 좌우도관찰사 하륜이 계룡산은 도읍지로 적당하지 않다고 상언하면서 제동이 걸렸다.

"도읍은 당연히 나라 가운데 있어야 하는데, 계룡산은 땅이 남쪽으로 치우쳐서 동·서·북쪽과 멀리 떨어져 있습니다. 신이 일찍이 부친의 장례를 치르면서 풍수에 관한 여러 서적을 약간 보았습니다. 계룡의 땅은, 산은 건방(乾方: 서북쪽)에서 오고 물은 손방(巽方: 남동쪽)으로 흘러가는데, 이는 송나라 호순신(胡舜臣)이 말한 '물이 장생(長生)을 부수어 곧 쇠퇴할 땅'이라는 것으로 도읍으로는 적당하지 못합니다."

하륜은 풍수에 밝기로 유명했다. 이런 하륜이 계룡에 도읍하면 새 왕조가 오래가지 못할 것이라고 경계하는데 무작정 진행할 수는 없었다. 태조는 권중화, 정도전, 남재 등과 서로 의논하게 하고, 고려 왕조의 여러 산릉의 길흉을 다시 조사시켰다. 또 국가의 제사 등을 관장하는 봉상시(奉常寺)에 고려의 여러 산릉이 호순신의 풍수법과 일치하는지 조사하게 했다. 고려의 산릉을 오가는 물길을 조사한 결과, 호순신의 길흉에 대한 말이 모두 맞는다는 사실을 확인할 수 있었다. 그래서 태조는 심효생에게 계룡에 새 도읍을 건설하는 일을 그만두게 했다. 이때부터 조선에서 호순신의 풍수서가 유행하게 되었다.

고려의 서운관(書雲觀)에는 천문과 풍수 관련 서적과 문서가 많이 갖춰져 있었다. 태조는 하륜에게 이를 주면서 새 왕조의 도읍지를 물색하게 했다. 하륜은 무악 남쪽 지역을 새 후보지로 추천했다. 그러나 권중화와 조준 등이 무악을 보고 돌아와서는 "무악의 남쪽은 좁아서 도읍이 될 수 없습니다"라고 반대했다. 하륜이 재차 반박했다.

"무악의 명당은 비록 좁은 것 같지만 송도의 강안전(康安殿)이나 평양의 장락궁(長樂宮)과 비교해보면 도리어 조금 넓은 편입니다. 또한 고려 왕조의 비록(秘錄)과 중국에서 쓰고 있는 지리의 법에도 모두 맞습니다."

무악에 대해서는 여러 의견이 다양해서 태조 3년(1394) 2월까지도 결론을 내지 못했다. 이성계가 다른 곳을 물색하게 하자 서운관은 불일사(佛日寺)와 선고개(鐥岾)를 추천했다. 불일사가 가장 좋고, 선고개가 다음이라는 것이었다.

개경 동쪽 교외에 있는 불일사는 광종(光宗)의 어머니 유씨의 명복을 비는 원당(願堂)이었다. 선고개는 공민왕이 재위 22년(1373) 묵었다는 기록만 있어서 지금은 그 구체적 위치가 어딘지 정확히 알 수 없다. 도평의사사에서 선고개에 가보니 땅이 좋지 않았다. 남은은 서운관에 근무하는 풍수가 이양달(李陽達)을 꾸짖었다.

"너희들이 지리의 술법을 조금 안다고 자부하며 맞지 않은 곳을 여러 번 도읍지라고 말해서 성상의 총명하심을 번거롭게 하니 호되게 징계해서 뒷날을 경계해야겠다."

그러나 풍수가가 자신의 견해를 피력했다는 이유로 처벌할 수는 없었다. 답답해진 이성계는 재위 3년(1394) 8월 11일 무악으로 직접 행차해서 살펴보았다. 직접 와서 보니 무악 남쪽이 마음에 들었다. 그래서 이성계가 도읍으로 정하려는데, 판서운관사(判書雲觀事) 윤신달(尹莘達)과 서운부정(書雲副正) 유한우(劉旱雨) 등이 반대했다.

"지리의 법으로 보면 이 땅은 도읍이 될 수 없습니다."

"너희들이 함부로 옳다 그르다 하는데, 이 땅이 만일 좋지 않다면 여러 문서를 가지고 고증해야 할 것이다."

윤신달 등이 물러가서 서로 의논하는데, 태조가 유한우를 불러서 다시 물었다.

"이곳이 끝내 불가하냐?"

"신이 보기에는 실로 불가합니다."

"이 땅이 불가하면 어디가 좋으냐?"

"신은 알지 못합니다."

이성계가 화를 내면서 말했다.

"네가 서운관이 되어서 모른다고 하니, 누구를 속이려는 것인가?"

이성계가 화를 낸 이유가 있었다. 이들이 송도를 선호해서 천도 자체를 반대하는 것이라고 생각한 것이다. 그래서 유한우에게 다시 물었다.

"송도의 지기가 쇠하였다는 말을 너는 듣지 못하였느냐?"

"이는 도참(圖讖)으로 말한 것인데, 신은 단지 지리만 배워서 도참은 모릅니다."

"옛사람의 도참도 역시 지리를 근거로 말한 것이다. 어찌 허무한 근거를 가지고 말했겠느냐? 그러면 네 마음에 좋은 곳을 말해보라."

그제야 유한우가 속내를 드러냈다.

"전조(前朝: 고려)의 태조가 송산(松山) 명당(明堂)을 가려서 궁궐을 지었는데, 중엽 이후에 명당을 오래 폐지하고 임금들이 이궁(離宮)으로 이사했습니다. 신의 생각에는 명당의 지덕(地德)이 아직 쇠하지 않은 듯하니, 다시 궁궐을 지어서 그대로 송경(松京)에 도읍하는 것이 마땅합니다."

그대로 개경에 머물면서 궁궐만 다시 짓자는 주장이었다. 이는 물론 이성계의 생각과는 달랐다. 이성계는 역성혁명을 이룬 군주는 새 도읍으로 천도해야 한다고 믿고 있었다.

"내가 장차 천도하기로 결정했는데, 가까운 곳에 길지가 없다면, 삼국의 도읍 중에도 길지가 있을 수 있으니 잘 살핀 후 합의해서 아뢰어라."

이성계는 역사와 전통을 중시하는 군주였다. 그래서 삼국의 도읍도 모두 명당일 것이니 후보지로 논의해보라고 명한 것이다. 서운관에서 의논해 올린 곳은 두 곳으로 첫 번째 명당은 부소(扶蘇: 개경), 다음은 남경(南京: 한양)이었다. 그러나 논의가 하나로 귀결되지 않고, 의견이 분분했다. 이성계는 이 문제는 힘으로 밀어붙여서 될 일이 아니라고 생각했다. 그래서 재상들에게 자신의 견해를 글로 써서 올리라고 명했다. 여러 재상들이 글을 올렸는데 판삼사사 정도전도 글을 올렸다. 정도전은 "음양술수(陰陽術數)의 학설은 공부하지 않았다"면서 유학 경전과 역사를 바탕으로 자신의 의견을 피력했다. 주나라, 한나라 등 중국 역대 왕조의 도읍지와 왕조가 지속된 햇수의 상관관계를 살펴보았다는 것이다.

"이를 바탕으로 말하면 나라의 치란(治亂)은 사람에게 달린 것이지 지리의 성하고 쇠함에 있지 않음을 알 수 있습니다. …어찌 술수를 공부한 자의 말만 믿을 수 있고, 유학을 공부한 자의 말은 믿을 수 없겠습니까?"

왕조의 흥망은 군주와 벼슬아치들이 정치를 잘하느냐 잘하지 못하느냐에 달려 있지, 풍수지리에 달려 있는 것이 아니라는 주장이었다.

찬성사 성석린과 정당문학 정총(鄭摠)은 부소를 주장했고, 하륜은 여전히 무악을 주장했다. 재위 3년(1394) 8월 13일, 이성계는 남경의 옛 궁궐터를 살펴보고 산세를 관망하다가 윤신달 등에게 "여기가 어떠냐?"고 다시 물었다.

"우리나라 경내에서는 송경이 제일 좋고 이곳이 다음입니다. 다만 한스러운 것은 건방(乾方: 서북쪽)이 낮아서 물과 샘물이 마른 것입니다."

이성계가 기뻐하면서 말했다.

"송경이라고 어찌 부족한 점이 없겠는가? 지금 이곳의 형세를 보니 왕도가 될 만하다. 또한 조운(漕運: 뱃길)도 통하고 각 도까지의 거리도 고르니 인사에도 편리하지 않겠는가?"

이성계가 왕사 자초에게 묻자 자초가 대답했다.

"여기는 사면이 높고 빼어나며 가운데가 평평하니, 성읍이 되기에 마땅합니다. 그러나 여러 사람의 의견을 따라 결정하소서."

태조가 여러 재상들에게 의논하게 하자 이구동성으로 말했다.

"반드시 도읍을 옮기시려면 이곳이 좋습니다."

무악을 고집하는 하륜이 반대했지만 중론에 묻혔다. 이성계는 여러 재상들의 의견을 따르는 형식으로 남경, 즉 한양을 도읍으로 정했다. 태조 3년(1394) 8월 13일의 일이다. 8월 24일 도평의사사에서 한양을 도읍으로 정하자고 건의했고, 이성계는 가납했다. 이렇게 한양은 조선의 새로운 수도로 결정되었다.

12월 4일 한양의 종묘와 궁궐 공사를 시작하기 하루 전, 이성계는 조준, 김사형, 정도전 등 중신들과 함께 목욕재계했다. 공사를 시작하기 전 황천(皇天)과 후토(后土)의 신에게 공사를 시작하는 것을 알리는 고유문을 바치기 위해서였다. 이성계는 고유문을 낭독했다.

"조선 국왕 신 이단(李旦)은 문하좌정승 조준, 우정승 김사형, 판삼사사 정도전 등을 거느리고 한마음으로 재계목욕하고, 감히 황천후토께 밝게 고하나이다."

이성계는 하늘의 신인 '황천'과 땅의 신인 '후토'에게는 신하의 자격으로 고유문을 낭독했다. 참찬문하부사 김입견(金立堅)이 백악산, 목멱산, 한강, 양진의 신에게 바친 고유문에서는, "왕은 이르노라! 그대 백악, 목멱산의 신령과 한강, 양진의 신령과 여러 물귀신이여!"라고 칭했다. 하늘의 신과 땅의 신에게는 신하이지만 기타 산천의 신들과는 대등한 관계라는 뜻이다. 이를 볼 때 조선은 형식적으로는 명나라를 사대했지만 실제로 국내에서는 천자처럼 행동했다고 할 수 있다.

10개월 정도 뒤인 재위 4년(1395) 10월, 정도전은 새 궁궐의 이름을 경복궁으로 지어 바쳤다. 태조 7년(1398), 대부분의 궁전이 완성되고 성이 축조되는 등 도읍지 한양은 안정되어갔다. 이성계는 크게 기뻤다. 한양이 길지라고 여겼기 때문이다. 이성계는 새로운 수도 한양

**경복궁. ⓒCJ Nattanai**

경복궁은 조선의 정궁으로 그 이름은 정도전이 《시경》〈주아편〉에 나오는 "이미 술로 취하고 덕으로 배부르니 군자는 만년토록 큰 복을 누리리라"라는 구절에서 왔다.

을 기반으로 왕국을 안정시키고, 그 토대 위에서 북벌을 단행하고자 결심했다. 정도전과 남은이 말한 고구려 동명왕의 옛 강토를 회복하려는 것이었다. 새 도읍 한양은 이 대업의 요람이었다. 그런데 바로 이 무렵 무인난(1차 왕자의 난)이 일어나 이 거대한 구상을 모두 백지로 만들어버린 것이다.

이성계가 무인난 때문에 분노한 것은 자신이 사랑한 아들인 방석 등이 죽었기 때문만은 아니었다. 자신을 무력화시켰기 때문만도 아니었다. 자신이 남은 생애를 걸고 추진하려던 마지막 대업인 북벌을 좌절시켰기 때문인지도 모른다.

## 개경에서 재현된 왕자의 난

한양에서 빚어진 형제 살육에 대해 정종은 한양의 지세가 좋지 않은 탓도 있다고 여겼다. 새 도읍지 한양이 새 왕실에 좋지 않다고 생각한 것이다. 한양은 자식이 아비를 내쫓고, 신하가 임금에게 칼을 겨누는 땅이었다. 이곳에 계속 머문다면 자신도 언제 같은 꼴을 당할지 모른다고 생각했다. 재위 1년(1399) 2월 15일, 정종은 개경 수창궁의 북원(北苑)에 올라 좌우 근신을 돌아보며 말했다.

"고려의 태조가 지혜로써 이 땅에 도읍을 세운 것이 어찌 우연이겠는가!"

개경으로 다시 천도하고 싶다는 속마음을 털어놓은 것이다.

한편 한양 도성에서는 좋지 않은 조짐이 계속 발생했다. 2월 12일 밤에는 경복궁 위에 까마귀 떼가 몰려들어 울면서 빙빙 돌았다. 일기와 기후도 좋지 않았다. 2월 25일에는 큰 바람이 불고 비가 내렸고, 술잔만 한 크기의 유성(流星)이 각성(角星) 북쪽에서 나와 저성(氐星) 서쪽으로 들어갔다. 유성이 저성으로 들어가는 것에 대한 점사는 수해와 가뭄이 들고, 병란이 일어난다는 것이다. 정종은 이번에 병란이 일어난다면 자신을 쫓아내려는 것일지도 모른다는 생각이 들었다. 그래서 종친, 공신들과 거듭 발생하는 재변에 대해 의논했다. 서운관에서는 다음과 같이 고했다.

"까마귀 떼가 모여 들어 울고, 들까치가 와서 깃들고, 재이가 여러 번 나타났으니 마땅히 수성(修省)하여 변을 없애야 하고, 피방(避方)하셔야 합니다."

수성은 임금이 자신의 정사에 잘못이 없는지 반성하는 것이고, 피방은 거처를 다른 곳으로 옮겨 화를 피하는 것이다. 정종의 물음에 모두가 피방을 권했다. 그러나 임금의 피방은 간단한 일이 아니다. 수많은 벼슬아치는 물론 군사들이 함께 이주해야 하기 때문이다. 정종이 어느 방위로 피방해야 하느냐고 물었다.

"경기 안의 주현에는 대소신료와 숙위하는 군사가 묵을 곳이 없습니다. 송도는 궁궐과 여러 신하의 제택(第宅)이 모두 있어 완전합니다."

개경으로 피방하자는 건의였다. 한양으로 이주한 사람들의 상당수가 개경 사람이었다. 고향으로 돌아간다는 말에 모두들 크게 기뻐했다. 서로 다투듯 짐을 이고 지고 개경으로 떠나는 통에 성문에서 제어해야 할 정도였다. 이렇게 태조 4년(1395), 한양으로 천도한 지 5년 만인 정종 1년(1399), 조정은 다시 송도로 돌아갔다.

이성계도 송도 재천도를 반대하지 않았다. 이성계 역시 한양에서 방석 등이 주살된 데 큰 충격을 받았기 때문이다. 정종 1년 3월 7일, 태조 이성계도 개경으로 떠났다. 대가가 신덕왕후 강씨의 무덤인 정릉(貞陵)을 지나게 되었다. 정릉은 현재의 서울 중구 정동에 있었는데, 태조 사후 태종이 현재의 성북구로 이장했다. 태조는 어가를 세운 뒤 정릉을 두루 살피다가 머뭇거리며 말했다.

"처음 한양으로 옮긴 것은 내 뜻만이 아니었고, 나라 사람들과 함께 의논한 것이었다."

한양 천도가 잘못된 결정이었음을 인정한 것이다. 이성계는 정릉 앞에서 강씨에 대한 그리움과 미안함에 한참 동안 눈물을 흘리다가 개경으로 향했다. 개경으로 돌아간 이성계는 백운사(白雲寺)에서 노승 신강(信剛)을 만나 탄식했다.

"방번, 방석이 다 죽었다. 내가 비록 잊고자 하나 잊을 수가 없구나!"

환도했지만 개경이라고 해서 특별히 나을 것도 없었다. 정종 2년(1400) 1월과 2월, 개경에도 각종 재변이 잇따랐다. 1월 10일에는 해 둘레에 두 겹의 햇무리가 꼈는데, 해 위에 관을 씌운 것 같았다. 20일에는 개경 흥국사(興國寺)의 금부처가 땀을 흘렸다. 이에 정종은 중추원사 최유경(崔有慶)을 흥국사에 보내 칠일도량(七日道場)을 베풀었다. 재앙은 물러가고 복은 오라는 뜻이었다. 서운관에서 부처에게 비는 것으로는 재이를 막을 수 없다고 상소했다. 지경연사 하륜도 서운관의 견해에 동조했다.

"불신(佛神)에게 기도하는 것이 나라에 도움이 되지 않음은 밝고도 밝습니다."

정종은 일단 신하들의 건의에 화답했다.

"나도 또한 마음을 다해서 기도하지 않는다."

하지만 바로 이렇게 덧붙였다.

"석씨(釋氏: 부처)의 도를 천하 사람들이 다 믿는 것은 반드시 이를 참이라고 여기기 때문이다."

앞선 말과 달리 불신에게 진심으로 기도한다는 뜻이었다.

사실 정종이 즉위한 이후에도 난이 재현될 조짐은 많았다. 정종 즉위년(1398) 11월 26일에는 방번의 종 박두언(朴豆彦)의 난이 일어났다. 두언은 거사를 함께할 동지들을 모았는데, 그중 한 명이 전 낭장(郎將) 김성부(金成富)의 종 가라치(加羅赤)였다. 그런데 가라치는 이미 이숙번에게 포섭된 인물이었다. 이숙번은 이 정보를 방원에게 전했고, 방원은 정종에게 보고해 즉각 수사가 진행되었다. 엄혹한 국문에 박두언과 여러 명의 동조자들은 곧 혐의를 시인했다. 박두언은 사지가 찢기는 거열형을 받았고, 모의에 동참한 조두언 등 다른 네 명은 목이 베였으며, 박송 등은 수군에 편입됐다. 반면 가라치는 쌀과 콩 각 10석과 의복 1습을 상으로 받았다.

이러한 정국 불안 속에서 방간은 점점 더 불만을 키워 나갔다. 무인난(1차 왕자의 난)은 방원이 주도했지만 그의 형 방간도 아들과 같이 칼을 들고 싸웠다. 방간은 자신의 공이 방원 못지않으며 순서로 따져도 자신이 앞이라고 생각했다.

정종(1399) 1년 8월에는 변계량(卞季良)의 누이 사통 사건이 발생했는데, 이 치정 사건도 왕실 인사들의 역모사건으로 확장되었다. 변씨는 처음에 박충언에게 시집갔는데 얼마 지나지 않아 남편이 사망했다. 변씨는 죽은 남편 박씨의 종 포대, 사안 형제와 사통하다가 박원길에게 재가했다. 그런데 그녀는 재혼 후에도 포대 형제와 통정을 멈추지 않았고, 급기야 이 사실을 새 남편 박원길도 알게 되었다. 다급해진 변씨는 변계량에게 도움을 요청했다.

"내 남편이 성질이 사나워서 해로하기 어렵다."

이혼하고 싶다는 뜻이었지만 변계량은 대답하지 않는 것으로 변씨의 요청을 거부했다. 그러자 변씨는 방향을 바꿔 방원을 이용해 박원길을 제거하기로 마음먹었다. 변씨는 방원의 집 시인(寺人: 내시) 김귀천을 양자로 삼고 노비 네 구를 주었다. 그 후 포대를 시켜 김귀천에게 방원을 찾아가 박원길을 역모로 고변하게 했다. 변씨가 박원길에게 시집가기 전 중매가 들어왔던 이양중이란 인물을 이용한 고변이었다. 이양중의 동생 이양몽이 중매자였는데, 그가 변씨에게 이렇게 말했다는 것이다.

"내가 일찍이 재인(才人) 수백 명을 거느리고 있고, 우리 주장(主將) 의안공(義安公: 이화) 또한 휘하에 군사 수천 명이 있으니 하루에 난을 일으키면 어찌 대장군이 되지 않겠습니까?"

이화가 난을 일으킬 것인데, 자신(이양몽)도 가담해 대장군이 될 것이라고 말했다는 것이다. 변씨가 시집간 후 박원길에게 이 말을 전하자 박원길도 이렇게 호응했다고 했다.

"내가 어느 날 의안공을 뵀는데, 공이 '나의 기상이 어떠하냐? 내가 대위(大位: 왕위)를 얻더라도 또한 무엇이 어렵겠느냐?'라고 말했소."

태조의 이복동생인 의안군 이화가 왕위를 꿈꿨는데, 이양몽과 박원길이 모두 가담했다는 고변이었다. 방원의 보고를 받은 정종은 여러 왕실 사람들과 군 절제사들을 모아놓고 박원길을 잡아들여 국문했다. 박원길은 "그런 일은 없었다"고 부인했지만 변씨는 계속 남편을 죽음으로 내몰았다.

"내 남편과 이양몽 등이 의안공을 세우려고 도모했습니다."

박원길과 사안, 포대 등은 죽을 정도로 혹독하게 심문을 당했다. 고문에 못 이긴 포대가 드디어 진술을 바꾸었다.

"우리 형제가 주인마님과 사통했는데, 박원길이 그 일을 알게 되었으므로 거짓말을 꾸며 사지에 빠뜨리고자 한 것입니다. 실상은 이런 일이 없었습니다."

정종은 포대의 진술을 사실로 받아들여서 이양몽 등을 비롯해 살아남은 관계자들을 모두 석방하고 변씨와 포대의 목을 베는 것으로 사건을 종결시켰다.

사건이 전해지자 의안공 이화와 그 아들은 두려워서 몸을 떨며 통곡했다. 방간은 이 사건과 아무런 관계가 없었지만 방원이 주도하는 이러한 정국 불안 자체가 마음에 들지 않았다. 무인난(1차 왕자의 난)은 방원이 주도했지만 자신도 칼을 들고 함께 싸웠다. 방간은 자신의 공이 방원 못지않으며 순서로 따져도 자신이 앞이라고 생각했다. 그런데 현실은 달랐다. 방원의 주도로 여러 사람들이 국문을 받고 있다는 자체가 점점 더 큰 위협으로 느껴졌다. 방간 부자는 자연스레 불만을 갖게 되었다. 형이 동생의 눈치를 봐야 하는 현실에 대한 불만이었다.

방간의 이런 불만은 곧 겉으로 드러났다. 방간이 방원과 정종을 만난 후 말을 타고 나란히 돌아온 일이 있었는데, 방간은 방원에게 한마디도 하지 않았다. 이미 냉랭해질 만큼 냉랭해진 형제 사이였다. 방간은 형인 정종이 즉위한 데는 큰 불만이 없었지만, 그 후사가 동생 방원이 되어서는 안 된다고 여겼다.

방간의 아들 이맹종(李孟宗)과 지중추원사 박포는 이런 불만을 더욱 부추겼다. 할아버지 이성계를 닮아 명사수로 소문난 맹종은 숙부 방원이 아니라 부친 방간이 정종의 후사가 되어야 한다고 생각했다. 그리고 그 뒤는 자신이 이어야 한다고 믿었다. 맹종이 이런 뜻을 자주 토로하자 방간의 마음도 흔들리기 시작했다.

여기에 박포가 가담했다. 박포는 1차 왕자의 난 때 가장 앞장서서 싸웠는데 정사 2등공신에 책봉되어 불만이 많았다. 눈치를 보다가 가담한 이무는 1등공신이고 자신은 왜 2등공신이냐는 것이었다. 그래서 정사공신 책봉 과정이 공정하지 않다고 정탁에게 불평했다가 도리어 죽주에 유배되었다. 얼마 후 해배(解配: 유배가 풀림)되었지만 형을 받은 것 자체를 모욕으로 여기고 방원을 원망했다. 이런 생각을 가지고 있던 박포는 의도적으로 방간에게 다가갔다. 서로 친해진 후, 어느 날 함께 장기를 두는데 갑자기 우박이 쏟아지더니 하늘이 붉게 물들었다. 이를 본 박포가 방간에게 말했다.

"하늘에 요사한 기운이 있으니 마땅히 조심하셔야 할 것입니다."

"어떻게 처신해야겠는가?"

"가지고 계신 사병을 다 해체하고 자숙하기를 여러 왕씨들처럼 해야 합니다."

고려 왕족들처럼 자중해서 목숨을 부지해야 한다는 뜻이었다. 방간의 마음을 떠본 말인데, 예상대로 방간은 즉각 반응을 보였다.

"그렇게는 못 하겠으니 다음 계책을 말해보라."

"형만으로 도망간 태백(太伯)과 우중(虞仲)처럼 행동하는 것입니다."

고대 주나라 임금 고공단보(古公亶父: 태왕)의 큰아들 태백(太伯)과 둘째 아들 우중(虞仲)은 부왕이 막내 계력(季歷)에게 왕위를 물려주려는 뜻을 알고 스스로 이민족이 사는 형만으로 이주함으로써 왕위를 양보했다. 맏아들 이외의 인물에게 가통이나 왕통이 이어질 때 많이 인용되는 고사로, 방원에게 왕위를 양보하라는 뜻이었다. 하지만 이 또한 방간의 마음에 들지 않았다.

"그다음 계책은 무엇인가?"

"정안군은 군사가 많고 강합니다. 공의 군사는 적고 약하여 아침 이슬 같습니다. 약한 군사로 강한 군사를 쳐서 이기는 방법은 선수를 쳐서 기습전을 펼치는 것입니다."

이것이 바로 방간이 듣고 싶은 대답이었다. 둘은 방원을 선제공격하기 위해 모의를 거듭하며 동조자를 끌어모았다. 동조자를 끌어들이는 것은 그리 어렵지 않았다. 방원 측의 세가 상대적으로 강한 것은 사실이지만, 바로 그 이유로 승리했을 경우 반대급부가 더 클 것이기 때문이다. 방간이 은밀하게 동조자를 모으는데, 판교서감사(判校書監事) 이래(李來)가 제동을 걸었다. 이래는 계획을 듣고 놀라서 방간을 만류했다.

"정안대군은 개국과 왕자의 난 때 큰 공을 세운 인물입니다. 또한 어찌 골육을 해칠 수 있습니까?"

방간은 성을 냈다.

"나를 도울 사람이면 말이 이와 같지 않을 것이다."

이래가 스승인 단양백(丹陽伯) 우현보(禹玄寶)에게 방간의 거사 계획을 전하면서 정보가 누출되기 시작했다. 이래의 말을 들은 우현보는 반색했다. 방원에게 접근할 수 있는 좋은 기회라고 여겼기 때문이다. 우현보는 태조 이성계의 즉위 교서에서 "고려 말기에 이색(李穡), 설장수 등 56명과 함께 반란을 모의했다"고 적시되었던 인물이다. 이 때문에 조선 개창과 동시에 유배형에 처해졌다가 해배되어 정종 재위 1년 12월 단양백으로 복귀했다. 비록 복귀는 했지만 새 왕조의 개창을 방해한 전력 때문에 늘 불안하게 지내던 터였다. 방원에게 접근할 길을 찾던 우현보는 얼른 홍부(洪富)를 시켜서 이 정보를 방원에게 알렸다. 방원 측은 드디어 방간의 거사 계획에 대한 확실한 정보를 습득했다.

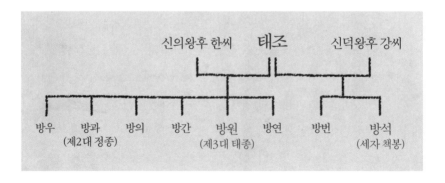

**태조 이성계의 가계도**

방간 측이 거사날로 잡은 날은 정종 2년(1400) 1월 28일, 삼군부(三軍
府)에서 둑제(纛祭)를 올리는 날이었다. 임금이 타는 대가나 군중(軍中)
앞에 세우는 큰 깃발을 둑기(纛旗)라고 하는데, 그 깃발에 승전을 비
는 제사가 둑제다. 이날은 삼군부에서 여러 왕자, 종친들에게 희생물
을 사냥하라고 권하기 때문에 군사를 일으키기에 좋다고 생각한 것이
다. 방원은 방간의 집에 사람을 보내 정탐했는데, 방간의 수하들이 모
두 갑옷을 입고 있었다. 보고를 받은 방원은 방간이 이날 거사를 일으
키려고 한다고 확신했다. 방간은 아들 맹종과 수백 명을 거느리고 이
성계가 있는 태상전(太上殿)을 지나게 되었다. 방간은 부왕에게는 거사
사실을 미리 보고하지 않을 수 없다고 생각했다.

"방원이 장차 신을 해치려 하니, 신이 속절없이 죽을 수는 없습니
다. 그래서 군사를 발하여 응변하려는 것입니다."

이성계가 크게 노해 꾸짖었다.

"네가 방원과 아비가 다르냐, 어미가 다르냐? 저 소 같은 위인이 어
찌 이에 이르렀는가?"

방원은 평소 이성계의 측근에 자기 수하의 내시들을 배치해 정보를
수집했기 때문에 분명 이 소식도 입수했을 것이다. 방원은 반격을 준
비했다. 수적으로 우월한 데다 한 발 앞서 정보까지 입수했기 때문에
이길 자신이 있었다. 문제는 형제들끼리 골육상쟁의 비극을 재연해야
한다는 점이었다.

당일 아침, 휘하 장수들과 군사들이 방원의 집에 다 모였는데, 방원
이 방에 틀어박혀 나오지 않았다. 이성계의 이복동생인 의안군 이화
가 방으로 들어서자 방원이 울면서 말했다.

"제가 무슨 낯으로 집안사람들을 보겠습니까?"

"방간은 이미 군사를 일으켰네. 어찌 작은 절개를 지키느라 종사의 대계를 그르치려 하는가? 어서 나가세."

이화는 방원을 끌어 외청(外廳)으로 나왔다. 방원은 종 김소근을 불러 갑옷을 꺼내 여러 장수들에게 주었다. 방원이 안으로 들어가자 부인 민씨가 갑옷을 꺼내 입히고 그 위에 단의(單衣)를 더하며 말했다.

"이것은 대의에 따르는 것이니 군사들을 지휘하셔서 사직을 바로 잡으셔야 합니다."

방원이 나오자 이화와 이천우 등이 껴안아서 말 위에 앉혔다. 다시 돌아온 개성 한복판에서 형제들 간의 칼부림이 벌어지기 직전이었다. 1차 왕자의 난이 이복형제 사이의 싸움이었다면 지금은 동복형제 사이의 싸움이었고, 그때 싸움터가 한양이었다면 지금은 개경이라는 점만 달랐다.

뜻밖의 팽팽한 접전

방원은 전략을 수립했다. 정보를 미리 입수했으니 기습은 막을 수 있었다. 중요한 것은 수적 우위를 계속 유지하는 것이었다. 방간의 우익을 끊는 것이 중요했다. 그래서 익안대군 방의에게 노한(盧閈)을 보내 설득했다.

"형은 병들었으니, 군사를 엄하게 통제해서 스스로 지키고 움직이지 마십시오."

방원은 또 이응(李膺)에게 내성(內城)의 동대문을 닫아서 방간에게 구원병이 가는 것을 막게 했다. 방원은 방간의 계획을 미리 알고 있다는 사실을 숨기려 보안을 유지했다. 그래서 측근 이숙번에게도 미리 통보하지 않았다. 승지 이숙번이 방원을 따라 둑제에 쓸 희생을 사냥하러 가는 길이었다. 백금반가에 이르렀을 때 민무구가 사람을 보내 말했다.

"빨리 병갑(兵甲)을 갖추고 오라!"

방원은 이숙번을 선봉장으로 삼았다. 정사 2등공신 이숙번은 시반교를 지나 방원 측에 합류했다. 이숙번은 군사들을 각각 본패(本牌)에 소속시키고 방원에게 말했다.

"제가 먼저 적 앞에 나서겠습니다. 맹세하는데 패하여 달아나지 않겠습니다. 공은 빨리 오십시오."

이숙번은 무사 몇 사람을 거느리고 먼저 달려갔다. 선죽교에서 가조가까지 군사를 배치하고 방원 측을 공격하던 방간은 기습에 대한 정보가 새 나갔다는 사실을 눈치챘다. 그러나 이제 와서 무를 수는 없었다. 방간은 일제히 공격하라고 지시했다. 이숙번이 선죽교로 통하는 길에 도착했을 때 한규(韓珪)와 김우(金宇)가 탄 말이 화살에 맞아 달아나고 있었다. 이숙번은 한규에게는 "네 말이 죽게 되었으니, 빨리 바꿔 타라" 하고 말하고, 말이 다치지 않은 김우에게는 빨리 되돌아가서 싸울 것을 명령했다.

방원이 우왕 9년(1383) 문과에 급제한 것처럼, 이숙번도 태조 2년

(1393) 문과에 급제한 문신 출신이지만 둘 다 군사에 능했다. 이숙번이 양군 사이를 말 타고 달려가자 서귀룡(徐貴龍)이 따라오면서 이숙번의 이름을 부르며 "한곳에 서서 쏩시다"라고 청했다.

"이런 때는 이름을 부르는 게 아니다. 나는 내(川) 가운데 서서 쏘겠다."

양측에서 화살이 비 오듯 쏟아지는 격전이 계속되었다. 골육상쟁이 벌어졌다는 보고를 들은 정종은 크게 당황해서 대장군 이지실(李之實)을 방간에게 보냈다. 전투를 중지시키려는 뜻이었다. 그러나 이지실은 방간의 진영에 가지도 못하고 돌아왔다. 정종은 탄식했다.

"방간이 비록 광패하지만 그 본심은 아닐 것이다. 간사한 인간에게 현혹된 것이 분명하다. 골육이 이렇게 될 줄은 생각도 못 했다."

정종은 자신의 무력함을 절감했다. 사병을 이끌고 사생결단 맞서고 있는 두 동생이 실세였다. 자신이 앉아 있는 자리는 오로지 승리한 자만이 가질 수 있는 자리였다.

많은 왕실 사람이 방원에게 붙었지만 방간의 군사는 예상보다 강했다. 방원의 부하 김법생(金法生)은 화살에 맞아 즉사했고, 목인해(睦仁海)는 얼굴에 화살을 맞는 부상을 당했다. 방간은 쌓인 것이 많았다. 자신이 형이고, 무인난 때 함께 칼을 들고 싸웠는데도 방원이 혼자 공을 세운 것처럼 여겨지는 상황에 불만을 느꼈다. 변계량의 누이 사건에 애꿎은 자신을 끌어들인 행태에도 분노가 치밀었다. 그래서 일당백의 기세로 전투에 임했다.

친동생 둘이 사병을 동원해 사생결단을 벌이고 있는데도 정종은 아무것도 할 수 없었다. 도승지 이문화를 다시 보내 방간을 말렸으나 소용없었다. 참찬문하부사 하륜이 교서를 내려 방간을 달래자고 청하자 좋은 생각이라면서 하륜에게 교서를 짓게 했다. 방간이 무뢰한 무리의 참소와 이간에 현혹되어 골육을 해치려고 하는 것을 애통하게 여긴다면서 이렇게 달랬다.

다만 양쪽을 온전하게 해서 종사를 편안하게 하려고 하니 방간은 즉시 군사를 해산하고 사저로 돌아가면 성명을 보전할 수 있을 것이다. 내가 식언하지 않을 것을 하늘의 해에 맹세한다.

좌승지 정구(鄭矩)에게 교서를 가지고 가게 했지만 군사권을 갖지 못한 임금의 교서가 힘을 발휘할 만한 상황이 아니었다. 또한 방간이 보기에 이 싸움은 자신 혼자 벌인 싸움이 아니었다. 그런데 방원에게는 중지하라는 말이 없고, 자신에게만 멈추라고 권하는 것 자체가 방원 편을 드는 것이라는 생각이 들었다.

그러나 시간이 흐르면서 방간 측의 기세는 점점 꺾여갔다. 방간에게는 구원군이 없는 반면 방원에게는 구원군이 잇따랐기 때문이다. 태조의 사위인 상당후(上黨侯) 이저(李佇)는 경상도에서 올라온 시위군을 이끌고 방원 측에 가세했다. 검동 앞길에 군사를 주둔시킨 방원이 군진 앞으로 사람을 보내 "방간을 보면 화살을 쏘지 마라"라고 지시할 정도로 방원 측에는 여유가 생겼다.

게다가 명사수로 소문난 방간의 아들 맹종이 하필 이날은 활이 잘 벌어지지 않아서 제대로 쏘지 못했다. 그사이 이숙번이 방간의 핵심 무장인 이성기(李成奇)를 쏘아 말에서 떨어뜨리자 방간군의 사기는 크게 꺾였다. 각(角)을 불자 방원의 대군이 일제히 공격에 나섰고, 방간의 군사는 바로 무너져 달아나기 시작했다. 방원의 장수인 서익(徐益), 마천목(馬天牧), 이유(李柔) 등이 방간을 뒤쫓았다. 방간이 북쪽으로 달아나는 것을 본 방원이 종 김소근을 불러서 말했다.

"혹시 무지한 사람이 형을 해칠까 두렵다. 네가 달려가서 해치지 말라고 소리쳐라."

김소근은 권희달(權希達) 등과 말을 타고 쫓아갔다. 김소근이 방간을 찾아 이리저리 다니다가 보국 서쪽 고개에 올라서니 방간이 묘련 북동에서 마전 갈림길로 나와서 보국동으로 들어가는 것이 보였다. 김소근 등이 뒤쫓자 방간은 보국 북점을 지나 성균관 서동으로 들어서서 옛 적경원 터까지 도주했다. 적경원은 공양왕의 선조를 모신 전각인데, 태조 1년(1392) 허물어 터만 남아 있었다.

더 이상 도망갈 곳이 없어진 방간은 말에서 내려 갑옷을 벗고 활과 화살을 버린 뒤 땅에 누웠다. 모든 것이 끝났다고 생각하자 비로소 파란 하늘이 보였다. 권희달 등이 도착하자 방간이 말했다.

"너희들이 나를 죽이러 오는구나."

"그게 무슨 말씀입니까? 공은 두려워하지 마십시오."

방간은 자신을 쫓아온 무사들에게 갑옷과 궁시와 환도를 나누어주고 김소근에게 말했다.

"네게는 줄 것이 없구나. 내가 살아나면 반드시 후하게 갚겠다."

재기를 꿈꾸는 마음이 완전히 사라진 것은 아니지만, 당장 그날 저녁도 기약할 수 없는 상황이었다. 권희달 등이 방간을 부축해서 작은 유마(騮馬: 갈기는 검고 배는 흰 말)에 태우고 성균관 문 바깥 동봉까지 오자 방간이 말에서 내렸다. 승지 정구가 정종의 교서를 가져왔기 때문이다. 지금 싸움을 중지한다면 성명은 보존해주겠다는 교서였다. 정구가 교서를 읽고 나서 방간의 품속에 넣어주었다. 방간이 절하고 말했다.

"주상의 지극한 은혜에 감사합니다. 처음에 신은 불궤한 마음이 없었습니다. 다만 정안(靖安: 방원)을 원망한 것뿐입니다. 지금 교서가 이와 같으신데 주상께서 어찌 나를 속이겠습니까? 남은 여생을 빕니다."

남은 목숨을 구걸했으니 방간의 완패였다.

한편, 남편을 골육상쟁의 전쟁터로 보낸 방원의 부인 민씨는 초조한 시간을 보내고 있었다. 목인해가 탔던 방원 집의 말이 화살을 맞고는 스스로 도망 와서 마구간에 들어갔다. 민씨는 남편이 패한 것으로 생각하고 싸움터에 가서 함께 죽으려 했다. 남편뿐만 아니라 민무구·무질 두 친정 동생까지 가담한 싸움이었다. 패하면 시가는 물론 친가도 함께 망할 수밖에 없었다. 시녀와 종들이 말려서 옥신각신하고 있는데, 정사파가 나타났다. 꿈 해몽에 밝은 노파였다.

전에 민씨가 정사파에게 해몽을 물은 적이 있었다.

"어젯밤 새벽녘 꿈에 내가 신교(新敎)의 옛집에 있는데, 태양이 공중에 있고 아기 막동(莫同: 충녕대군)이 해 바퀴 가운데 앉아 있었다. 이것이 무슨 징조인가?"

정사파의 해몽은 놀라웠다.

"공(公: 방원)이 마땅히 왕이 되어서 항상 이 아기를 안아줄 징조입니다."

"그게 무슨 말인가? 어찌 그러한 일을 바랄 수 있겠는가?"

정사파가 집으로 돌아갔다가 다시 와서 방원이 이겼다는 소식을 전하자 그제야 민씨도 집으로 들어갔다. 방원의 완승이었다. 공신 세력이 분열되었지만 29명의 정사공신 중 방간을 따른 공신은 박포와 장사길(張思吉) 단 둘뿐이었다. 게다가 박포는 거사 당일 정보가 누출되었다는 소식을 듣고는 병을 칭탁하고 집 밖에 나서지 않았다. 장사길도 중간에서 눈치를 살폈다. 방간 혼자의 힘으로 방원을 당해낼 수는 없었다.

방원은 박포가 공신이라는 이유로 일단 목숨을 살려 청해로 유배보낸 후 나중에 목을 베었다. 하지만 방간에게는 그럴 수 없었다. 친형의 피까지 손에 묻힐 수는 없었다. 정종 또한 친동생을 죽이고 싶지 않았다. 정종은 방간에게 살고 싶은 지방에 가서 살라는 종편부처의 처벌을 내렸다. 방간은 토산에 있는 자신의 촌장(村庄: 별장)으로 들어갔다.

정종 2년(1400) 1월 28일 발생한 2차 왕자의 난은 이렇게 마무리되었다. 경진년에 발생해 경진난으로도 불린다. 경진난도 무인난(1차 왕자의 난)처럼 방원의 승리로 끝났다. 1차 왕자의 난이 태조 이성계에게 큰 타격이었다면, 2차 왕자의 난은 정종 이방과에게 큰 타격이었다. 동생들이 서로 사병을 동원해 시가전을 벌이는데, 정작 왕인 자신에게는 이를 진압할 병력이 없었다. 대장군 이지실이 방간의 진영까지 가지도 못하고 무력하게 돌아온 데서도 알 수 있듯, 정종에게 있는 군통수권은 명목뿐이었다. 이것이 바로 남에게 업혀서 국왕이 된 정종의 숙명이었다.

정종의 가장 큰 약점은 자기 세력이 없다는 것이었다. 정종에게는 자기를 믿고 따르는 친위세력이 없었다. 이성계가 힘을 실어주려고 아무리 노력해도 한계가 뚜렷했던 이유가 바로 여기에 있다. 그의 자리는 방원이 만들어준 자리였다. 2차 왕자의 난으로 방원은 이 나라의 가장 큰 세력가가 누구인가를 천하에 다시 공포했다.

세 자 방 원 , 사 병 혁 파 에 나 서 다

정종 2년(1400) 2월 1일, 2차 왕자의 난이 일어난 다음 날이었다. 참찬문하부사 하륜이 정종에게 요청했다.

"정몽주의 난 때 정안공이 없었다면, 큰일을 이루지 못했을 것입니다. 정도전의 난 때도 정안공이 없었다면 어찌 오늘이 있겠습니까? 어제 일만 보더라도 하늘의 뜻과 인심을 또한 알 수 있습니다. 정안공을 세자로 세우기를 청합니다."

방원이 세자가 되어야 한다고 공개적으로 요청한 것이다.

"경 등의 말이 심히 옳다."

정종은 하륜의 말을 거부하지 않았다.

"무릇 국본이 정해진 연후에 민중의 뜻이 정해지는 것이다. 지금의 변란은 국본이 정해지지 않은 까닭이다. 내게 얼자(孽子: 첩의 자식)가 있지만, 그 태어난 날짜를 생각해보면 조정에 도움된 것이 없고, 애매하여 알기 어렵다. 또 혼미하고 유약해서 지방에 둔 지 오래되었다. 지난

번 우연히 궁중에 들어왔지만 지금은 다시 밖으로 내보냈다. 또한 옛 성왕들께서는 비록 적사(嫡嗣: 적장의 후계자)가 있었어도 어진 이를 선택해서 왕위를 전해주었다."

'궁중에 들어온 자식을 다시 내보냈다'는 말은 의미심장하다. 아들에게 왕위를 넘기려던 일말의 미련을 포기했다는 뜻이었다. 2차 왕자의 난은 권력은 누가 그냥 주는 것이 아니라 피로 쟁취하는 것임을 다시 한 번 보여주었다. 친위세력이 없는 자신이 아들에게 물려줄 수 있는 왕위가 아니라는 사실이 명백해졌다. 정종은 한 발 더 나아갔다.

"지금 당장 정안을 세자로 삼고, 안팎의 여러 군사를 다스리게 할 것이다."

세자 자리는 물론 군사권까지 준 것이다. 정상적인 국가라면 세자는 명목뿐인 자리고 실질적인 권한은 국왕이 모두 갖고 있다. 더구나 가장 중요한 군사권을 세자에게 주는 경우는 없었다. 그러나 정종은 군사권까지 방원에게 내주었다. 한 대신이 헌의했다.

"옛날부터 제왕이 친동생(母弟)을 세우면 모두 황태제(皇太弟)로 봉했지 세자로 삼은 일은 없었습니다. 왕태제(王太弟)로 삼으소서."

동생이니 태제(太弟)로 봉해야지 아들을 뜻하는 태자(太子)로 봉할 수는 없다는 뜻이었다. 하지만 정종은 동의하지 않았다.

"지금 나는 직접 이 아우를 내 아들로 삼겠다."

정종은 세자부를 설치해서 이름을 '인수부(仁壽府)'라고 지었다. 인수는 어질고 수명이 길다는 뜻이다. 어질어야 목숨이 길다는 뜻이니 정종의 의중이 담겨 있는 이름이었다.

방원이 골육상쟁 끝에 세자 자리를 차지한 것에 대해 이성계는 반감을 드러냈다. 세자 방원이 문안을 올리자 쏘아붙였을 정도다.

"삼한에 귀가(貴家)와 대족(大族)이 많은데, 반드시 모두 비웃을 것이다. 나도 부끄럽게 여긴다."

왕씨들이 흘린 피 위에 세운 왕실이었다. 이성계는 고려 왕실 사람들과 명가 출신 사람들이 비웃을 것이라며 부끄러워했다. 방원도 마찬가지였다. 그러나 어찌 보면 이는 이성계가 자초한 난이었다. 방석이 아닌 방원을, 아니면 처음부터 맏형 방과를 세자로 세웠더라면 일어나지 않았을 난이었다. 이왕 벌어진 일, 방원은 앞으로가 문제라고 생각했다. 제2, 제3의 방원이 나올 가능성은 충분했다. 명분은 만들기 나름이었다. 그래서 방원은 자신과 같은 인물이 나올 수 없는 제도적 장치를 만들기로 결심했다. 사병 혁파가 바로 그것이다.

두 차례의 칼부림 끝에 세자가 된 방원에게 사병은 양날의 검이었다. 두 차례의 정변에서 이길 수 있었던 힘의 근원이 사병이었지만, 방간이 정변을 일으킬 수 있었던 배경도 바로 사병이었다. 이제 자신이 군사권을 장악한 이상, 왕자와 공신들이 거느린 사병을 해체해 삼군부에 귀속시켜야 안심할 수 있을 것 같았다. 방원이 세자가 된 지 두 달 후쯤 대사헌 권근이 이 문제를 제기했다.

"병권은 국가의 대병(大柄)으로 마땅히 국가에 소속되어야 합니다. 신하가 사병을 보유하면 반드시 군주를 위협하게 되니 마땅히 사병을 혁파해야 합니다."

예전에 정도전이 사병 혁파를 추진하면서 한 말과 같았다. 군사권을 쥔 인물만 달라졌을 뿐이다. 권근은 방원의 지시를 받고 사병 혁파 문제를 제기했다. 그런데 그때나 이때나 사병 혁파 문제가 불거지자

마자 거세게 반발이 일었다.

정도전이 주도한 사병 혁파 시도 때 반발한 것은 방원 측이었는데, 또 다시 불거진 사병 혁파 주장에 반발한 것도 방원의 측근들이었다. 《정종실록》은 "이거이 부자와 병권을 잃은 자들이 모두 앙앙(怏怏: 섭섭해서 앙심을 품음)하여 밤낮으로 같이 모여서 격분하고 원망함이 많았다"라고 설명했다. 이성계와 방원의 겹사돈으로, 1차 왕자의 난 때 방원의 편에 서서 방석을 죽였던 이거이 부자가 반발할 정도면 다른 측근들이 반발할 것은 두말할 나위 없었다. 이 중에는 방원의 측근이자 정사·좌명 1등공신인 조영무도 있었다. 삼군부의 사령이 군목(軍目: 군인 명부)과 병기를 삼군부에 수납하라는 공문을 가지고 조영무의 군대를 찾자, 격분한 조영무는 사령을 구타하고 관계 서류를 빼돌려 숨겼다.

이에 대간에서는 서리를 보내 조영무의 집을 지키게 하고 조영무와 참찬문하부사 조온, 지삼군부사 이천우 등을 탄핵했다. 정종은 조영무를 황해도 황주로 유배 보냈는데, 실상 세자 방원이 보낸 것이었다. 이 조치에 조야가 놀랐다. 세자가 자신의 최측근인 조영무까지 내칠 줄은 예상하지 못했던 것이다. 그만큼 사병을 혁파하려는 방원의 뜻은 단호했다. 방원의 측근들은 예의주시했다. 방원이 과연 공신 체제 자체를 무너뜨리려는 것인지 모두들 궁금해했다.

정종 2년(1400) 6월 20일, 비가 내렸다. 세자 방원은 세자시강원의 좌보덕(左輔德) 서유(徐愈)와 《대학연의(大學衍義)》를 강독하다가 당나라 현종, 숙종 때의 일에 이르자 탄식하면서 말했다.

"숙종이 이보국(李輔國)을 두려워한 것은 단지 그가 병권을 잡았기 때문이었다. 병권이 흩어져 있게 할 수 없다는 은감(殷鑑)이 이와 같다.”

이보국은 당 숙종 때의 환관으로, 군권을 장악하고 전횡하다가 대종(代宗)에게 제거된 인물이다. 은감(殷鑑)이란 은감불원(殷鑑不遠)의 줄임말로, 거울 삼아 경계해야 할 사례는 가까이 있다는 뜻이다. 은나라는 앞선 하나라가 멸망한 것을 거울로 삼아야 한다는 데서 나온 말이다. 군권은 임금이 홀로 갖고 있어야 하는 것이 역사의 교훈이란 뜻에서 이런 말을 한 것이다.

“또 우리 집 일로 말하더라도 상왕께서 병권을 잡으셨기 때문에 고려 말년에 화가위국할 수 있었다. 무인년(태조 7년: 1398) 남은과 정도전의 난 때도 우리 형제들이 병권을 갖고 있지 않았다면 어떻게 기회가 왔을 때 호응해서 변을 제압할 수 있었겠는가? 박포가 회안군(방간)을 꾄 것 또한 병권이 있었기 때문이다. 근일 공신 서너 사람이 병권을 내놓게 된 것을 불평하므로 대간이 죄 주기를 청해서 외방에 귀양 보냈다. 그전에 내가 병권은 흩어져 있을 수 없다고 면대해서 간절하게 일렀지만 아무도 깨닫지 못했다. 지금에 오니 오직 조영무가 평양에서 ‘세자의 가르침을 깨닫지 못한 것이 한이다’라고 했다고 한다.”

좌보덕 서유는 송나라 때의 사례를 들었다.

“옛날 송나라 태조(太祖: 조광윤)가 천하를 평정하고 궁내에서 장상들과 잔치를 벌였는데, 장상들이 ‘천하가 평정되었으니 즐기심이 마땅합니다’라고 권했으나 태조는 ‘나는 즐겁지 않다’라고 답했습니다. 장상들이 ‘천하가 이미 평정되었는데, 폐하께서는 왜 즐겁지 않으십니까?’라고 묻자 태조가 ‘경들이 병권을 쥐었기 때문에 짐을 추대해서 천자로 삼을 수 있었다. 내가 두려워하는 것은 경들의 휘하 장수들이 경들을 추대하여 천자로 삼는 것이니, 이는 경들이 짐을 추대한 것과 같다'라고 답했습니다. 공신, 장상이 머리를 조아리고 절하면서 그날로 인수(印綬: 병권의 표시)를 올리고 병권을 내놓았습니다. 지금 세자의 말씀은 송나라 태조와 같습니다. 다만 공신, 장상이 송나라 태조 때에 미치지 못합니다."

송나라의 공신, 장상들은 모두 병권을 내놓았는데, 조선의 공신, 장상들은 왜 그렇게 하지 않느냐는 힐난이었다.

드러내놓고 말하지는 못했지만 사병을 쥔 공신들은 사병을 혁파하자는 세자의 제안을 동지에 대한 배신으로 여겼다. 이 문제는 급기야 두 달 후인 8월 1등공신 조준의 옥사로 이어졌다.

참찬문하부사 이거이가 즉각 패기(牌記)를 바치지 않자 방원은 그를 계림(경주)부윤으로 좌천시켰다. 경주로 쫓겨간 이거이가 경상도 관찰사 조박에게 불평한 것이 사건의 시작이었다.

이거이가 조박에게 말했다.

"내가 조준의 말을 들은 것을 후회합니다."

"무슨 까닭입니까?"

"사병이 혁파될 때 조준이 내게 '왕실을 호위하는 데는 강한 군사만한 것이 없다'고 말하기에 내가 그 말을 믿고 패기를 삼군부에 바치지 않았다가 죄를 얻어 오늘에 이르렀습니다."

조준이 사병을 가지고 있어야 왕실을 호위할 수 있다고 말했기에 그 말을 믿고 사병 혁파에 반대했다가 좌천되었다는 변명이었다. 조박은 합천을 다스리는 지합주사(知陜州事) 권진(權軫)에게 이 말을 전했는데, 얼마 후 권진이 간의대부(諫議大夫)로 발탁되어 한양으로 올라왔다. 간의대부는 간쟁하는 직책이다. 권진은 조박에게 들은 말에 자신의 견해를 보태서 이거이는 물론 조준까지 탄핵했다. 그러나 정종은 조준이 사병 혁파를 반대하는 말을 했다고 믿을 수 없었다.

"조준이 어찌 이런 말을 하였겠는가."

정도전과 함께 조선 개창의 주역인 조준이었다. 토지 개혁이라는 이념을 제공한 인물이 정도전이라면, 대사헌으로서 이를 주도한 인물이 조준이었다. 이들 두 문신이 없었다면 조선 개창은 쉽지 않았을 것이다. 이런 조준이 사병 혁파에 반대했다고는 믿을 수 없었다.

권근 등이 다시 상서하자 정종은 조준을 일단 순군옥에 가두었다. 그리고 참찬문하부사 이서(李舒), 순군만호 이직(李稷) 등에게 조준의 추국을 명했다. 졸지에 1등공신에서 순군옥에 갇힌 신세가 된 조준은 혐의를 강하게 부인했다.

"신은 그런 말을 하지 않았습니다."

조준은 이외에는 특별한 변명을 하지 않고 눈물을 흘리며 울었다. 옥에 갇히게 될 줄은 꿈에도 생각하지 못했을 것이다.

조준이 혐의를 강하게 부인하자 권근 등이 지방의 이거이와 조박에게 수사관을 보내서 국문할 것을 청했다. 그러나 정종과 방원은 지방으로 조사관을 보내 묻는 것에 부정적이었다. 대신 순군만호 윤저(尹抵)를 지방으로 보내 이거이와 조박을 잡아 올라오게 했다. 세자 방원은 지방으로 떠나는 윤저를 불렀다. 방원은 조준을 탄핵하는 대간의 상소장을 보여주면서 말했다.

"태상왕께서 개국하신 것과 주상께서 대위(大位)를 이으신 것과 불

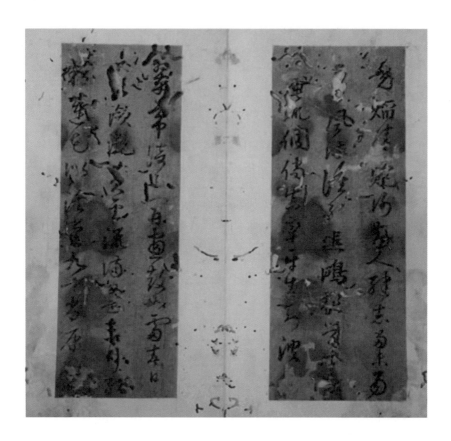

**조준 친필. ⓒ한국학중앙연구원 김연삼**

조준은 조선의 핵심 개국공신 중 하나로, 유력 권문세족 가문 출신임에도 토지 개혁과 조선 건국에 앞장섰다. 개국 이후에는 정도전, 남은 등과 달리 요동 정벌에 반대했으며, 1차 왕자의 난 때에도 태종 이방원의 편에 서서 정사 1등공신에 책록되었다. 조선 최초의 성문법전인 《경제육전》을 편찬하는 데 주도적인 역할을 했다.

초한 내가 세자가 되어 지금의 아름다움에 이른 것은 모두 조준의 공이다. 지금 전날의 공을 잊고 다만 유사(攸司: 관계기관원)의 소장만 믿고 국문한다면, 황천상제(皇天上帝)께 심히 두려울 것이다. 그러나 조준이 만일 실제로 이런 말을 하였다면 큰 죄가 있는 것이다. 경은 가서 조심하라."

윤저는 두 번 절하고 물러났다.

조박과 이거이는 지방에서 불려 올라와 대질심문에 응해야 했다. 그런데 두 사람의 말이 서로 달랐다. 이거이는 "나는 조준이 그런 말을 하는 것을 듣지 못하였다" 하고 부인했고, 조박은 "그대가 계림 동헌에서 그렇게 말하지 않았는가?" 하고 반박했다.

이거이가 재차 반박했다.

"그런 말을 한 일이 없다. 그대가 내게 술을 두세 잔 먹였지만, 나는 취하지 않았다. 그대가 기묘년(정종 1년)에 이천으로 좌천되었다가 경상도 감사로 나간 것은 우리 부자 덕분이다. 내가 조준과 정사(定社: 1차 왕자의 난)의 맹세를 바꾸지 않았으니, 조준이 비록 그런 말을 하였더라도 내가 어찌 그대에게 얘기했겠는가!"

조준과 친한 자신이 친하지도 않은 조박에게 조준을 함정에 빠뜨리는 말을 했을 리 없다는 뜻이었다. 조박이 다시 반박하자 이거이가 큰 소리로 외쳤다.

"조박의 말은 모두 사사 감정이오. 원하건대 제공(諸公)들은 들어보시오."

그러자 조박이 부끄러워하는 기색을 보였다. 이에 조박의 무고라고 판단한 정종은 조준과 이거이를 석방하고, 조박을 이천으로 좌천 보내고, 권진을 축산도(丑山島: 경북 영덕)로 귀양 보냈다. 정종 2년(1400) 8월 1일의 일이다.

조선 중기의 문신 이정형(李廷馨)이 조선 초기의 일들을 기록한《동각잡기(東閣雜記)》는 조준이 국문을 당할 때 혼이 나가서 똑바로 쳐다보기만 할 뿐, 한마디도 제대로 대답하지 못해서 거의 죄가 성립될 뻔했다고 설명했다. 방원의 신임이 없었더라면 아마도 살아남기 힘들었을 것이다. 사병 혁파는 그만큼 민감한 문제였다. 실제로 사병 혁파에 반대했다면 아무리 조준이라 하더라도 무사하기 힘들었을 것이다.

방원은 군권에 관한 문제만큼은 절대로 타협하지 않았다. 개국 초의 조선은 혼란스러웠다. 474년간 유지된 고려의 관성은 그만큼 강했다. 방원은 자신이 마지막까지 믿을 수 있는 것은 군권뿐이라는 사실을 잘 알고 있었다. 군권이야말로 자신을 지킬 유일한 무기이자 자신을 왕위에 올려줄 유일한 힘이었다. 세간의 숱한 비난을 받고 있을 뿐만 아니라 심지어 부왕마저도 패륜으로 여기는 자신의 행위를 천명으로 전환시킬 수 있는 유일한 무기도 군권이었다. 방원은 권력 때문에 골육상쟁의 길을 택한 것이 아니라 하늘이 자신을 이 길로 이끌었다고 변명했다. 그러나 골육상쟁을 하늘의 명이라고 주장하려면 확실한 증거가 필요했다. 그 증거는 곧 업적이고, 그 업적은 오직 국왕만이 세울 수 있었다. 세자의 자리에서 할 수 있는 일이 아니었다. 그래서 그는 정종의 자리를 바라볼 수밖에 없었다.

# 상왕의 자리에서

이 성 계 의  과 거 사  정 리  요 구

정종은 재위 2년(1400) 6월 16일, 조정에 봉숭도감(封崇都監)을 설치
했다. 상왕 이성계의 덕을 기리는 존호(尊號)를 올리기 위한 기구였다.
봉숭도감에서 존호를 의논하는 동안 천재지변이 끊이지 않았다. 19일
에는 큰 비가 오고, 남산 바위에 벼락이 떨어지고, 삼각산에서는 큰 돌
이 무너져 무착사(無着寺)를 덮쳤다. 다음 날에는 큰 물이 져서 성 안의
인마(人馬) 다수가 물에 빠져 죽었다. 그러나 존호에 대한 논의는 계속
되어 같은 날, '계운신무태상왕(啓運神武太上王)'이라는 존호를 지어 올
렸다. '신의 무덕으로 빛나고 밝은 운수를 연 태상왕'이란 뜻이다.
  같은 해 7월 2일, 세자 방원이 덕수궁에 머물고 있는 이성계를 찾아

존호를 올리려 한다고 보고했다. 그런데 이성계가 방원에게 의외의 요구를 했다.

"너희들이 나를 아버지라고 여기고 존호를 더하고자 하니 참으로 가상하다. 그러나 내가 할 말이 있으니, 너는 듣거라!"

이성계는 뜻밖에도 조온의 처벌을 요구했다. 조온은 원나라에 붙어 쌍성총관을 지낸 조휘(趙暉)의 고손자이고, 공민왕의 쌍성수복 때 고려로 귀부한 조돈(趙暾)의 손자다. 그의 부친 조인벽(趙仁璧)은 위화도 회군에 가담해 2등공신이 된 데다 이자춘의 사위로 이성계의 자부(姉夫: 누이의 남편)였다. 즉, 이성계는 조온의 외삼촌이었다.

조온을 처벌하라는 요구에 방원은 난색을 표했다. 조온이 무인년(戊寅年: 1차 왕자의 난)에 친군위도진무(親軍衛都鎭撫)로 궐내에서 숙직하면서 방원에게 붙었으므로 처벌해야 한다는 요구였기 때문이다.

"조온은 궁에서 숙위하다가 밖에 변이 일어났다는 말을 듣고는 군사를 거느리고 나가 응했으니 불충한 것으로 비교할 자가 없다. 너희들은 단지 따르고 아첨하는 것을 덕으로 여기고 대의는 생각하지 않느냐? 인신으로 두 마음이 있는 자는 자고로 용서하지 않는 법이다."

1차 왕자의 난 때 지휘 계통에 따라 세자 방석을 도왔어야 하는데, 도리어 방원 편에 붙었다는 비판이었다. 그 덕에 정사 2등공신이 되고 2차 왕자의 난 때도 방원 측에 섰으니, 이성계에게는 역적이지만 방원에게는 공신이었다. 조온 같은 공신이 있었기에 방원의 오늘이 있는 것이었다. 방원은 그런 조온을 처벌할 수 없었다. 그러나 겨우 따뜻한 바람이 불기 시작한 부자관계를 다시 파탄 낼 수도 없었다. 이성계와 이방원 사이의 풀지 못할 은원(恩怨)이 다시 표면 위로 떠오른 것이다.

게다가 이성계의 요구는 이것으로 끝이 아니었다. 이성계는 조영무와 이무의 처벌까지 요구했다.

"조영무는 번상(番上)하는 군사였는데, 내가 그 미천함을 불쌍하게 여겨서 때로는 의관도 주고 때로는 벼슬도 제수하면서 내가 재상이 되었을 때나 출전했을 때 모두 따라다녔다. 마침내 개국공신이 되고 지위가 경상(卿相: 재상)에 이르렀으니, 이는 모두 내가 준 것이다. 금병(禁兵: 궁궐 호위무사)을 장악해 내전에서 숙직했는데, 무인년 과인이 병에 걸렸을 때 옛날에 아끼고 보호해준 은혜를 돌아보지 않고 군사를 거느리고 안에서 호응했으니 배은망덕하기가 비교할 데 없다."

조영무는 방원에게 조온보다 더 가까운 측근이었다. 방원의 명으로 선죽교에서 정몽주를 격살하고, 이성계를 추대해 개국 3등공신이 된 인물이다. 1차 왕자의 난 때 궁 내에서 숙직하다가 군사를 이끌고 방원에게 내응해 정사 1등공신이 되었다. 물론 2차 왕자의 난 때도 방원을 도왔다. 그 후 사병 혁파에 반대해서 황주로 유배 갔다가 곧 풀려나 서북면 도순무사 겸 평양윤으로 복귀한 무장이다.

이성계는 이무의 처벌도 요구했다.

"이무는 무인년의 변 때는 양쪽을 왔다 갔다 하면서 가운데 서서 관망하며 이기는 자를 따르려 하였다. 마침 너희들이 이겼기 때문에 와서 붙은 것이다. …너희들이 만일 나를 아버지로 여긴다면, 이 세 사람에게 죄를 물어 사직의 장구한 계책을 도모하고, 후세의 불충한 무리를 경계하라."

환궁한 방원은 정종에게 태조의 요구를 전했다. 이성계의 요구는 이른바 '성공한 쿠데타를 처벌하라'는 것이었다. 정종은 조온은 완산

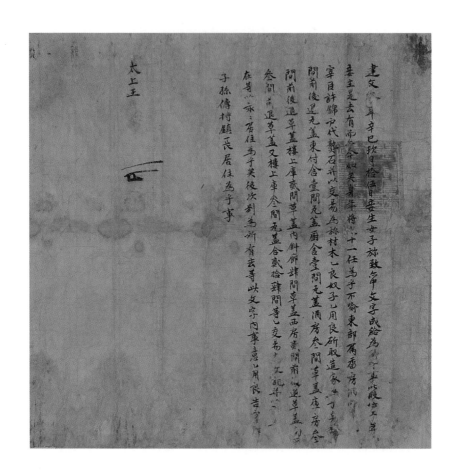

**태조 이성계의 친필. 국립중앙박물관.**
이성계는 새 왕조를 개창해 화가위국을 이뤘지만 후계 문제
로 자식들이 서로 칼을 겨누고 피를 흘리는 아픔을 겪었다.
사진은 딸 숙신옹주에게 가옥과 토지를 내려주는 문서로 태
상왕이 된 이성계의 직인이 찍혀 있다.

부(完山府: 전주), 조영무는 곡산부, 이무는 강릉으로 귀양 보내지 않을 수 없었다. 이 조치는 조정에 파란을 불러 일으켰다. '임금 방과-세자 방원' 체제는 모두 1, 2차 왕자의 난의 결과였다. 그때 방원 측에 섰던 인물들을 처벌한다면 지금의 조정 자체가 성립할 수 없었다. 그날 사헌부와 형조에서 상언해 항의한 것은 바로 이 때문이었다.

"공에는 상을 주고 죄에는 벌을 주는 것은 인주(人主)의 대권(大權)이고, 큰일에 임하여 큰 의심을 결단하는 것은 인신의 대절(大節: 큰 절개)입니다."

왕자의 난 때 방원 측에 붙은 것이 인신의 대절이라는 뜻이다. 물론 승자의 논리였다. 이성계가 이겼다면 대역으로 목이 베였을 것이다.

"지금 조온이 까닭 없이 추방 당하고, 조영무 또한 외방에 있으니, 조정 안에 있는 훈신과 문무백관이 스스로 위태로움을 느끼지 않을 수 없어 깊이를 알 수 없는 연못에 빠진 것 같습니다. 공신이 해체되고 여러 사람들의 마음이 의심하고 두려워하는 것이 여기에 이르렀으니 전하께서는 장차 누구와 함께 나라를 다스리겠습니까?"

사헌부와 형조의 상언은 '성공한 쿠데타는 처벌할 수 없다'는 논리였다. 이들을 처벌하려면 이성계가 정종과 방원을 쫓아내고 다시 왕위에 올라야 했다. 이 문제는 정사공신들의 생사가 달려 있는 문제였다. 정종이 거부하자 좌정승 성석린, 우정승 민제가 입궐해서 다시 주청했다. 정종이 계속 거부하자 문무백관이 몰려와 다시 요구했다. 곤혹스러워진 정종은 도승지 정구를 이성계에게 보내 삼성(三省: 사헌부, 사간원, 형조)에서 올린 상소문을 올려 자신의 처지를 전하게 했다.

"신이 어찌 처결할지 몰라 침식이 편안하지 못하고 황공하기 그지 없습니다. 오직 명령대로 좇겠습니다. 엎드려 바라건대, 결재하소서."

이성계는 삼성의 상소문을 보고 더욱 분노했다.

"나라 사람들이 다 과인이 그르다고 하니 내가 어찌 이곳에 거처하 겠느냐? 장차 마음 내키는 곳으로 가겠다."

궁궐을 나가겠다는 말에 성석린과 민제 등이 황급히 덕수궁으로 달려왔다.

이성계가 물었다.

"경들은 왜 왔는가?"

"전하께서 근일 불초한 한두 신하의 일 때문에 성려(聖慮: 임금의 우려) 를 쓰시기에 신 등이 왔습니다."

"알겠다. 나도 경들을 만나 심사를 말하고 싶은 지 오래였다."

이성계는 왕위를 장자(정종)에게 전했으니 유감은 없다면서 다만 방 석 등을 잃은 것을 잊을 수 없다고 말했다. 그러나 사직도 돌보지 않 을 수 없다면서 이렇게 말했다.

"조온이 부모에게 받은 것이라곤 몸뚱이뿐이었다. 그 입고먹는 것, 벼슬이 재상에 이르고 개국공신의 반열에 든 것은 다 내가 시켜준 것 이다. 또 조영무는 동북면 시위군에서 발탁하여 패두(牌頭)로 삼아 벼 슬이 재상에 이르고 개국공신의 반열에 들게 했다. 이들이 비록 분골 쇄신하더라도 어찌 내 은혜를 갚을 수 있겠는가! …군신의 대의를 돌 보지 않고 자기의 이익만 구하는 사람을 믿고 일을 맡기면 누가 대위 (大位)를 엿보지 않겠는가? 조선의 사직이 어찌 오래 갈 수 있겠는가?"

이성계의 말에도 옳은 부분이 있었다.

"경들은 지금 세상의 명유(名儒)다. 그런데 어찌 한나라 고조가 정공

(丁公)을 목 벤 후 군중에 돌려 나라의 운조(運祚)를 400년이나 전한 것을 알지 못하겠는가?”

이성계는 역사에 밝았다. 정공은 한 고조 유방이 초나라 항우와 패권을 다툴 때 항우의 부하였다. 유방은 전투에서 패해 도주할 때 바짝 추격하는 정공에게 애걸해서 겨우 목숨을 구했다. 나중에 중원을 제패한 후 유방은 “후세에 남의 신하가 된 사람들로 하여금 정공을 본받지 말게 해야 한다”면서 목을 베었다. 이 고사를 정공이 잡혀서 죽임을 당했다는 뜻의 ‘정공피륙(丁公被戮)’이라고 한다. 세 공신이 이성계를 배신한 죄를 물어서 후세에 경계해야 한다는 논리였다.

“내가 왕위를 넘겨주지 않았다면 나를 죽이고 빼앗았겠는가? 다만 한나라 고조의 마음으로 사직의 만세 계책을 염려하는 것뿐이다. 이무 등을 죄 주든지 석방하든지 너희 임금에게 달려 있다.”

이성계는 술을 가져오게 해서 성석린 등에게 마시게 했다. 성석린은 물론 이성계의 사돈 민제도 한마디도 더하지 못하고 술만 마시다 물러나왔다. 이에 반발한 삼성은 일제히 사직하고 조정에 나오지 않았다. 정종은 모두 불러서 다시 나오게 했다. 정종이 할 수 있는 것이라고는 세 공신에게 수도 이외에 살고 싶은 곳에서 살게 하는 ‘경외종편(京外從便)’으로 유배형을 낮추어주는 것뿐이었다.

이성계는 비로소 마음이 조금 풀려서 다음 달 21일 덕수궁에서 정종, 세자 및 종친들과 함께 술을 마시며 크게 취해서 시를 읊었다.


밝은 달이 발(簾)에 가득한데 나는 홀로 서 있도다.
산하는 의구한데 인걸은 어디 있느뇨.

한편, 정종은 유배 보낸 세 신하를 위로해야 했다. 다음 달인 9월 8일, 정종은 세자 방원과 함께 이무, 조영무 등을 후원의 양청(涼廳)으로 불러들여 술을 주며 위로했다. 유배를 보낸 것이 본심이 아니라는 뜻이었다. 여러 종친들이 시연(侍宴: 잔치에 배석함)했는데, 술에 취한 정종은 일어나 춤을 췄다. 잔치는 밤이 되어서야 파했다.

10월 11일, 이성계의 탄일(誕日) 때 정종은 부왕에게 큰 선물을 올렸다. 남은과 정도전의 당여(黨與), 즉 연루자들을 용서한 것이다. 물론 방원이 사전에 양해했기에 가능한 일이었다.

이런 일련의 사건들은 정종에게 왕좌가 자신의 것이 아니란 사실을 새삼 깨닫게 했다. 자신이 계속 왕위를 고집하면 세자 방원과 충돌할 것이 분명했다. 그는 진퇴를 결심할 때라고 여겼다.


## 미 행 하 는  상 왕


정종 2년(1400) 11월 11일, 정종은 판삼군부사(判三軍府事) 이무와 도승지 박석명을 불렀다.

"내가 오늘 양위하기로 결심했다."

정종은 덧붙였다.

"나는 어릴 때부터 말 달리고 활 잡기를 좋아해서 학문을 즐기지 않았다. 그 때문에 즉위 이래 혜택이 백성에게 미치지 못하고, 재앙과 변괴가 거듭 이르니, 내가 비록 조심하고 두려워하나 어찌할 수 없다. 세자는 어릴 때부터 학문을 좋아해서 이치에 통달했고 큰 공덕이 있으니 나를 대신하는 것이 마땅하다."

세자 방원에게 양위하겠다는 선언이었다. 정종이 실질적인 임금이라면 세자는 두려워 떨고, 백관들은 대궐 뜰에 엎드려 "하교를 거두어주소서"라고 울부짖어야 했다. 그러나 그러는 신하가 없었다. 정종은 이무에게 양위 교서를 받들고, 박석명에게 국보를 받들어 세자궁인 인수부에 가서 전하게 했다. 백관들은 울부짖기는커녕 일제히 세자전으로 나아가 하례했다. 방원은 울면서 거절하다가 백관들이 청하자 마지못한 듯 왕위를 받았다.

정종 2년(1400) 11월 13일, 방원은 개경의 수창궁에서 즉위했다. 1차 왕자의 난을 일으킨 지 2년 4개월여 만에 드디어 태종의 시대를 연 것이다. 드디어 왕좌를 차지했지만 과제는 첩첩산중이었다. 먼저 태상왕과 관계를 풀어야 했다. 정종이 좌승지 이원(李原)을 보내 이성계에게 선위 사실을 보고하자 이성계가 싸늘하게 답했다.

"하라고도 할 수 없고 하지 말라고도 할 수 없다. 이제 이미 선위하였으니 다시 무슨 말을 하겠는가!"

이성계는 결코 방원을 용서하지 않았다. 사랑하는 자식들을 죽이고, 자신의 왕위를 빼앗고, 이제는 형의 왕위까지 빼앗은 방원을 용서할 수 없었다. 문제는 정종은 목숨 걸고 방원과 싸울 생각이 없다는 것이었다. 부인 정안왕후 김씨도 마찬가지였다. 방과나 부인 김씨는 권력에 죽고사는 성격이 아니었다. 정안왕후 김씨는 세자 방원이 정종을 알현하고 나갈 때마다 이렇게 권했다.

"전하께서는 그의 눈을 어찌 못 보십니까. 빨리 왕위를 전하셔서 마음을 편하게 하세요."

정종은 상왕이 되고, 태조는 태상왕이 되었다. 44세의 한창 나이에 이미 오른 왕위를 포기하는 것은 쉬운 일이 아니다. 그러나 정종은 왕관을 벗어던지는 길을 택했다. 무엇보다도 그에게는 목숨을 걸고 자신을 옹호하는 세력이 없었다. 이 자리는 무인난 후 방원이 자신에게 쏠리는 비난을 잠시 피하기 위해 양보한 자리에 불과했다. 그래서 정종은 왕위를 털어버리고 상왕전인 인덕궁(仁德宮)으로 스스로 물러났다. 인덕(仁德)이라는 이름이 걸맞은 상왕전이었다.

태종에게도 정종이 자의로 물러난 것은 큰 다행이었다. 또 다시 칼을 들고 형을 겨누지 않아도 되었기 때문이다. 그래서 태종은 자주 잔치를 베풀어 정종을 위로했다.

재위 시절 정종은 일부러 정사를 멀리했지만 민생 문제만큼은 무심하지 않았다. 태종 2년(1402) 7월, 가뭄이 들어서 비상이 걸렸다. 태종은 대궐 안의 술그릇을 모두 간수해 두라고 명했다. 음주를 금한 것이다. 나아가 수라상의 반찬 가짓수를 줄이고 2죄(二罪) 이하 죄수를 석방시켰다. 그러나 상왕에게 올리는 공상(供上: 위로 바치는 것)까지 줄이지는 않았다. 이를 안 정종이 환관을 시켜 태종에게 말을 전했다.

"내게 사사 창고가 있어서 씀씀이가 족하니, 두 창고의 공상을 모두 정지하라."

상왕전에는 의성고(義成庫)와 덕천고(德泉庫)라는 두 개의 창고가 있었다. 이 창고에서 정종에게 물품을 제공했는데, 이를 그만두라는 뜻이었다. 태종은 정종의 요청에 따라 두 창고에 바치던 공상을 폐지했지만 그렇다고 상왕전의 공상 전부를 폐할 수는 없었다. 그래서 보화고(保和庫)를 상왕의 인덕궁에 붙여서 상왕전에서 쓰게 했다.

태종은 겉으로는 상왕을 극진히 모셨다. 상왕이 환관을 보내 말을 전하면 무릎을 꿇고 앉아 신하의 예를 취했다. 태종은 정종을 극진히 모시는 것이 자신의 왕위 계승에 대한 시비를 줄이는 길임을 잘 알고 있었다. 그런데 환관들은 이를 몰랐다. 태종 2년(1402) 8월 4일, 태종은 자신의 측근 환관인 이용, 김완, 노희봉, 신용명 등을 순위부(巡衛府) 감옥에 가두었다. 태종이 연어(年魚)를 상왕전에 바치라고 명했는데, 보내지도 않고 보냈다고 거짓말을 했기 때문이었다. 그런데 태종은 이 환관들을 사흘 만에 석방했다. 진짜 분노했으면 목을 베었을 텐데, 형식적으로 처벌하고 용서해준 것이다.

왕위에서 물러난 허전함 때문인지 상왕은 종종 사복을 입고 미행하는 것을 즐겼는데, 일이 잦아지자 점차 소문이 나기 시작했다. 급기야 태종 1년(1401) 8월 20일, 사간원에서 상소를 올렸다.

신들이 가만히 보니 상왕 전하께서 단기(單騎)로 미행하셔서 새벽에 나가셨다가 밤이 이슥해야 들어오시고, 교외에서 이틀 밤을 유숙하시기도 하시니 삼가시면서 거둥하시는 것이 아닙니다. 원컨대 전하께서는 상왕께 지성으로 아뢰어 감동시키셔서 미행을 끊음으로써 존엄을 보이시면 예에 큰 다행이겠습니다.

상왕이 정사에 관심을 두는 대신 미행하는 것이 태종에게는 다행이었지만, 정종의 미행은 여러 부작용을 낳았다. 정종을 사칭하고 다니는 사람들이 생긴 것이다. 태종 2년(1402) 11월 7일의 일이다. 묘봉(妙峰)이란 승려가 김여생(金呂生)이란 인물을 업고 다녔다. 이들이 경기 좌도(左道) 승령현(僧嶺縣: 연천군 삭녕면)의 한 민호(民戶)에 들어갔는데, 딸이 있었다. 묘봉이 김여생을 가리키며 말했다.

"이분은 상왕으로 장차 복위하실 테니, 사위 삼는 것이 좋을 거요."

일개 백성의 처지에선 상상도 할 수 없는 어마어마한 이야기였다.

"이것이 무슨 말이오? 이것이 무슨 말이오?"

"존귀하신 분이셔서 걸어 다닐 수 없기에 업고 다니는 것이오."

승령현에는 장군사(將軍寺)란 사찰이 있었는데, 묘봉은 이 절로 가서 승려들에게 큰소리쳤다.

"오늘 왕과 대군들이 이 절에 와서 승재(僧齋)를 행할 것이다."

묘봉의 등에 업혀 다니던 김여생도 은근히 거들었다.

"나의 조카 아이들이 어찌하여 이 절에 오겠는가?"

대군이나 군으로 봉해진 제왕들이 자신의 조카라는 뜻이었다. 승려 성총(省聰)도 묘봉과 연결되었기에 말을 보탰다.

"회안공(懷安公: 방간)이 군사를 거느리고 수도로 들어갈 것이다."

정종과 방간이 힘을 모아 태종을 내쫓으려 한다는 말이었다. 너무도 엄청난 말이라 승령현령의 귀에 들어갔다. 현령은 이들을 체포해서 사헌부에 보냈다. 이 사건은 상왕을 사칭한 김여생과 묘봉은 목을 베고 성총은 곤장 100대를 맞는 것으로 정리되었지만, 그 여파가 유배 중인 회안군 방간에게도 미쳤다. 승려 성총이 방간이 가세할 것처럼 말했기 때문이다. 대간에서는 그해 11월 거듭 상소를 올려 방간 부자를 제주도로 이배하자고 청했다. 이 소식을 들은 방간 부자는 말을 타고 도주하다가 체포되는 등 사건이 확대되었다. 그러나 방원은 방간에게 편지를 보내 자신은 백형(伯兄)을 보존하려는 마음이 날로 두터워지고 있다면서 "백형은 의심하지 마시오"라고 달랬다.

태종은 군사 한 명 없는 방간이 더 이상 두렵지 않았다. 문제는 오히려 내부에 있었다. 태종을 옹립했던 측근들이 정작 방원이 왕위에 오르자 불만을 느끼기 시작했기 때문이다. 이런 불만은 사그라들기는커녕 점점 증폭되고 있었다.

상 왕 추 대 사 건

태종 4년(1404) 10월, 상왕 정종은 착잡했다. 깊은 무력감과 분노를 느꼈다. 자신 때문에 이거이가 죽음의 문턱에 몰려 있었기 때문이다. 아무리 임금이라 해도 이거이는 그리 쉽게 죽음으로 몰 사이가 아니었다. 그는 두 아들을 태조 이성계와 태종 이방원에게 시집보낸 겹사돈이었다. 이거이는 태종이 세자가 되자마자 사병을 혁파하고, 즉위하자마자 공신과 친척 들을 강하게 억압하는 데 큰 불만을 품었다. 그는 3년 전인 태종 1년(1401) 조영무에게 이런 불만을 토로하기도 했다.

"상왕(上王)께서는 사건을 만들기를 좋아하지 않았습니다. 금상(今上)은 아들이 많은데 어찌 모두 우리를 가엽게 여기겠소? 마땅히 이들을 베어 제거하고 다시 상왕을 섬기는 것이 좋겠소."

조영무에게 태종을 제거하고 정종을 복위시키자고 말했다는 것이다. 정종이 분노를 느낀 것은 방원이 조영무에게 이 보고를 들은 것이 무려 3년 전이라는 점이었다. 그때는 모른 체하고 3년 동안이나 발설하지 않고 있다가 뒤늦게 이 사실을 공개한 의도에 분노한 것이다. 그때까지만 해도 정종이 물러난 것에 대한 동정론에 불을 붙일 것이 두려워 모른 체하고 있다가 이제야 공개한 속내가 괘씸했다.

태종이 이 사실을 공개했으니 대간에서 가만히 있을 리 없었다. 일제히 이거이를 죽여야 한다고 주청했다. 태종의 성격으로 볼 때 이거이는 이미 죽은 목숨이나 다름없었다. 정종은 이거이가 자신 때문에 죽음에 몰리는 것을 보면서도 아무 말도 할 수 없었다. 이 사건은 태종이 상왕을 공개적으로 망신 준 것으로, 자칫 상왕 편에 섰다가는 목이 달아날 수 있다는 뜻이었다. 그때 태상왕 이성계가 이거이의 목숨을 구하려고 나섰다. 이성계는 방원을 불러 꾸짖었다.

"친척 가운데 살아 있는 자가 몇 사람이냐?"

'네가 얼마나 많은 친척들을 죽였느냐?'는 힐난이었다. 이 때문에 이거이와 아들 이저는 겨우 목숨을 건지고 고향 진주(鎭州: 충청도 진천)로 내려갔지만 정종이 공개적으로 망신을 당했다는 사실은 분명했다. 정종은 분노했지만 방법이 없었다. 방원의 냉혹함에 새삼 치를 떨었지만 그럴수록 자신은 정사에 관심이 없다는 것을 피력할 수밖에 없었다. 그래서 미행을 하고 격구를 했다.

그럼에도 불구하고 태종 9년(1409) 10월 정종과 관련된 또 다른 사건이 발생했다. 불노가 상왕의 아들이라고 주장하고 나선 것이다. 정종은 즉위 직후, 전부터 관계하던 유씨를 입궁시켜 가의옹주로 삼고 그 아들 불노를 입궁시켜 원자로 삼았다. 이 문제로 이숙번이 반발하는 등 논란이 일 듯하자 다시 출궁시켜 죽주에 살게 했다. 그런데 뒤늦게 유씨 아우의 남편 박종주(朴從周)가 불노를 데려와 상왕의 아들이라고 주장하고 나선 것이다. 정종은 "불노는 내 아들이 아니다"라고 부인했지만 진상이 모호했다. 태종은 대간과 형조에 합동으로 사실 관계를 조사하게 했다.

불노의 외할머니를 심문하니 이렇게 답했다.

"셋째 딸(유씨)은 반복해(潘福海)에게 시집갔는데 무진년(1388)에 반복해가 사형 당했습니다. 그해 8월에 불노가 태어났습니다."

외할머니의 말이 맞다면 반복해가 사형당한 해 8월에 태어난 불노는 반복해의 자식이지 상왕의 자식일 수 없었다. 그러나 불노를 데려온 유씨 아우의 남편 박종주의 말은 달랐다.

"불노는 신년(申年)에 태어났습니다."

신년은 지지(地支)가 미(未)인 해를 뜻하는데, 임신년(壬申年), 갑신년(甲申年), 병신년(丙申年) 등이 이에 속한다. 박종주가 말한 미(未) 해는 공양왕 4년인 임신년(1392)이므로 이 말이 맞다면 정종의 아들일 가능성이 없는 것도 아니다.

이처럼 둘의 말이 서로 다르자 대간과 형조에서는 유씨에게 사실관계를 묻자고 청하고, 또한 박종주에게 불노를 죽주에서 수도로 데려온 까닭을 물어서 마땅히 그 죄를 다스려야 한다고 청했다. 태종은 이 문제를 확대시킬 생각이 없었다. 유씨에게 물을 경우 유씨가 어떤 답을 하더라도 문제가 될 수밖에 없었다. 불노가 상왕의 자식이 맞다고 답해도 문제고, 아니라고 답해도 문제였다. 맞다면 처우 문제가 발생

할 것이고, 아니라면 왕자를 사칭한 죄를 물어 유씨의 아들을 죽여야
할 것이기 때문이었다. 그래서 태종은 불노를 공주에 안치하고 이렇
게 말했다.

"불노는 왜 도망해 숨어서 화를 피하지 않는가? 만일 도망하면 나
는 버려두고 묻지 않겠다."

도망가라는 뜻이었지만 불노는 도주하지 않았다. 대간에서 거듭 불
노를 처형할 것을 주청했지만 태종은 듣지 않았다. 그렇게 이 사건은
태종의 의도적인 방관으로 결말을 짓지 않은 채 잊혀갔다.

태종은 정종을 위해 자주 연회를 베풀고 격구와 사냥을 했다. 또한
상왕의 요청은 대부분 들어주었다. 정종의 부인인 대비 김씨의 언니
가 정업원(淨業院) 주지였다. 김씨는 한때 별사전(別賜田: 승려에게 내려준
토지)을 받았는데, 다시 나라로 환원되었다. 김씨 언니의 청탁을 받은
정종은 태종에게 이 땅을 되돌려달라고 요청했다. 태종은 재위 11년
(1411) 10월 24일, 별사전 40결을 김씨에게 되돌려주었다. 이처럼 태
종은 정종의 요청이라면 무엇이든 다 들어주었다.

같은 해 윤 12월 10일, 태종은 상왕을 받들고 내전에서 술자리를 베
풀었다. 종친들도 참석시켜 격구를 하면서 극진히 즐겼다. 정종의 어
가가 돌아가자 태종은 돈화문 안 돌다리까지 전송하고는 꿇어앉아서
말했다.

"양친이 다 돌아가셨으니, 이제 효도하고 봉양할 분이 상위(上位: 정
종)를 버려두면 누구겠습니까?"

태종 8년(1408), 태상왕 이성계가 사망함으로써 왕실의 웃어른은 상
왕 정종만 남아 있었다. 태종은 자주 잔치를 열거나 격구와 사냥으로

상왕을 위로했다. 태종 12년(1412) 6월 25일, 정종의 왕비인 순덕왕대비(정안왕후) 김씨가 쉰여덟의 나이로 세상을 떠났다. 정종과 태종은 8월 8일 대비를 개성 해풍군 백마산 후릉에 장사 지내고, 10일에는 신주를 혼전에 봉안했다. 닷새 후인 8월 15일, 태종은 문소전(文昭殿)에 나아가 본궁(本宮) 수각(水閣)에 추석제(秋夕祭)를 겸한 술자리를 마련했다. 날이 저물고 다들 술에 취하자 태종은 일어나 춤추며 대언(代言: 승지)들을 불러 말했다.

**기마도강도. 국립중앙박물관.**
정종은 1차 왕자의 난 당시 태조의 생존 적장자였다. 자기 뜻과 달리 세자, 국왕, 상왕, 노상왕을 거쳤으나 욕심 없는 우직한 성격으로 왕실의 권력 다툼과 거리를 두며 사냥과 격구 등을 즐겼다. 이렇듯 조선 초기의 왕들은 무인의 기질이 있어 사냥을 즐겼는데, 이 때문에 대간의 비판을 받기도 했다. 위 그림은 고려 말 문인 이제현의 작품으로 말을 타고 사냥하는 장면을 묘사한 작품이다.

"오늘 빨리 파하지 않는 것은 내가 즐거움에 빠져서가 아니라, 우리 상왕은 고금에 만나기 어려운 분이기 때문이다. 내가 다른 도덕은 없고 다만 마음에 내외가 없을 뿐이다."

태종은 자리가 즐거웠지만 정종은 얼마 전 세상을 떠난 부인 생각에 그리 즐겁지 않았다. 그래서 곧 일어나 환궁하니 태종이 말릴 수 없었다.

태종 18년 왕실에 또 한 가지 일이 생겼다. 태종이 세종에게 양위하면서 상왕이 두 명이나 생긴 것이다. 두 명의 상왕 사이에 누가 더 높은지 결정해야 했다. 세종은 지신사 이명덕(李明德)을 보내 태종에게 아뢰었다.

"존호를 태상황(太上皇)으로 올리고자 하나이다."

이때까지만 해도 조선은 궁내에서 임금을 칭할 때 황제의 호칭인 황(皇) 자를 썼다. 그러나 태상황으로 올리려면 정종을 먼저 높여야 했으므로 태종은 사양할 수밖에 없었다.

"상왕을 태상왕으로 높이고, 나는 상왕으로 함이 마땅하다. 내가 겸양하는 것이 아니라 천륜을 말하는 것이니, 주상이 내게 효도하고 싶으면 모름지기 내 말을 좇아야 할 것이다."

정종도 사람을 보내서 사양했다.

"태상(太上)의 칭호는 내가 감당할 바가 아니다."

태종이 사양하자 정종을 태상왕으로 높이는 예도 거행하지 않았다. 그저 두 상왕을 구별하는 방법을 생각해냈다. 태종은 상왕(上王)으로 부르고, 정종은 노상왕(老上王)으로 부르는 것이었다. 정종이 태종을 아들로 삼았기 때문에 정종을 태상왕으로 삼는 것이 마땅했으나 태종의 신하들은 물론 세종과 그의 신하들도 정종을 임금으로 여기지 않았다. 그래서 편의상 노(老) 자를 붙여 구별했던 것이다.

세종 즉위년(1418) 12월 15일, 세종은 상왕 태종과 함께 노상왕전에 나아가 잔치를 베풀었다. 술에 취하자 두 상왕이 서로 붙잡고 일어나서 춤을 추었다. 밤 2경(밤 9~11시)이 되어 세 임금은 하직하고 나오던 중, 문 안에서 다시 술잔을 주고받았다. 태종이 꿇어앉아 술을 올리자 세종도 꿇어앉아 술을 올렸고 노상왕 정종은 서서 받았다. 세종이 비단과 면포 등을 노상왕의 궁인들에게 내려주자 노상왕이 태종에게 말했다.

"오늘 나를 두텁게 위로하고 또 궁인들에게 물품을 내려주니 깊게 감사한다."

태종이 답했다.

"이것은 내가 한 일이 아니라 주상(主上: 세종)이 한 일입니다."

그러나 세종이 정종을 우대하는 것은 태종 때문이라는 사실은 정종도 잘 알고 있었다. 세종 1년(1419) 1월 4일, 세종과 태종은 인덕궁에 가서 노상왕에게 장수를 비는 수주(壽酒)를 올렸다. 밤이 이슥해서 잔치가 파하자 노상왕은 두 임금을 궁문 밖까지 전송했다. 세종과 태종이 노상왕을 부축해서 모셨는데, 노상왕은 거닐기도 하고 흥이 나면 춤도 추면서 대언(代言: 승지)에게 물었다.

"두 왕이 나를 부축했는데, 경들은 어떻게 여기느냐?"

원숙(元肅)이 답했다.

"이처럼 성대한 일은 천고에 보기 드뭅니다."

노상왕이 기뻐하며 말했다.

"경의 말이 당연하다."

실제로 세 임금이 동시에 살아 있는 것이나 세 임금이 우애가 좋은 것은 모두 천고에 드문 일이었다. 이는 모두 정종 방과가 방원에게 왕위를 양보하고, 또 태종 방원이 세종에게 왕위를 양보하는 미덕을 실천한 덕분이었다. 이보다 앞서 방원은 무인난으로 차지한 권력을 방과에게 양보했고, 방과는 자리에 욕심내지 않고 방원에게 돌려주었다. 그래서 서로 천수를 누리는 고종명(考終命)의 길을 걸을 수 있었다.

세종 1년(1419) 8월, 정종은 병에 걸렸다. 주위에서 치료법으로 피병(避病)을 권했다. 거처를 옮기면 병이 따라오지 못할 것이라고 생각한 데서 나온 치료법이다. 독실한 불교 신자였던 정종은 천태종(天台宗) 경고(京庫)로 피병했는데, 상왕 태종이 문병을 가서 완쾌를 빌기도 했다. 그래도 병이 낫지 않자 12일 서강에 사는 전 사직(司直) 박인(朴因)의 집으로 옮겨 피병했다. 태종은 한 달 후인 9월 14일, 내시를 서강으로 보내 노상왕의 완쾌를 빌고 고기를 바쳤다. 그러나 노상왕의 병은 점점 심해졌다. 노상왕의 병세가 위중하다는 보고를 들은 태종은 서강에 직접 행차해서 문병했고, 세종도 자비령 등 여러 곳에 사람을 보내 노상왕이 낫기를 빌었다. 그러나 별 차도가 없어서 노상왕은 20일 다시 인덕궁으로 돌아왔다. 민간에서 노상왕을 돌아가시게 할 수는 없었기 때문이다. 노상왕은 세종 1년(1419) 9월 26일 인덕궁 정침에서 세상을 떠났다.

노상왕이 인덕궁의 정침에서 훙(薨)하였다. 향년 63세, 재위 3년, 한가롭게 거한 지 20년이다. (《세종실록(世宗實錄)》 1년 9월 26일)

임금으로 지낸 것은 3년에 불과하지만 상왕으로 지낸 세월은 무려 19년이었다. 무욕의 처세술로 왕조가 바뀌고 형제들 사이에 피비린내가 났던 격변의 와중에도 천수(天壽)를 다 누렸다. 임금으로서는 특이한 사례다.

## 오랫동안 인정받지 못한 왕

정종은 왕위를 양보했지만 사후에 제왕이 받아야 하는 형식적인 대접을 받지 못했다. 임금이 세상을 떠나면 3년 국상(國喪)을 치러야 하는데, 정종은 그런 대접을 받지 못했다. 삼년상을 지키기 어려울 경우 하루를 한 달로 대체하는 역월제(易月制)를 적용했는데, 정종에게 역월제를 시행했다. 세상을 떠난 지 13개월이 되면 소상(小祥)을 치르는데, 세종은 한 달을 하루로 계산해 13일 만에 소상을 치르고 길복(吉服: 상을 마치고 갈아입는 보통 옷)으로 돌아간 것이다. 또한 국상 때 임금은 고기 반찬이 없는 소선(素膳)만 들게 되어 있다. 그런데 소상 이틀 후인 10월 11일, 상왕 태종이 세종에게 이렇게 말했다.

"주상의 안색이 수척한 것이 나를 상심케 한다. 고기 반찬을 들지 않는다면, 그 역시 불효다."

불효라는 말에 세종은 국상을 치른 지 15일째부터 고기 반찬을 들었다. 정상적이라면 삼년상을 치르는 내내 소선을 해야 하는 법인데,

역월제에 따라 한 달 남짓으로 국상을 끝낸 것이다. 보름 남짓 육선을 하지 않아 수척해졌기 때문에 육선을 들어야 한다는 것도 논리적으로 궁색했지만 아무도 따지지 않았다. 25개월 만에 치르는 대상(大祥)도 25일 만인 재위 1년 10월 21일 마치고 상복을 벗었다. 태종도 이날부터 고기 반찬을 들었다. 의정부와 육조에서 요청했기 때문이다.

정종에 대한 태종의 속마음은 《정종실록》을 편찬하지 않은 데서도 드러난다. 태조 이성계가 태종 8년(1408) 74세의 나이로 세상을 떠나자 태종은 이듬해 《태조실록》을 편찬할 것을 지시했다. 그러나 정종이 세상을 떠났어도 세종은 물론 태종도 실록 편찬을 지시하지 않았다. 《정종실록》은 태종 사후에야 편찬될 수 있었다. 정확히 말하면 세종 4년(1422) 태종이 사망했기 때문에 편찬될 수 있었다.

태종이 세상을 떠난 이듬해(1423) 변계량과 윤준(尹淮)이 정종에 대한 실록 편찬을 건의한 이유는 《태종실록》을 편찬하기 위해서였다. 《태종실록》을 편찬하려면 정종 재위 2년에 대해 기술하지 않을 수 없었기 때문이다. 정종에게는 시호도 내려지지 않아서 《정종실록》이 아니라 한 등급 낮은 《공정왕실록(恭靖王實錄)》으로 이름이 정해졌다. 잠시 거쳐 지나가는 임금으로 대접한 것이다.

이처럼 세종은 정종을 정식 임금으로 인정하지 않았다. 세종 13년(1431) 10월 14일, 정종의 딸들에 대한 봉작 문제가 발생했을 때 세종은 이렇게 말했다.

"공정대왕은 비록 대를 이은 임금이라고 말할 수 있지만 하륜이 일찍이 '기생한 임금(寄生之君)'이라고 말했고, 박은(朴訔)도 '그 자손의 관작은 공녕(恭寧)과 경녕(敬寧)과 같게 할 수 없으니 등급을 내려 제수

해야 합니다'라고 말했다. 나 또한 그 딸들의 봉작은 진안(鎭安)·익안
(益安)의 딸들의 예에 의거해 시행하는 것이 좋다고 여기는데 어떠한
가?"

　정종을 '기생한 임금'이라고 호칭한 하륜의 한마디에 방원 측의 모
든 평가가 압축되어 있다. 정종은 방원에게 '얹혀산 임금'이란 뜻이
다. 경위야 어쨌든 정식 즉위식을 치르고 3년 동안 왕 노릇을 한 임금
을 대접하는 예는 아니었다. 공녕과 경녕은 태종의 서자들인데, 정종
의 서자들을 태종의 서자들과 같게 대접할 수는 없다는 것이었다. 왕
위에 오르지 못한 태조의 맏아들 진안대군이나 태조의 셋째 아들 익
안대군의 딸들과 같게 대접하겠다는 뜻이었다.

　이에 대해 황희(黃喜) 등이 동조했다.

　"성상의 말씀이 옳습니다."

　진안·익안대군은 왕위에 오르지 못했지만 정종은 왕위에 올랐었
고, 무엇보다도 개국시조인 태조 이성계가 인정한 임금이었다. 그러
나 이에 대한 반론은 제기되지 않았다. 세종은《용비어천가》의 왕통에
서도 정종을 건너뛰었다.《용비어천가》1장에서 해동육룡을 말할 때
태조에서 태종으로 직접 건너뛰고 정종은 빼놓은 것이다. 스스로 왕
위를 물려준 무욕의 임금에 대한 대접 치고는 지나치게 야박했다.

　공정대왕은 세상을 떠난 후 묘호도 정해지지 않았다. 묘호는 왕이
세상을 떠난 후 종묘에 신위를 모실 때 올리는 것이고, 시호는 국왕이
나 사대부들의 사후에 그 공덕을 찬양하여 추증하는 칭호다. 공정대
왕의 묘호를 정하지 않은 것은 세종이나 태종을 따른 공신들이 그를
임금으로 여기지 않았기 때문이다. 정종의 묘호가 현안으로 거론이라

도 된 것은 정종이 세상을 떠난 지 무려 50여 년 뒤의 일이다. 성종 6년(1475) 1월 15일, 공정대왕의 맏아들인 무림군(茂林君) 이선생(李善生) 등이 상서해서 묘호를 내려달라고 요청한 것이다.

"예종대왕께서 기축년(1469: 예종 1년)에 공정대왕의 묘호를 희종(熙宗)이라 일컫고, 장차 세조대왕과 더불어 동시에 부묘(祔廟: 신주를 종묘에 모심)하도록 성명(成命)을 이미 내리셨는데, 갑자기 돌아가셨습니다. 성상께서 왕위에 오르신 지 7년에 이르도록 시행하지 않으시니 신 등은 그윽이 민망합니다."

성종은 이 상소를 유중불하(留中不下)했다. 유중불하란 상소가 마음에 들지 않을 경우, 관계 기관에 내리지 않고 묵혀두는 것을 뜻한다. 이후로도 몇 번 공정대왕의 묘호에 관한 의논이 있었지만 시행되지는 않았다. 공정대왕의 묘호가 정종(定宗)으로 정해진 것은 숙종 7년(1681) 9월 18일의 일이다. 공정대왕 이외의 모든 임금의 시호는 모두 여덟 자인데, 숙종 때까지 공정대왕의 시호만 '온인순효(溫仁順孝)' 네자였다. 숙종 때 '의문장무(懿文莊武)' 네 자를 더해 '온인순효의문장무'란 시호를 올렸다. 사후 262년 만의 일이다.

그런데 상왕 정종이 태종을 꾸짖은 적이 한 번 있었다. 태종 2년(1402) 2월 11일의 일이다. 태종이 후궁 권씨를 들이려고 하다가 왕비민씨의 반발로 그만두게 되자, 아예 민씨를 폐하고 새 왕비를 들이려고 마음먹었다. 이때 상왕 정종이 태종에게 사람을 보내 말했다.

"왕은 어찌해서 다시 아내를 맞으려 하시오? 나는 비록 아들이 없지만 어릴 때의 정 때문에 차마 다시 장가들지 못하는데, 하물며 왕은 아들이 많지 않소?"

정종이 상왕으로 물러난 후 정사에 개입한 것은 극히 이례적인 일이었다. 태종은 정종의 권유를 따라 바로 가례색(嘉禮色)을 파하고 민씨를 폐하려던 계획도 그만두었다.

정종은 무욕의 군주였다. 그러나 백성들의 고통에 가슴 깊게 아파한 애민군주였다. 또한 왕실 내부는 물론 공신들 사이에서도 피를 피하려고 노력한 자애의 군주였다. 그래서 태종이 즉위한 지 불과 1년 만에 이거이 등이 태종의 정치에 큰 불만을 토로하며 상왕 정종을 복위시켜야 한다고 말했던 것이다. 정종이 왕위에서 물러나지 않고 방원과 계속 권력을 두고 다퉜더라면 어떤 일이 발생했을지 알 수 없다. 방원이 이겼더라도 형의 왕위까지 빼앗았다는 오욕을 뒤집어 써야 했을 것이다. 그러나 무욕의 군주 정종은 스스로 물러남으로써 왕위를 둘러싼 피의 악순환을 끊었다. 그래서 태종도 살아생전 형식적으로나마 정종을 깍듯이 모셨던 것이다.

그럼에도 불구하고 태종과 세종은 정종 사후 그를 야박하게 대했다. 마치 존재하지 않았던 임금인 것처럼 무시했다. 정종이 보여준 무욕의 처신을 크게 선양했다면 왕위를 둘러싼 피비린내 나는 투쟁은 없었을지도 모른다. 정종을 없는 임금 취급했기에 세종의 아들들은 무욕의 삶에 대한 존경심을 배우지 못했다. 세종 사후 그 아들들 사이에서 피비린내 나는 권력투쟁이 재현되고, 세종의 형인 양녕과 효령까지 세조에게 단종을 죽이라고 거듭 요청하고 나선 것은, 어쩌면 태종이나 세종이 정종이 실천한 무욕의 처신을 조선 왕실의 중요한 가치로 정착시키지 못한 업보인지도 모른다.

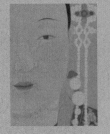

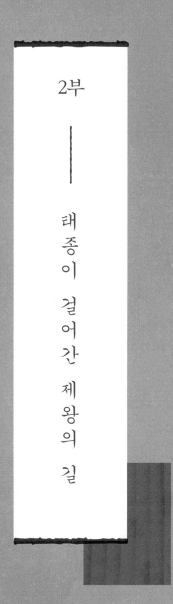

2부

—

태종이 걸어간 제왕의 길

근정전 내의어좌. 국립고궁박물관.
근정전은 조선의 법궁인 경복궁의 정전으로 국왕 즉위식이나 외국 사신 맞는 일 등 큰 국가 행사가 치러지
는 장소였다. 건물 안에는 내의어좌가 높게 위치해 있으며, 그 뒤로는 왕의 덕을 칭송하고 태평성대를 기
원하는 일월오봉도 병풍이 둘러져 있다. 근정전의 이름은 개국공신 정도전이 지었는데, "천하의 일은 부지
런하면 잘 다스려진다"는 《서경》 구절에서 따온 것이다. 국보 제223호.

# 원수가 된 부자

## 명나라 사신을 맞이하다

태종 2년(1402) 11월 1일, 양주 회암사에 머물던 태상왕이 갑자기 고향인 동북면으로 떠났다는 보고가 올라왔다. 태종은 바짝 긴장했다. 아버지가 갑자기 왜 동북면으로 떠났는지 알 수 없었기 때문이다.

이 무렵 태종은 명나라 문제에 집중하고 있었다. 2대 황제 혜제 주윤문과 숙부 연왕 주체 사이의 내전이 연왕 주체의 승리로 끝나가고 있었다. 이른바 '정난(靖難)의 역(役)'이라 불리던 4년에 걸친 내전은 명나라 전역을 전쟁터로 만들었다. 1402년 5월, 연왕이 강소성 양주를 함락시키면서 전세는 주체에게 유리하게 흘러갔다. 당황한 혜제는 자신에게 죄가 있다는 '죄기조(罪己詔)'를 발표하고, 천하의 근왕병이 모이기를 호소했지만 상황은 나아지지 않았다. 수도 금릉(남경)이 함락당할 것이라는 위기감이 팽배해지자 혜제 주위에서 영토를 나누어 주고 평화를 도모하자는 할지론(割地論)이 등장했다. 그해 5월 혜제는 주원장의 질녀이자 주체의 사촌 누이인 경성군주(慶成郡主)를 주체에게 보냈다. 땅을 떼어주겠으니 내전을 그만두자는 의사를 표시한 것이다. 그러나 주체는 강경했다.

"이는 간신들이 누이를 시켜 나의 공세를 늦추게 한 뒤, 멀리 있는 군사를 기다리려는 것일 뿐이오."

경성군주는 더 이상 말을 하지 못하고 돌아갔다.

6월 초, 주체는 장강(양자강) 도하 작전을 전개했다. 강만 건너면 남경 함락은 시간 문제였다. 그러나 혜제 측의 성용(盛庸)이 극력 저항하면서 상황이 달라질 조짐이 보였다. 그러나 연왕 주체의 둘째 아들 주고후(朱高煦)가 군사를 이끌고 가세하면서 성용이 패하고 말았다. 드디어 연왕은 장강 남쪽의 진강에 도달했고, 혜제 측의 수비군은 투항했다. 6월 8일, 주체가 이끄는 연군(燕軍)이 수도 금릉 동쪽 30리 지점인 용담까지 나아가자 혜제와 명나라 조정은 큰 충격에 빠졌다. 전각 사이를 배회하던 혜제 주윤문은 방효유에게 계책을 물었다.

"성 안에는 아직 20만 명의 군사가 있습니다. 성을 굳게 지키면서 구원병을 기다려야 합니다. 다시 대신을 파견해서 주체와 담판하면서 시간을 끌어야 합니다."

혜제는 이경륭(李景隆)과 여상(茹瑺)을 보내 주체와 다시 담판하게 했는데, 주체는 땅을 떼어 받는 것은 아무런 의미가 없다면서 다만 간신들을 달라고 요구했다. 혜제 주변의 간신들을 제거하겠다는 '청군

측(淸君側)'이 주체의 당초 거병 명분이었다. 혜제는 주원장의 열아홉째 왕자인 곡왕(谷王) 주혜(朱橞)와 주원장의 스물두 번째 왕자인 안왕(安王) 주영(朱楹)을 다시 보내 세 번째 담판을 시도했지만 역시 무위에 그쳤다.

다음 날인 6월 13일, 연군이 드디어 금릉에 도달하자 혜제 주윤문은 황궁에 불을 질렀다. 이 불에 황후 마씨가 타 죽었지만 주윤문 본인은 어디로 사라졌는지 알 수 없었다. 금릉을 샅샅이 뒤져도 주윤문의 생사는 알 수 없었다. 지금껏 남아 있는 중국사의 수수께끼 중 하나다.

연왕 주체가 입성하는 날, 한림원 편수(編修) 양영(楊榮)이 주체의 말머리를 잡고 물었다.

"전하께서는 먼저 효릉(孝陵: 주원장의 무덤)에 배알하시겠습니까? 먼저 즉위하시겠습니까?"

다음 날 여러 왕들과 문무 군신들이 상표를 올려 즉위할 것을 권했지만 주체는 허락하지 않았다. 서두를 필요가 없었다. 며칠 후인 6월 17일, 주체는 효릉을 배알하고, 당일 즉위식까지 치렀다. 이렇게 성조(成祖) 영락제(永樂帝: 재위 1402~1424)의 시대가 열렸다.

그는 혜제 때 사용하던 연호 건문 원년~4년까지를 폐지하고 홍무 32~35년까지로 바꿨다. 그리고 이듬해부터 영락(永樂)이란 연호를 사용했다. 이미 사용했던 연호를 없던 것으로 만들려니 말을 만들어야 했다. 그래서 건문 연호 시기는 혁제연간(革除年間)이라고 불렀다. 성조 영락제는 혜제 때의 관리들을 일제히 파면했다가 한꺼번에 직위를 회복시켰다. 임금 곁의 간신들을 청소한다는 청군측을 거병의 명분으로 삼았던 만큼 가혹한 정치 보복이 자행되었다. 혜제의 측근인 제태, 황자징, 방효유는 대신들 본인뿐만 아니라 그 가족까지 모두 죽였다.

당초 주체는 방효유를 이용할 생각으로 자신의 즉위 조서를 작성하라고 명령했다. 방효유가 죽어도 작성할 수 없다고 거부하자 주체는 구족을 멸하겠다고 협박했다. 방효유가 구족이 아니라 십족(十族)을 멸한다 해도 작성할 수 없다고 거부하자, 주체는 실제로 방효유의 십족을 다 죽였다. 구족에 친구들과 문생들까지 포함해 무려 873명을 죽인 것이다.

**영락제 초상화. 대만 국립고궁박물관.**
명나라 3대 황제로 이름은 체(棣). 홍무제 주원장의 넷째 아들로, 조카인 건문제를 몰아내고 황위에 올랐다. 수도를 남경에서 북경으로 옮기고, 고비 사막을 넘어 북원을 공격했으며, 정화(鄭和)의 해외 원정을 지원하는 등 중국 역사의 대표적인 정복 군주 중 하나로 손꼽힌다.

구족을 죽인 게 이번이 처음 있는 일은 아니었다. 명 태조 주원장은 명나라 건국에 큰 공을 세운 개국 1등공신인 승상 호유용(胡惟庸)이 역모를 꾀한다는 고발이 들어오자 구족을 멸했으며, 역시 개국 1등공신인 이선장(李善長)도 그 가족 70여 명과 함께 모두 죽여버렸다. 황자징 일가도 345명이나 연좌되어 죽었다. 이때 '과만초(瓜蔓抄)'라는 말이 유행했는데, 오이나 덩굴이 가지를 뻗는 것처럼 사방팔방으로 뻗쳤으니 모두 제거한다는 뜻으로 수많은 사람을 죽이는 살육의 정치를 가리키는 말이다. 구족을 죽이는 것은 물론 무덤을 파헤쳐 선조들의 시신까지 욕보이고 그 고을까지 없애버리는 잔혹한 정치보복이었다.

영락제 주체는 혜제가 불태운 봉천전(奉天殿)을 재건하는 한편 옥새를 새로 새기고, 왕비 서씨(徐氏)를 황후로 봉했다.

정난의 역이 일어난 사실이 조선에 전해진 것은 태종 2년(1402) 9월 28일이다. 통사(通事: 통역관) 강방우(康邦祐)가 요동에서 평양으로 와 이 사실을 알리자 서북면 도순문사(都巡問使)가 강방우에게 들은 말을 급보했다.

"6월 13일 연왕이 전승하자 황제가 봉천전에 불을 지르게 하고 전각 안에서 목매 죽으니, 후비와 궁녀 40명도 따라 죽었습니다."

서북면 도순문사의 비보(飛報: 급보)는 명나라 사신들이 온다는 것이었다. 명 성제가 도찰원 첨도어사(都察院僉都御史) 유사길(兪士吉)과 홍려시소경(鴻臚寺少卿) 왕태(汪泰), 내사(內史) 온전(溫全), 양영(楊寧) 등을 조선에 사신으로 보냈는데 9월 16일 이미 강을 건넜다고 했다. 난리를 평정하고 새로 오는 사신이었다. 혼란에 빠진 중원의 상황을 전혀 이용하지 못한 채, 조선은 강력한 영락제 시대를 맞이했다.

10월 12일 태종은 면복(冕服) 차림으로 여러 신하를 거느리고 서교에 나가서 사신들을 맞이했다. 명 사신은 영락제의 조서를 대신 읽었다. 영락제는 조서에서 자신이 왜 거병했는지 장황하게 나열했다. 자신은 혜제가 스스로 잘못을 뉘우치기 바란 것이지 직접 황제가 되려고 한 것은 아니라면서 이렇게 말했다.

건문(建文: 혜제)이 권간(權奸)의 핍박을 받아 궁문을 닫고 스스로 불타 죽어서 여러 왕과 대신들과 모든 백성이 모두 내게 즉위를 권했다.

영락제는 조선에 대해 이렇게 말했다.

생각건대 너희 조선은 고황제 때 항상 직공(職貢)을 다했기에 사신을 보내 조유(詔諭)하는 것이니 마땅히 이를 알라.

낭독을 마친 사신들이 숙소인 태평관(太平館)으로 돌아가자 태종은 군신을 거느리고 태평관까지 따라갔다. 극도의 환대였다. 환궁 후에는 사신들을 청해 개경의 무일전(無逸殿)에서 잔치를 베풀었다.

태종이 유사길에게 말했다.

"부왕께서 한양으로 천도하였다가 지금 옛 수도(개경)로 돌아왔는데 마침 궁실이 불타서 우선 이곳에 영건(營建)했지만 매우 누추해서 천사(天使: 명나라 사신)께 황공합니다."

유사길이 답했다.

"상고(上古) 때부터의 풍도(風度)가 있으니 어찌 누추하겠습니까?"

"길이 멀고 험하니 그 노고가 어떻습니까?"

"말 타고 급히 달리는 것은 사신의 직분입니다."

이때 명나라 내관 정귀(鄭貴) 등 세 사람이 따라왔다. 이들은 모두 조선 출신으로, 부모를 찾으러 온 인물들이었다. 태종이 나중에 사돈이 되는 좌부대언(左副代言: 좌부승지) 김한로(金漢老)에게 음식을 대접하게 했다. 그런데 세 명의 조선 출신 내관들은 태종에게 엎드려 절하지 않고 서서 손을 잡고 읍(揖)했다. 사신 온전이 꾸짖자 마지못해 절을 했다.

"이 사람들은 어릴 때 왜인에게 잡혀갔다가 상국(上國: 중국)에 도착했는데, 지금 비록 고향에 돌아왔지만 그 부모의 얼굴을 알지 못하니 매우 불쌍합니다. 이들은 또 황제께도 공이 있으니 국왕께서 부모를 만나게 해주시면 다행이겠습니다."

태종이 답했다.

"내가 명을 들었소. 이 사람들이 황제께 공이 있어서 부모를 만나게 보내셨으니 우리나라에도 역시 빛나는 일이오. 나 역시 매우 기쁘게 생각하오."

태종은 이날 사신을 따라 다시 태평관에 가려고 하다가 유사길 등이 만류해서 그만두었다.

북벌이 가능한 천하의 호기를 놓친 조선은 이제 명나라를 사대하는 수밖에 없었다. 무인난(1차 왕자의 난) 이후 조선의 외교 정책은 명나라에 '사대'하고, 다른 나라나 민족들과는 사이좋게 지내는 '교린(交隣)'이 되었다. 큰 나라를 섬기는 '사대'가 국가의 가장 중요한 외교 정책이 되면서 조상 전래의 옛 강역을 되찾는 '북벌'은 금기시되었다. 그 결과 조선 출신 명나라 내관들까지 황제의 위세를 등에 업고 조선 국왕에게 절이 아니라 읍해도 되는 것처럼 착각하게 된 것이다.

　물론 사대교린이 곧 조선이 명나라의 속국이 되었음을 의미하는 것은 아니다. 한 나라를 다른 나라의 속국이나 식민지로 보려면 왕위계승권과 국내의 인사권 및 군사권, 외교권 등을 다른 나라가 갖고 있어야 한다. 그러나 조선은 왕위 계승권은 물론 인사권, 군사권, 외교권을 모두 조선 국왕이 배타적으로 소유하고 있는 완전한 독립국이었다. 다만 거대한 명나라와 국경을 맞댄 상황에서 평화롭게 공존하는 수단으로 사대를 택한 것이다. 그러나 그 사대는 현 요동 서쪽 조상 전래의 옛 강역에 대한 꿈을 포기한 대가였다. 이성계는 이런 현실을 초래한 방원에게 큰 불만을 갖고 있었다.

## 상왕 이성계의 마지막 반격

　일주일 후인 10월 19일 명나라 사신 온전과 양영이 양주 회암사를 방문했다. 이성계가 회암사에 머물고 있었기 때문이다. 이성계는 어린 아들들이 비명에 간 후 회암사에 머물며 죽은 이들의 명복을 빌고는 했다. 지금의 경기도 양주시 회천읍에 있는 회암사는 여러 고승들이 머물던 곳이기도 하다. 특히 인도 출신 지공(指空)선사가 이곳에 머물렀다. 지공선사는 원나라에서 고려 출신 나옹(懶翁)선사를 만난 인

연으로 이곳까지 왔다. 무엇보다 이성계의 왕사였던 자초(自超), 즉 무학대사가 회암사 주지였다. 이처럼 회암사는 인도 출신 지공과 공민왕의 왕사 출신 나옹, 이성계의 왕사 출신 무학이 주지로 있는 유명한 절이었다.

나옹은 다음과 같은 유명한 선시(禪詩)를 남겼다.

청산은 나를 보고 말없이 살라 하고
창공은 나를 보고 티 없이 살라 하네
사랑도 벗어놓고 미움도 벗어놓고
물 같이 바람 같이 살다가 가라 하네

화가위국의 대업을 일으킨 개국군주 이성계는 이제 자신에게 남은 운명이 사랑도 미움도 벗어놓고 물 같이 바람 같이 사는 길인지도 모른다는 생각이 들지 않았을까? 그런 의미에서 공민왕의 왕사 나옹이 읊은 시 구절이 이성계의 아픈 마음을 달래주었을지도 모른다. 그러나 이성계는 남은 인생을 그렇게 보내고 싶지 않았다.

명나라 사신 온전과 양영이 회암사를 찾은 것은 개국군주를 알현하기 위해서였다. 개국군주는 여느 군주와 다르다. 천명이 없으면 수행하는 게 불가능한 일이다. 게다가 이성계는 명 태조 주원장처럼 수많은 개국공신을 숙청하거나 영락제 주체처럼 혜제에게 충성하던 수많은 사람들을 죽이지도 않았다. 사신들은 그래서 더욱 이성계를 알현하고 싶었다.

온전과 양영 등이 회암사를 찾은 데는 다른 이유도 있었다. 이성계

**금강전도. 리움미술관.**

금강산은 우리나라의 대표적인 명산이다. 1932년 월출봉에서 이성계가 발원한 사리갖춤(보물 제1925호)이
발견되기도 했는데, 여기에는 장차 미륵의 세상이 오기를 기다린다는 내용이 새겨져 있다. 새 왕조 개창
을 앞두고 백성을 위한 '미륵'이 되겠다는 이성계의 강한 의지가 엿보이는 대목이다. 그림은 조선 후기의
화가 정선의 작품으로 겨울 만폭동을 중심으로 금강내산의 전체 경관을 담았다. 국보 제217호.

를 알현하는 것 외에 천하제일의 명산이라는 금강산을 유람하고 싶은 생각도 있었던 것이다. 온전이 금강산을 보고 싶다고 말하자 이성계가 말렸다.

"이미 얼음이 얼어서 가기 어려울 것이오."

그런데 한 승려가 온전의 반인(伴人: 수행원)에게 다른 말을 했다.

"금강산을 보려면 이때가 가장 좋습니다."

겨울 금강산을 개골산이라고 한다. 나뭇잎이 떨어지면서 눈 덮인 암석이 모두 뼈처럼 드러난다는 뜻이다. 승려의 말을 들은 온전은 금강산으로 떠났고, 양영은 22일 한양으로 돌아왔다.

10월 27일, 금강산에 갔던 명 사신 온전이 돌아오자 이성계는 연주(漣州: 경기 연천) 징파 나루에서 잔치를 베풀었다. 태조가 명 사신을 위해 잔치를 연다는 보고를 들은 태종은 기생과 풍악대를 보내 잔치를 돕게 하고, 또 종친과 별시위를 보내 호종하게 했다. 그런데 잔치를 마친 태상왕이 갑자기 동북면으로 노정을 바꿨다. 이성계를 호종하던 별시위는 혼란에 빠졌다. 별시위 변현(邊顯) 등이 난색을 표했다.

"주상께서는 전하께서 사신을 보려고 하시기 때문에 신들을 보내어 시위(侍衛)하게 하신 것입니다. 대가를 따라 먼 지방까지 깊게 들어간다는 사실은 알지 못했습니다. 경비와 식량이 준비되지 않았으니 멀리까지 대가를 따르기가 실로 어렵습니다."

이성계는 과도하게 반응했다.

"너희들은 모두 내가 기른 군사인데, 왜 지금 와서 나를 배반하려 하느냐?"

이성계는 눈물까지 흘리며 별시위를 꾸짖었다. 눈물에 마음이 약해진 변현 등은 마지못해 이성계를 따랐다. 그런데 이성계의 행선지가 이상했다. 처음에는 연천 동북쪽 철원 경계에 있는 보개산 심원사(深源寺)로 간다고 했다가, 중도에 함경도 안변의 석왕사(釋王寺)로 노정을 바꾼 것이다.

이상한 낌새를 느낀 태종은 직접 태조의 행재소(行在所)로 가려고 했다. 그런데 임금이 행차하려면 절차가 복잡했다. 최소한 수천 명의 군사가 호위해야 하는데, 당일치기 노선이 아니므로 그들이 먹을 식량과 숙소를 준비해야 했다. 국왕의 행차에 맞는 위의를 갖출 시간이 부족했다. 이에 대제학 이직, 우정승 이무 등이 반대하자 태종은 행재소를 방문하겠다는 계획을 포기했다. 대신 태종은 지신사(知申事: 도승지) 박석명을 보내 부친에게 고했다.

"상사(上使), 부사(副使)가 모두 뵙기를 원하니, 한양으로 오셔서 사신들과 접견하시기 바랍니다."

명나라 사신들이 뵙기를 청하니 한양으로 오라는 것이었다. 이성계가 왜 북쪽으로 가는지 의심이 일어 사신을 핑계로 댄 것이다.

한양으로 오라는 제안을 이성계는 단번에 거절했다.

"사신이 오면 보는 것이지 반드시 가서 볼 것은 없다."

이 또한 이성계의 본심이었다. 사신이 찾아오면 만나주겠지만, 굳이 자신이 한양까지 가서 만날 필요는 없다는 뜻이었다.

태종의 환경(還京) 요청을 거절한 이성계는 계속 북쪽으로 올라갔다. 태종은 이성계의 목적지를 알아내려고 계속 사람들을 보내 살피게 했다. 방원이 보낸 사람들이 길에서 서로 잇닿을 정도로 태종은 이 문제에 신경을 곤두세웠다.

이성계가 갑자기 동북면으로 가는 것은 심상치 않은 일이었다. 동북면은 이성계의 세력 기반이었다. 더구나 가지 않겠다는 별시위 변현 등에게 눈물까지 보이면서 데리고 가는 것이 더욱 이상했다. 태종은 환관 김완을 보내 태조에게 북쪽으로 가는 이유를 물었다.

"선조들의 능을 참배한 후 금강산을 유람하고 한양으로 돌아갈 계획이다."

그러면서 이성계는 다른 요구를 했다.

"가마를 메는 군사들의 의관이 다 떨어졌으니 의관 26벌을 빨리 준비해서 보내라."

이성계의 말을 액면 그대로 받아들이면 걱정할 것이 없었다. 태종은 안도의 마음이 들기도 했지만 불안한 예감을 떨칠 수 없었다. 아버지 이성계를 누구보다 잘 알았기 때문이다. 정몽주를 격살했을 때 이성계는 불같이 화를 냈지만, 그것이 아버지가 내심 바라는 일이었다는 사실을 안 것은 방원뿐이었다. 이성계의 말은 액면 그대로 믿으면 안 됐다. 그는 타고난 전략가였다. 아니나 다를까 같은 날 동북면에 갔던 대호군(大護軍) 안우세(安遇世)가 돌아와 충격적인 보고를 올렸다.

"안변부사 조사의(趙思義) 등이 군사를 일으켰는데 사람을 주군에 보내 군사를 조련하고 있습니다."

안우세가 역마를 달려 보고한 내용은 태종과 그 측근들을 충격에 빠뜨리기에 충분했다. 안변부사 조사의는 신덕왕후 강씨의 인척이다. 게다가 조사의가 군사를 일으킨 명분은 무인난(1차 왕자의 난) 때 살해당한 방석 등의 원수를 갚는다는 것이었다. 조사의는 방원이 역적이자 패륜이라고 생각했다. 방석은 살해되기 불과 석 달 전인 태조 7년

(1398) 5월 29일, 현빈 심씨에게서 첫 아들을 본 터였다. 병석의 부왕에게 칼을 들이대고, 첫 아들을 본 어린 동생을 무참하게 죽여버린 방원을 조사의는 역적이자 패륜이라고 생각했다.

　태종이 충격 받은 것은 조사의가 반란을 일으켰다는 사실 때문만이 아니었다. 이성계가 조사의와 미리 짜고 동북면으로 간 것이 분명하기 때문이었다. 변현뿐만 아니라 진중거(陳仲擧), 한방(韓邦), 이천기(李天奇) 등 자신이 보낸 별시위를 모두 데리고 간 것 역시 의도적인 행동이었다. 조사의와 손잡고 태종을 타도하기 위해 동북면으로 간 것이 분명했다. 아버지가 아들의 등에 비수를 꽂은 것이다.

　개국군주가 자신의 왕위를 빼앗은 아들을 역적으로 규정짓고 타도하겠다고 나선 것이니 그 여파가 어디까지 갈지 알 수 없었다. 무인난으로 화해할 수 없는 원수가 된 부자의 은원이 여기까지 이른 것이다. 이것은 개국군주에게 칼을 들이댄 태종 이방원이 감당해야 할 업보였다. 석 달 전 첫 아이를 낳고 기뻐하던 이복동생을 죽인 순간, 조사의와도 원수가 된 것이다. 이들은 이미 군신 관계가 아니었다.

　태종은 자신의 행위를 천명(天命)이라고 규정지었다. 권력욕 때문이 아니라 하늘의 명에 따른 것이라는 것이다. 그러나 이성계와 조사의의 귀에는 궁색한 변명으로 들릴 뿐이었다. 화가위국의 천명을 받은 인물은 태조 이성계이지 방원이 아니었다. 이성계와 조사의에게 방원의 행위는 권력에 눈이 먼 반역이자 패륜이었다. 태종에게는 반정(反正)이었지만, 이성계에게는 반역이자 패륜이었다. 천명과 반정, 반역과 패륜 사이의 머나먼 간격처럼 부자 사이의 간격도 멀고 멀었다.

# 함흥차사와 조사의의 난

방원은 정종의 선위를 받는 형식으로 즉위했지만, 내용은 강제로 끌어낸 것에 불과했다. 정종이 권력을 빼앗기기까지 두 단계 과정을 거쳤다. 먼저 방원을 세자로 만드는 것이었다. 2차 왕자의 난 직후 방원의 측근들은 노골적으로 세자 자리를 요구했다. 세자 방원이 사병 혁파에 나서자 공신들은 잠시 불만을 가졌지만 이내 수그러들었다. 이런 과정을 거쳐 방원은 왕위까지 빼앗았다.

방원 측의 이런 무력 행사에 불만을 가진 신하도 적지 않았다. 짧은 재위 기간이었지만, 정종이 인군(仁君)이자 덕군(德君)의 모습을 보여주었기 때문이다. 그래서 태종의 즉위를 부당하게 보고 정종을 지지하는 신하들이 존재했다. 급기야 태종 1년(1401) 2월 2일, 사헌부에서 정종을 지지하는 구신(舊臣: 옛 신하)들에 대한 처벌을 주장하고 나설 정도로 이들의 반발은 호락호락하지 않았다.

상왕 전하께서는 천성이 효도하시고 우애 있으신데 사직의 기나긴 계책을 깊게 생각하셔서 공도 있고 어지신 전하(태종)를 세자로 봉해 국본을 정하셨습니다. 상왕께서는 본래 작은 병이 있으셔서 만기(萬機)를 돌보시는 수고로움을 싫어하셔서 드디어 전하께 선위하셨습니다. 전하께서는 두세 번 사양하시다가 마침내 천명과 민심을 어길 수 없으셔서 왕위를 이어받으시니 한 나라의 신민 중에서 기뻐하고 경사롭게 여기지 않는 이가 없었습니다.

사헌부의 상소문은 정종이 양위한 이유를 '작은 병(微痾)' 때문이라고 주장했지만, 이는 사실이 아니다. 정종이 가끔 병석에 누워 있었던 것은 사실이지만, 그는 기본적으로 무인이었다. 격구와 사냥을 너무 좋아해서 문제가 되었던 정종이 작은 병 때문에 왕위를 수행하지 못할 리 없었다.

사헌부에서 이런 상소를 올린 것에는 이유가 있었다. 조영무가 이거이에게 들은 말을 태종에게 비밀리에 보고한 것이 계기였다. 태종 1년 이거이가 조영무에게 "상왕은 사건을 만들기 좋아하지 않는다. 상왕을 섬기는 것이 좋겠다"면서 상왕 정종을 다시 추대하자고 말했는데, 조영무가 이를 태종에게 몰래 보고했던 것이다. 태종은 당장 이거이를 처벌할 수는 없지만 상왕 지지 세력을 그대로 방치했다가는 어떤 일이 일어날지 모른다는 생각에 다시 상소를 올리게 한 것이다. 사헌부는 판공안부사(判恭安府事) 정남진(鄭南晉)과 검교 참찬문하부사(檢校參贊門下府事) 김인귀 등 무려 31명을 처벌해야 한다고 이름을 적시했다.

자칫 조정에 피바람이 불 수도 있었다. 신권력이 구권력을 숙청하겠다고 나서면 구권력은 큰 피해를 입게 마련이다. 그런데 이들이 숙청하겠다고 나선 대상이 만만한 인물들이 아니었다. 정남진은 조선 개국 원종공신일 뿐만 아니라 태조 3년(1394) 중추원부사(中樞院副使)로서 태조의 명에 따라 삼척으로 귀양 가 있던 공양왕과 두 아들을 교살한 장본인이다. 조선의 개창과 안정을 위해 공을 세운 공신이었다.

김인귀도 마찬가지다. 1차 왕자의 난 때 소격전에서 기도하던 방과(정종)가 성벽을 타고 넘어 도주해서 숨었던 곳이 바로 김인귀의 집이다. 이런 인물들이 태종이 정종의 왕위를 빼앗아갔다며 반발한 것이다.

태종은 정종의 선위를 받아 즉위하는 형식을 취했는데, 왕위를 빼앗았다고 생각하는 신하들이 있다는 것은 큰 부담일 수밖에 없었다. 그러나 이들을 무작정 처벌할 수도 없었다. 이들을 처벌하면 자신이 실제로 정종의 왕위를 빼앗은 거라고 인정하는 꼴이 되기 때문이었다. 부황(父皇)에 이어 형황(兄皇)의 제위까지 빼앗은 패륜 임금이 되는 것이었다. 그렇다고 자신의 즉위를 부정적으로 보는 신하들을 무작정 방치할 수도 없었다. 그래서 태종은 절충안을 택했다. 사헌부에서 유배를 요청한 31명 중 정남진, 조진(趙珍), 노필(盧弼), 지청(池淸), 이지실 등 다섯 명은 거론하지 말게 하고, 나머지 26명은 자신들이 원하는 곳에 가서 살게 하는 자원안치(自願安置)를 명했다. 자원안치는 사실상 고향에 낙향하라는 뜻으로 가장 가벼운 형벌이다.

태종은 이런 일이 반복되지 않도록 하기 위해선 정종이 스스로 왕위를 물려준 것이지 빼앗은 것이 아니라는 사실을 내외에 알리는 수밖에 없다고 생각했다. 그래서 이를 과시하는 행사를 자주 가졌다. 정종을 모시고 술잔을 올리며 잔치를 자주 벌인 것이다. 정종은 태종의 이런 연극에 동참하는 것을 굳이 거부하지 않았다. 태종이 잔치를 베풀면 참석해서 같이 술을 마시고 춤을 췄다.

사실 태종에게는 더 큰 문제가 있었다. 형 방과가 아니라 바로 부친 이성계였다. 이성계는 아들 방원에 대한 증오를 감추지 않았다. 할 수만 있다면 그를 죽이고 싶어 했다. 이러한 본심을 보여주는 이야기는

여럿 남아 있다. 조선 중기 김시양(金時讓: 1581~1643)이 지은 《축수편
(逐睡編)》에 나오는 일화다.

태조가 함흥에서 돌아오자 태종이 교외까지 직접 나가서 맞이하려 했다.
태종이 성대한 장막을 설치했는데, 하륜 등이 말했다.

"상왕의 노여움이 아직 다 풀어지지 않았으니, 모든 일을 염려하지 않을
수 없습니다. 차일(遮日)을 받치는 높은 기둥은 큰 나무를 써야 할 것입니
다."

태종이 허락해서 열 아름이나 되는 큰 나무로 차일 기둥을 만들었다.

태조와 태종이 서로 만날 때 태종이 면복을 입고 나아가 뵈려 하는데, 태
조가 바라보고는 노한 얼굴로 가지고 있던 동궁(彤弓: 붉은 칠을 한 활)과 백
우전(白羽箭: 하얀 새의 깃을 단 화살)을 힘껏 당겨 쏘았다. 태종이 창황 중에
차일 기둥 뒤에 숨자 화살이 기둥에 맞았다. 태조가 웃으면서 노기를 풀고
말했다.

"하늘이 시키는 것이다."

이에 국보(國寶)를 주었다.

"네가 갖고 싶어 하던 것이니, 이제 가지고 가라."

태종이 눈물을 흘리면서 세 번 사양하다가 받았다. 마침내 잔치를 열고 태
종이 잔을 받들어 헌수(獻壽)하려 할 때 하륜 등이 몰래 아뢰었다.

"술통 있는 곳에 가서 잔을 들어 헌수할 때 직접 하지 마시고 내시에게 주
어 드리소서."

태종이 또 그 말대로 해서 내시가 잔을 올렸다. 태조가 다 마시고 나서 웃
으면서 소매 속에서 쇠몽치를 꺼내 자리 옆에 놓으면서 일렀다.

"하늘이 하는 일이 아닌 것이 없구나."

함흥에서 돌아온 태상왕 이성계가 태종을 향해 활을 쏘았다는 이야기나 그제야 국보를 전해주었다는 이야기 등은 모두 사실이 아니다. 태조는 정종에게 전위할 때 이미 국보를 넘겼다. 태종이 술잔을 올릴 때 쇠몽치로 때려죽이려 했다는 것도 사실이 아니다. 그러나 그만큼 이성계가 아들 이방원을 증오한 것은 사실일 것이다. 그래서 200년 후까지 이런 이야기들이 전해진 것이리라.

하륜이 이성계의 행동을 미리 예견하고 막으려 했다는 이야기는 그가 방원이 즉위하는 데 결정적 공을 세웠기 때문에 나온 것이다. 무인난이 일어나기 직전 하륜은 충청도 관찰사가 되어 한양을 떠나게 되었다. 정안군 방원이 그의 집에 가서 전송하는데, 손님들이 가득했다. 하륜이 술잔을 돌리다가 방원 앞에서 일부러 술상을 엎어서 방원의 옷을 더럽혔다. 방원이 화가 나서 돌아가려 하자 하륜은 손님들에게 "왕자가 화가 나서 가시려 하니 내가 가서 사죄해야겠다"면서 따라갔다. 하인들이 하륜이 따라온다고 말해도 들은 척 않던 방원은 하륜이 자신의 집 중문을 지나 계속 따라오자 무슨 까닭이 있다고 생각해 그에게 물었다.

"무슨 일인가?"

"왕자의 일이 위태합니다. 상을 엎은 것은 앞으로 닥칠 환란을 미리 고하기 위함입니다."

방원이 침실로 끌고 들어가 계책을 물었다.

"신은 왕명을 받았으니 오래 머물 수 없습니다. 안산군수 이숙번이 정릉(貞陵:신덕왕후의 무덤)을 이장할 군사를 거느리고 한양에 와 있으니, 이 사람에게 대사를 맡길 수 있을 겁니다. 신도 진천에서 기다릴 것이니 급히 부르소서."

방원이 이숙번을 불러 하륜의 말을 전하자 이숙번은 간단하게 대답했다.

"손바닥 엎는 것보다 쉬운 일입니다. 무엇이 어렵겠습니까?"

이숙번은 무인난 때 자신의 군사들과 궁중의 하인들을 거느리고 군기감(軍器監)의 무기를 탈취해 무장시켰다. 그 병력으로 경복궁을 포위했다. 무인난 당시 방원은 남대문 밖에 장막을 치고 그 가운데에 앉았다. 그 아래 또 하나의 장막이 있었는데, 사람들은 누구의 자리인지 알지 못했다. 그런데 하륜이 와서 그 자리에 앉자 사람들은 하륜이 곧 정승이 될 것임을 알았다. 성현(成俔)은 《용재총화(傭齋叢話)》에서 "정사(定社: 무인난)의 공은 모두 하륜과 이숙번의 힘이었다"라고 말했다. 이런 일들이 이성계가 방원을 죽이려는 것을 하륜이 미리 알고 막았다는 말을 만들어낸 것이다.

방원을 위해 이성계를 속인 성석린 일가가 맹인이 되었다는 이야기도 있다. 성석린은 개국 원종공신과 태종 즉위 후 책봉한 좌명공신에 오른 겹공신이다. 다음은 《축수편》에 전하는 이야기다.

방석의 변이 있은 뒤 태조는 왕위를 버리고 함흥으로 갔다. 태종이 여러번 중사(中使)를 보내어 문안했는데, 태조가 활을 버티고 기다리고 있어서 앞뒤를 이어서 갔던 사신들이 감히 나아가지 못했다. 태조와 오래전부터 교류가 있던 성석린이 자청해서 태조의 뜻을 돌려보겠다고 장담하니 태

태조 이성계에게 정도전이 있었다면, 태종 이방원에게는 하륜이 있었다. 1차 왕자의 난에서 큰 공을 세워 진산부원권에 봉해진 하륜과 그의 아버지, 할아버지를 모신 재실이다. 경상남도 진주에 위치해 있다.

종이 허락했다.

석린이 백마를 타고 지나는 과객처럼 베적삼(布衫:포삼)을 입고 말에서 내려 불을 피워 밥을 지으니 태조가 바라보다가 내시를 시켜 가보게 하였다. 석린이 내시에게 말했다.

"일이 있어 지나가는 길에 날이 저물어 말을 매고 유숙하려 한다."

내시가 그대로 태조에게 아뢰자 태조가 매우 기뻐하여 곧 불러 만났다. 석린이 조용히 인륜의 변고를 처리하는 도에 대해 설명하자 태조가 얼굴색이 변해서 말했다.

"너도 너의 임금을 위하여 나를 달래려고 온 것 아니냐?"

석린이 대답했다.

"만약 그렇다면 신의 자손은 반드시 눈을 잃고 장님이 될 것입니다."

태조가 이 말을 믿어서 양궁(兩宮: 태조와 태종)이 이때부터 비로소 합해졌으나 그 후 석린의 두 아들은 과연 눈을 잃었다.

성석린의 두 아들이 실제로 맹인이 되었는지에 대해서는《명신록(名臣錄)》에 나온다.

성석린의 맏아들 지도(至道)와 지도의 아들 창산군(昌山君) 귀수(龜壽)와 귀수의 아들이 다 어머니 배 속에서부터 맹인이 되어 삼대를 이었고, 석린의 작은아들 발도(發道)는 후사가 없었다.

이처럼 성석린의 맏아들 성지도와 그 손자 성귀수, 그리고 증손자까지 모두 맹인이었다. 작은아들 성발도는 후사까지 없었다. 한마디로 이성계를 속여서 온 집안이 저주를 받았다는 것이다. 이 내용이 사실일까?《세종실록》5년(1423) 1월 12일의 〈성석린졸기〉는 이렇게 설명한다.

진서(眞書)와 초서(草書)를 잘 쓰고 …임인년(세종 4년: 1422) 여름부터 조그만 병이 있었는데… 조용히 돌아가니, 그의 나이 86세다.

맹인이 진서와 초서를 잘 쓸 수 없다는 점을 볼 때, 성석린은 장님이 되지 않은 게 분명하다. 그러나 그 자손들은 달랐다.《세종실록》20

년 3월 27일 기사는 성석린의 자식과 손자가 맹인이라고 전한다.

> 또 맹인 성귀수를 부사직으로 삼았는데, 귀수는 공신 창녕부원군 성석린
> 의 손자다. 석린의 막내 아들 성발도는 아들 없이 죽었고, 맏아들 성지도
> 는 살았을 때 눈이 멀었는데, 그의 아들 귀수도 눈이 멀어서 석린이 죽었
> 어도 후사가 되지 못했다. 이때 귀수가 아들을 낳자 임금이 듣고 관직이
> 없음을 가엾게 여겨 특히 제수하였던 것이다.

성석린의 맏아들 성지도와 손자 성귀수는 맹인이었다. 세종이 이를
알고 손자 성귀수에게 부사직을 내려주었다. 성석린은 이성계와 아주
가까운 사이였다. 다음은 〈성석린졸기〉에 나오는 이야기다.

> 태조가 잠저(潛邸: 왕이 되기 전 살던 집)에 있을 때부터 석린을 가장 중히 여
> 겼다. 왕위에 오른 뒤에는 대우가 더욱 융성해서 비록 임금의 마음에 기쁘
> 지 않은 일이 있어도 석린을 보면 마음이 풀려서 노여움이 그쳤으며, 말하
> 면 반드시 들어주었다.

이성계는 성석린을 무척 아꼈다. 태종 1년(1401), 안변에 머물다가
도성으로 돌아온 것도 성석린의 설득 때문이었다. 이때 성석린이 정
말 "신의 자손의 눈이 멀고"라고 맹세했는지는 알 수 없다. 아마 성석
린의 자식들이 맹인이 되자 뒤에 여러 이야기가 만들어진 것일 터이
다. 그리고 조사의의 난이 발생한 것은 이듬해인 태종 2년(1402)의 일
이다. 바로 한 해 전 이성계가 귀경한 것에 대해 '속았다'고 말할 상황

**함흥본궁송도. 성 베네딕도회 왜관수도원.**

함흥은 태조 이성계가 성장기를 보내 애정을 가졌던 곳이다. 그래서 태종은 이성계를 지금의 건원릉에 묻으며 함흥의 흙과 억새를 가져다가 그 위에 심었다고 한다. 그림은 정선의 작품으로 이성계가 손수 고향집에 심었다는 소나무를 그렸다.

은 아니었다.

'함흥차사(咸興差使)'라는 말도 이성계 때문에 생겨났다. '차사(差使)'란 임금이 특정한 임무를 주어 파견하던 사신을 뜻한다. 국어사전은 함흥차사에 대해 "심부름꾼이 가서 소식이 없거나 회답이 더딜 때의 비유"라면서, 그 유래에 대해 "태조가 선위하고 함흥에 가 있을 때 그 아들 태종이 보낸 사신을 잡아두기도 하고, 혹은 죽이기도 하여 돌려보내지 아니한 옛 일에서 나온 말"(한글학회,《큰 사전》)이라고 설명한다. 지금도 어딘가에 갔다가 오지 않는 사람을 뜻하는 말로 사용되고 있다. 함흥차사는 박순(朴淳)과 관련된 이야기인데, 조선 후기 민정중(閔鼎重)은 박순과 함흥차사에 대해 이렇게 썼다.

당시에 (태조에게 간) 문안사(問安使) 중 한 사람도 돌아온 자가 없었다. 태종이 여러 신하들에게 물었다.

"누가 갈 수 있겠는가?"

응하는 사람이 없었으나, 판승추부사(判承樞府事) 박순이 가겠다고 자청했다. 갈 때 하인도 부리지 않고 홀로 새끼 딸린 어미 말을 타고 함흥에 들어가서, 행재소를 바라보고 일부러 새끼 말을 나무에 매어놓고 어미 말을 타고 나아가니, 새끼 말과 어미 말이 머뭇거리며 뒤돌아보고 서로 부르고 울면서 나아가려 하지 않았다. 태조가 이를 괴이하게 여겨 까닭을 물었다. 박순은 이렇게 답했다.

"새끼 말이 길 가는데 방해가 되어 매어놓았더니, 어미와 새끼가 서로 떨어지는 것을 참지 못합니다. 비록 미물이라 하더라도 지극한 정이 있는 것입니다."

이렇게 비유하여 설명하자, 태조가 척연(慼然)히 슬퍼하고 잠저에 있을 때 사귄 옛 친구로서 머물러 있게 하고 보내지 않았다.

하루는 태조가 박순과 장기를 두는데 마침 쥐가 새끼를 안고 지붕 모퉁이에서 떨어져 죽게 되었는데도 서로 떨어지지 않았다. 박순이 장기판을 제쳐놓고 엎드려 눈물을 흘리며 더욱 간절하게 아뢰니, 태조가 마침내 한양으로 돌아갈 것을 허락하였다.

박순이 명을 받은 후 곧 떠났는데 행재소의 여러 신하들이 힘써 죽일 것을 청하였다. 태조는 그가 용흥강을 이미 건너갔으리라 생각하고 신하에게 칼을 주면서 일렀다.

"만약 이미 강을 건넜거든 쫓지 마라."

박순은 병이 나 중도에 멈췄다가 겨우 강에 이르러 배에 오른 터라 강을 건너지 못했다. 신하들은 그의 허리를 베었다. (이와 관련, '반은 강 속에 있고 반은 배 속에 있다'라는 시가 있다.) 태조가 크게 놀라 애석해하며 일렀다.

"박순은 좋은 친구다. 내가 전에 한 말을 저버리지 않으리라."

드디어 남쪽으로 돌아가기로 결정한 것이다.

태종은 박순의 죽음에 대해 듣고 곧 그의 공을 기록하고 벼슬을 증직하였으며, 또 화공에게 명하여 그의 반신을 그려서 그 사실을 나타냈다. 그의 부인 임씨는 부고를 듣고 스스로 목을 매어 죽었다. 《노봉집 시장(老峯集諡狀)》

박순이 동북면에 갔다가 죽은 것은 사실이다. 그런데 민정중의 《노봉집 시장》은 가장 중요한 이야기를 빼놓았다. 바로 조사의의 난 이야기다. 《태종실록》은 박순이 조사의의 난 때문에 죽었다고 설명한다.

상호군(上護軍) 박순을 동북면에 보냈는데, 저쪽 군중(軍中)에서 피살되었
다. 박순이 함주(咸州: 함흥)에 이르러 도순문사 박만(朴蔓)과 주군(州郡)의
수령들에게 "조사의를 따르지 마라"라고 말하다가 마침내 저쪽 군중에서
피살되었다. 《태종실록》 2년 11월 8일)

　　태종은 11월 5일 조사의의 거병 소식을 듣고 상호군 박순을 보냈
는데 조사의를 지지하는 도순문사 박만과 동북면 주군의 수령들에게
"조사의를 따르지 마라"라고 설득하다가 죽임을 당했다. 박순은 조사
의의 난이 발생한 함주에 가서 지방관들에게 조사의를 따르지 말라고
회유하다가 죽은 것이지, 함주에 있던 이성계에게 귀경하라고 설득하
다가 죽은 것이 아니다. 이는 그만큼 태종이 '조사의의 거병'에 대해
쉬쉬했다는 사실을 말해준다.

　　박만이 박순의 권유를 거부한 것 역시 태종에 대한 원망 때문이었
다. 박만은 정종 2년(1400) 1월 28일 발생한 경진난(2차 왕자의 난) 때 방
간에게 동조한 무장이다. 경진난 후 태종은 방간 측에 가담한 여러 장
수를 처벌했는데, 박포는 공신이어서 일단 극형을 면제받았다. 박포
는 관직과 가산을 빼앗고 장 100대에 처한 뒤 청해로 귀양 보내고 자
식들은 감옥에 가뒀다. 반면 전 소윤(少尹) 민원공(閔原功)은 큰 말을 했
다면서 목을 벴는데, 큰 말이란 아마도 종사를 태종이 맡아서는 안 된
다는 말이었을 것이다. 그 외에 검교 참찬문하부사 최용소(崔龍蘇), 중
추원사 이침, 호군 원윤(元胤), 박인길 등 많은 장수들이 곤장을 맞고
쫓겨나거나 지방으로 귀양 갔다. 박만도 이때 박포와 함께 주모자로
분류되어 도진무(都鎭撫) 최용소와 조전절제사(助戰節制使) 이옥(李沃),

장담(張湛) 등과 함께 변방 고을로 유배되었다.

## 화가위국의 업보

그러나 박만은 곧 복귀되었다. 동북면의 정세가 심상치 않았기 때문이다. 태종 2년(1402) 4월 6일, 의정부에서 아뢰었다.

"동북면은 우리나라의 요충지입니다. 지금 요동의 도망한 군사들이 강계 땅에 많이 들어와 있으니 장상(將相) 중에서 지혜와 용맹이 있는 사람을 보내 진압하여 변방을 견고하게 제어하소서."

'요동의 도망한 군사들'이란 명나라 내전을 피해 조선으로 온 군사들을 뜻한다. 이중에는 명나라에서 살던 조선인이 많이 포함되어 있었다. 이들 때문에 변방이 시끄러워지자 태종은 박만을 동북면 도순문사로 임명하고 말과 갑옷과 검을 내려주면서 동북면으로 보냈다. 그런데 동북면으로 가던 박만이 소요산에 들러 태상왕 이성계를 알현했다. 이성계가 박만에게 권했다.

"동북면 사람들은 모두 내 형제다. 지난번에 순문사(巡問使) 윤사덕이 침요(侵擾: 침범해서 소요하게 함)가 심했다. 경이 편안하게 어루만져 주면 좋겠다."

박만이 머리를 조아리며 사례했다.

"신이 마땅히 마음을 다하겠습니다."

박만의 대답에 태상왕이 웃었다. 《태종실록》에 의하면 이때 박만이 울면서 태상왕에게 "모두가 전하의 환궁을 바라고 있는데, 전하께서는 왜 빨리 환궁하지 않으십니까?"라고 권하자, 이성계가 "옳다. 내 장차 돌아가겠다"라고 답했다. 그러나 박만의 권유나 이성계의 답변은 모두 방원의 간자(間者)가 낱낱이 듣고 태종에게 보고할 것을 예상하고 나눈 위장 대화였을 것이다. 박만은 태종에게 큰 반감을 갖고 있는 장수였고, 이성계는 물론 그 사실을 잘 알고 있었다. 박만이 동북면 도순무사가 된 것은 이성계에게 호재였다.

이성계가 물러난 후 태상왕 이성계를 모시는 부서는 승녕부(承寧府)였다. 박만이 동북면으로 간 후 이성계는 태상왕부인 승녕부 당상관 정용수(鄭龍壽), 신효창(申孝昌)을 데리고 동북면으로 올라갔다.

안변부사 조사의에 동북면 도순무사 박만까지 가세했다면 보통 일이 아니었다. 무엇보다 동북면은 이성계의 세력 본거지였다. 이성계는 동북면 사람들을 형제자매처럼 생각했다. 100년도 훨씬 전 이안사가 전주에서 이주할 때부터 함께했던 사람들이었다. 이성계가 그런 동북면으로 가서 조사의와 합세했는데, 박만까지 가세했다면 보통 사태가 아니었다.

방원은 큰 위기감을 느꼈다. 그래서 동북면뿐만 아니라 전국의 군사 지휘 체계를 시급하게 바로잡았다. 태종은 조사의가 거병한 직후인 재위 2년(1402) 11월 12일, 측근인 조영무를 동북면·강원·충청·경상·전라도 도통사로 삼아 전국의 병권을 장악하게 했다. 그리고 이빈(李彬)은 서북면 도절제사로 삼고, 이천우는 서북면 안주도(安州道: 평안도) 도절제사로 삼고, 유양(柳亮)은 풍해도(豊海道: 황해도) 도절제사로 삼았다. 자칫 다른 지방에서 이성계에게 동조하는 군사가 일어난다면 사태가 걷잡을 수 없게 될 것이기 때문이었다. 태종은 박만을 대신해서 김영렬(金英烈)을 동북면 강원도 도안무사(江原道都安撫使)로 삼았다. 김영렬은 지삼군부사(知三軍府事)로 있을 때 2차 왕자의 난이 일어나자 방원 측에 적극 가담해 익대좌명공신 3등에 책록된 공신이다. 태종은 같은 날 이천우와 유양에게 갑옷과 활을 내려주고, 이빈에게는 말과 활, 가죽 털옷을 내려주었다.

다음 날인 13일 조영무, 이천우, 김영렬, 이귀철 등이 동북면으로 출발했다. 15일에는 권충(權衷)을 경기좌우도 절제사로 삼아 경기도의 병마를 거느리고 김영렬을 돕게 했다. 또한 안평부원군(安平府院君) 이서와 승려 익륜(益倫)과 설오(雪悟)를 이성계에게 보내 태상왕을 달래게 했다. 이서는 개국 3등공신으로 영의정부사를 역임했는데, 이성계가 신임하던 신하였고, 익륜과 설오 역시 이성계가 공경하던 승려들이었다.

다음 날 상호군 김계지(金繼志)가 안변에서 돌아와 보고했다. 북방은 크게 혼란스러운 상황이었다. 김계지는 기병 아홉 명을 거느리고 회양에 갔다가 기병 열 명을 더 거느리고 철령 입구에 도착했다. 철령 입구에서 조사의 측 군사 두 명을 만나 목을 베었는데, 길에서 다시 김을보(金乙寶)를 만났다. 김을보는 여러 고을을 돌면서 군량과 말먹이를 감독했는데, 조사의 측 사람이었다. 김계지는 김을보의 머리를 베어 매달고 안변에 이르렀는데 엄인평(嚴仁平)이 군사를 모집하고 있었다. 김계지는 엄인평의 목도 베어 관문에 매달고 말을 달려 돌아왔다.

11월 17일에는 화성(火星)이 저성(氐星)으로 들어갔는데, 이때의 점사는 "내란이 벌어지리라. 후궁에서 화재가 발생하리라"라는 것이었다. 화성이 역행해서 저성에 들어갈 경우, "궁중에서 반란을 꾸미리라"라는 점사도 있었다. 급해진 태종은 처남 민무질과 신극례에게 군사를 주어 동북면으로 보냈다.

북방이 술렁이는 가운데 천변도 불리했고, 실제 전황도 태종에게 불리하게 흘러갔다. 18일 태종은 직접 병조에 나가 전황을 총괄했다. 그만큼 위기감이 컸던 것이다. 이성계는 18일 서북면의 옛 맹주로 향했다. 동북면에 이어 서북면 고을들까지 끌어들이려는 의도였다.

태종은 다급해졌다. 그래서 이성계의 이복형 이원계(李元桂)의 둘째 아들 이천우에게 날랜 기병 100여 기를 주어 옛 맹주로 보냈다. 그러나 이성계는 이를 모두 예상하고 있었다. 이성계와 조사의는 미리 군사를 매복시켜놓았다가 100여 기의 기병을 모두 사로잡았다. 20일에는 이천우와 조사의의 군대가 옛 맹주의 애전에서 맞붙었는데, 이천우의 군대가 패했다. 이천우는 포위당했다가 아들 이밀(李密) 등 10여 기와 함께 겨우 포위망을 뚫고 나올 수 있었다.

이성계는 자신감이 생겼다. 태종은 아직 자신의 상대가 아니라는 생각이 들었다. 다급해진 태종은 21일 직접 도성에서 출발해 금교역 북교까지 올라갔다. 그사이 도성은 민제와 성석린 등에게 지키게 했다. 같은 날 조영무, 김영렬, 신극례 등이 군사를 이끌고 철령으로 향했다. 게다가 다음 날에는 지진까지 발생했다.

태종은 11월 24일 상호군 김계지를 서북면 병마사로 삼아 진압하게 했다. 조사의의 군대는 덕주에 진을 치고 있었고, 태종 측 이천우의 군사는 자성, 이빈의 군사는 강동에 진 치고 대립하고 있었다. 방원은 이성계에게 보낸 전 영의정부사 이서와 승려 설오 등에게 큰 기대를 걸었는데, 이들은 철령까지 갔다가 길이 막혀서 되돌아왔다. 이성계를 만나 설득할 상황이 이미 아니었다.

25일에는 지은주사(知殷州事) 송전(宋典)이 도망쳐 와서 보고했다.

"이천우는 싸움에 패했고, 저도 저쪽 군사에게 잡혔다가 도망쳤습니다. 도진무 임순례(任純禮)가 신에게 군량을 나누어주게 하면서, '(조사의의)군사 수가 6000~7000명은 되는데, 올량합(兀良哈)이 오면 족히 1만 명은 될 것이다'라고 말했습니다."

여진족 올량합까지 가세하면 사태는 걷잡을 수 없게 될 것이 분명했다. 그러나 송전의 말 중에 위안이 되는 것도 있었다.

"도망해 오면서 보니 조사의의 군사 중 40명, 30명, 20명씩 떼 지어 도망하는 자가 많았습니다."

조사의의 군대도 사기는 높지 않았던 것이다. 태종은 이거이, 이숙번, 민무질, 곽충보(郭忠輔) 등 무장들을 총동원해 군사를 거느리고 출발하게 하였다. 드디어 새 왕조의 운명을 건 대회전이 전개될 참이었다. 양측 군사가 크게 충돌한 것은 27일이다. 조사의의 군대는 안주에 이르러 살수 가에 주둔했다. 이때 관군 측의 김천우(金天祐)가 체포되었는데, 조사의 측에서 관군의 숫자를 묻자 이렇게 대답했다.

"조영무가 동북면으로 향하고 있고, 이천우·이빈·김영렬·최운해(崔雲海) 등은 맹주에 이르렀고, 또 황주와 봉주 사이에서 군사 4만여 명이 나왔는데, 여러 공께서 어떻게 이를 당하려 하시오?"

조사의의 군사들이 이 말을 듣고 두려워서 얼굴빛이 변했다. 김천우의 말은 조사의 군대의 약점을 찔렀다. 방원 측은 지방의 군사를 통해 군대를 계속 증원할 수 있었다. 반면 조사의 측은 여진족 올량합 외에 후원할 군사가 없었다. 시간이 흐를수록 조사의 측이 불리해지는 구도였다.

결국 조사의 측의 군사 조화(趙和)가 밤중에 군막에 불을 지르고 크게 소리쳤다. 관군의 기습으로 오인한 조사의의 군사들은 놀라서 사방으로 흩어졌다. 밤중에 살수를 건너다가 얼음이 꺼져서 죽은 자도 수백여 명에 달했다. 이로써 조사의의 주력군은 무너졌다.

이 사건은 태종에게 큰 충격과 상처를 주었다. 병석의 아버지에게 칼을 들이댄 업보가 여기까지 이른 것이다. 겨우 한숨 돌린 태종은 내관 노희봉을 태상왕의 행재소에 보내 문안하고, 다시 이서와 승려 설오를 보내 이성계를 위문했다. 조사의는 아들 조홍(趙洪)과 50여 기를 거느리고 안변으로 되돌아왔다가 김영렬에게 포위당해 체포되고 말았다. 조사의 부자가 12월 7일 한양으로 압송되어 순위부에 갇히는 것으로 조사의의 거병은 마무리되었다.

태종은 안변 대도호부는 현으로, 영흥부는 군으로 강등시켰다. 이 사건은 12월 18일 조사의·조홍 부자와 강현·홍순·김자량·박양·이자분·김승·임서균·문중첨·한정 등 가담자들을 모두 사형에 처하는 것으로 끝났다.

태종은 이듬해인 재위 3년(1403) 1월 1일, 비로소 마음을 놓고 새해 축하 잔치를 베풀 수 있었다. 숙부인 이화와 상락부원군 김사형, 우정승 이무가 새해를 축하하는 수주(壽酒)를 올리자 태종은 용상에서 내려와 잔을 받았다. 태종은 안우세에게 이화와 짝하여 춤을 추게 하고, 최저(崔沮)에게 좌사(左使) 이빈과 짝하여 춤을 추게 했다. 태종은 안우세와 최저에게 일렀다.

"너희들은 절개를 지킨 신하들이다. 내가 종실(왕실)과 대신이 짝해서 춤을 추게 한 것은 총애가 다르기 때문이다."

태종은 안우세와 최저에게 옷을 두 벌씩 내려주었는데, 둘은 조사의의 거병에 가담하지 않고 도망해 온 인물이다. 태종이 말했다.

"오늘 내가 경들과 여러 신하들과 잔치를 열어 함께 즐기는 것은 황음의 즐거움을 누리려는 것이 아니다. 며칠 전만 해도 사직의 안위가 터럭도 용납할 틈이 없었는데, 지금은 태상왕께서 탈 없이 돌아오셨고 종사가 다시 편안해졌다. 오늘 즐거운 것이 어찌 우연이겠는가?"

태종은 조사의의 거병을 이성계와 무관한 것으로 규정하려 했다. 그래서 '태상왕께서 탈 없이 돌아오셨다'고 말한 것이다.

이성계가 조사의 측에 가담했다는 사실은 모두 알고 있었다. 태상왕을 모시는 관서인 승녕부의 당상관 정용수, 신효창이 이성계를 모시고 동북면으로 가서 조사의 측에 가담했다는 사실을 모르는 사람은 없었다.

여진족 오도리(吳都里) 일파도 조사의 측에 가담했는데, 조사의가 패전한 후 그들은 관군의 추격이 두려워 산속에 숨어 나오지 않았다. 이전에는 1월 1일의 정조(正朝) 조회 때 오도리 측 사람들이 궁궐에 와서 하례했다. 태조 7년(1398) 정조 때는 여러 지방의 군민관이 지방의 특산물인 방물(方物)을 바쳤는데 이때 여진족 오도리, 오랑합(吳郎哈) 만호(萬戶)도 방물을 바쳤다. 뿐만 아니라 일본국 사자(使者)와 대마도, 일기도, 패가대도 등 조선의 영향권 내에 있는 세 섬의 사인(使人)들도 참석해서 신년을 하례했다.

그러나 태종 3년의 정조 때는 오도리 등 여진족이 참석하지 않았다. 그래서 찰리사(察理使) 조온이 사람을 시켜서 말을 전하게 했다.

"국가가 이미 평정되었는데, 왜 일찍 조회하지 않았는가?"

이 말을 듣고야 오도리 만호가 조정에 다시 조회했다. 자칫 보복을 당할까 두려웠던 것이다. 이렇게 조사의의 거병은 실패로 끝났지만 그 여파가 심상치 않았다. 무엇보다도 이성계가 여전히 태종에게 적대적이라는 사실이 분명히 드러났다. 개국시조가 태종을 임금으로 여기지 않고 있다는 사실이 명백해진 것이다.

이성계로선 무인난에 이어 다시 한 번 아들 방원에게 패배한 셈이었다. 독실한 불교신자였던 이성계는 화가위국 자체에 회의가 들었다. 새 왕조를 개창하지 않았더라면 고려의 국가 원로 대접을 받으면서 막내 방석이 낳은 귀여운 손주의 재롱을 보며 행복한 만년을 보낼수 있었을 것이다. 새 왕조를 개창하지 않았더라면 자식이 자신에게 칼을 들이댈 이유도 없었을 것이다. 사가(私家)를 왕가(王家)로 만든 업보는 혹독했다.

게다가 그 업보는 자신만의 것이 아니었다. 태종 이방원의 운명도 마찬가지였다. 처가에서 왕권을 나눌 것을 요구하고 나섰기 때문이다. 이처럼 왕가의 권력은 인륜의 위에서 결정되는 것이었다. 태조 이성계는 이것을 미처 몰랐다.

# 제가와 치국

나를 잊음이 어찌 여기에 이르셨습니까?

태종 2년(1402) 3월 7일, 태종은 기분이 조금 들떠 있었다. 성균 악
정(成均樂正) 권홍(權弘)의 딸을 후궁으로 맞이하는 날이었기 때문이다.
표면적인 이유는 '어진 행위가 있다'는 것이었지만 권씨는 용모도 출
중했다. 태종은 이날의 행사를 공개적으로, 법도에 따라 할 생각이었
다. 국왕은 합법적으로 후궁을 둘 수 있었다. 그래서 태종은 혼인을 주
관하는 가례색까지 설치했다. 그러나 일정은 예정대로 진행되지 않았
다. 정비(靜妃: 원경왕후) 민씨가 태종의 옷을 잡으며 항의했기 때문이다.
　"제가 상감과 어려움과 화란(禍亂)을 함께 겪어 국가를 차지했는데,
이제 나를 잊음이 어찌 여기에 이르셨습니까?"

태종은 당황했다. 왕비가 왕실의 법도를 어기고 무작정 반발할 줄은 예상치 못했기 때문이다. 태종은 가례색을 파하도록 명하고 환관과 궁녀에게 권씨를 별궁(別宮)으로 맞아들이게 시켰다. 가례색을 파했지만, 왕비 민씨는 울음을 그치지 않았고 음식도 들지 않았다. 정비는 정비대로 마음의 병을 얻었지만 태종도 태종대로 "며칠 동안 정사를 보지 않았다"고《태종실록》에서 기록할 정도로 큰 상처를 받았다.

정비, 원경왕후 민씨(1365~1420)는 태종 이방원(1367~1422)보다 두 살 연상이다. 여흥부원군(驪興府院君) 민제의 딸로, 여흥 민씨다. 우왕 8년(1382) 열여덟의 나이로 열여섯의 이방원에게 출가하면서 그야말로 애증이 교차하는 혼인 생활이 시작되었다. 민씨 소녀는 방원과 혼인하던 때까지만 해도 남편이 임금이 될 것이라고는 꿈도 꾸지 않았다. 그러나 시아버지 이성계가 사가를 왕가로 만드는 화가위국의 기적을 실현하면서 상황이 달라졌다.

민씨 소녀는 태조 이성계가 조선을 개창한 1392년 정녕옹주(靖寧翁主)에 봉해졌고 비로소 왕가의 일원이 되었다. 민씨는 이성계가 새 나라를 개창하는 현장을 똑똑히 목격했다. 그리고 그 과정에서 세상은 고정되어 있는 것이 아니라 인간의 의지로 바꿀 수 있는 생물이라는 사실을 깨달았다. 그래서 남편에게 거사를 종용했고, 방원은 임금이 되었다. 자신이 왕비가 된 것은 남편이 준 선물이 아니라 자신이 만든 결과라고 생각했다. 그러나 현실은 달랐다. 남편이 즉위했다고 아내가 자동으로 왕비가 되는 게 아니었다. 비록 형식적이었지만 왕비로 책봉받는 절차를 따로 밟아야 했다.

태종은 정종 2년(1400) 11월 11일 임금으로 즉위했고, 이듬해인 재위 1년(1401) 1월 10일 부인 민씨를 정비(靜妃)로 책봉했다. 태종은 관포(冠袍)를 입고 정전(正殿)에 나가 참찬문하부사 권근에게 책문(册文)과 옥새를 민씨에게 전하게 했다. 책문은 "왕화(王化: 임금의 교화)의 기초는 반드시 규문(閨門: 부녀가 거처하는 안방)이 바른 데서 시작하고, 종사(宗祀)의 계통은 실로 배필(配匹)의 존귀(尊貴)에 관계된다"라는 문구로 시작된다. 그런데 다른 왕비의 책문에서는 볼 수 없는 구절이 들어가 있었다.

> 아! 너 정빈 민씨는… 능히 계책을 결단하여 갑옷을 끌어서(提甲) 종사의 공을 도와 이루게 했도다. 비도(丕圖: 큰 계획)를 잇게 된 것 또한 내조(內助)에 많이 힘입었다. 조강(糟糠: 가난한 집안이 먹는 지게미와 쌀겨)의 옛정을 잊지 못하여 유적(褕翟: 왕비의 옷 장식)의 의식(儀式)으로 높여 중용한다.

제갑(提甲)은 갑옷을 들어다 입힌다는 뜻으로, 고려 태조 왕건의 고사에 나오는 말이다. 후삼국 말 궁예의 부하였던 홍유(洪儒), 배현경(裴玄慶), 신숭겸(申崇謙), 복지겸(卜智謙) 등이 왕건을 임금으로 추대하려 하자 왕건이 굳게 거절하면서 받아들이지 않았다. 그때 부인 유씨가 손수 갑옷을 들고 와 왕건에게 입히자 여러 장수들이 옹위하고 나와 "왕공(王公: 왕건)께서 의로운 깃발을 드셨다!"라고 외치자 수많은 사람들이 달려와 붙었다는 이야기다. 그래서 제갑은 부인이 남편의 거사를 종용하면서 돕는 것을 뜻하는 말이 되었다. 훗날 태종은《고려사(高麗史)》를 보다가 세종에게 이렇게 말했다.

"너의 모후의 공이 유씨의 제갑에 비기면 더욱 무겁다."

왕건의 부인 유씨보다 민씨의 공이 더 크다는 뜻이다. 이것은 태종 이방원의 본심이었다. 그래서 왕비에게 내리는 책문에서 "갑옷을 끌어서 종사의 공을 도와 이루게 했다"면서 "조강의 옛정"을 잊지 못해서 "유적의 의식"으로 높여 중용한다고 말한 것이다. '유적'은 꿩(翟)으로 장식한 왕후의 옷(褕)으로, 왕후를 가리키는 말이다. 이 책문은 역대 왕비를 책봉하는 책문 중에서 최고의 극찬으로 구성되었다 해도 과언이 아니다.

민씨를 왕비로 책봉한 이날, 태종도 민씨만큼 즐거웠다. 그는 종친과 더불어 궁궐의 양청(涼廳)에서 잔치를 벌이고 즐겼다. 민씨 또한 종실과 내명부 여성들과 중궁에서 잔치를 벌였다. 19년 전 치른 혼인식을 다시 치르는 듯한 행사였다. 그때의 열여덟 소녀는 서른일곱의 중년이 되고 열여섯 소년 역시 서른다섯의 중년이 되었다. 그리고 그 당시에는 꿈도 꾸지 못했던 왕비와 왕이 되어 옛날을 회상하며 더없이 즐겼다.

그런데 왕비 민씨가 간과한 것이 있었다. 책문은 민씨에 대해 "너 정빈 민씨"라고 하대했으며, 이날의 《태종실록》 또한 민씨를 "비자(妃子)"라고 지칭했다는 점이다. 아들 자(子) 자는 신하를 뜻하는 글자다. 민씨는 이 점을 간과했다. 쉽게 말해, 책문은 민씨를 신하로 바라본 것이다.

그러나 민씨는 자신을 남편의 신하라고 생각하지 않았다. 군신 관계라고 생각하지 않고 공동 왕위라고 생각했다. 이런 이유로 태종과 자주 부딪쳤다. 태종이 재위 1년(1401) 6월 18일 정비전(靜妃殿)의 시녀와 환관 20여 명을 궐 밖으로 내쫓은 것도 민씨와 관련 있다. 태종이 궁인들을 가까이 하자 민씨는 정비전의 시녀와 환관들에게 태종이 가까이 지낸 궁인들을 찾아내게 했다. 이 소식을 들은 태종은 화를 내면서 정비전의 시녀와 환관들을 내쫓았다.

왕가가 아닌 사가라면 공동 왕위라고 생각하는 것도 잘못된 생각이 아닐 것이다. 혼인할 당시만 해도 전주 이씨는 여흥 민씨보다 기우는 가문이었다. 고려 왕조에서 명가라고 자부하려면 충선왕이 복위년(1308) 11월 교서에서 발표한 재상지종(宰相之宗) 15가문에 들어야 했다. 재상지종이란 여러 대에 걸쳐 재상을 배출한 가문을 뜻하는데, 이들 가문에 들어야 고려 왕실과 혼인할 수 있었다.

그런데 이는 충선왕의 뜻이 아니라 원 세조 쿠빌라이의 명령이었다. 원 세조는 고려 왕실과 지배층이 같은 성씨끼리 혼인하는 것을 비난하면서 앞으로 "종친(왕실)이 동성과 혼인하는 경우, 성지(聖旨:황제의 명령)를 위반한 것으로 논하겠다"고 선포하고 고려 왕실과 혼인할 수 있는 15가문을 직접 거명했다. 따라서 재상지종은 원나라 왕실에서도 인정하는 고려의 최고 명가를 뜻했다. 구체적으로는 신라 왕실인 경주 김씨와 고려 국왕들의 외척인 언양 김씨, 정안 임씨, 경원 이씨, 안산 김씨 등 왕비족과 철원 최씨, 해주 최씨, 공암 허씨, 평강 채씨, 청주 이씨, 당성(남양) 홍씨, 황려(여흥) 민씨, 황천 조씨, 파평 윤씨, 평양 조씨 등을 가리켰다. 충선왕은 이 15가문을 거명하면서 이 가문의 "남자는 종실(왕실)의 딸과 혼인할 수 있고, 여자는 종실의 아내가 될 수 있다"고 말했다. 재상지종 15가문에 들었던 민씨 소녀는 고려 왕실과도 혼인할 수 있는 가문으로, 원나라에서도 인정한 명가였다. 민씨가 혼인한 우왕 8년(1382)까지만 해도, 전주의 호족이었다가 동북면에

100여 년 세거한 전주 이씨 가문과 여흥 민씨 가문은 한마디로 급이 달랐다. 게다가 이성계가 개국군주가 됨으로써 왕가가 되었지만 아들인 방원은 세자가 되지 못했다. 태종이 제갑의 공을 인정한 것처럼 민씨는 방원을 왕으로 만든 1등공신이었다.

이복동생인 막내 방석이 이성계의 후계자가 된 상황에서 무인난(1차 왕자의 난)을 기획한 인물은 민씨와 친정 동생 민무질이었다. 《태조실록》은 민무질과 상의한 부인 민씨가 종 김소근을 급히 궁으로 보내 방원을 불렀고, "셋이 비밀리에 한참 이야기"한 후 거사에 나섰다고 했다. 환수령이 내려진 뒤에도 무기를 몰래 감추어두었다가 내놓은 인물도 부인 민씨였다.

정종 2년(1400) 발생한 경진난(2차 왕자의 난)에 대해서도 《정종실록》은 이렇게 말한다.

부인이 곧 갑옷을 꺼내 입히고 단의(單衣)를 더하고, 대의에 의거하여 군사를 움직이게 권했다.

1 · 2차 왕자의 난 모두 민씨가 거사를 종용했고, 처남 민무구 · 무질이 선봉에 서서 칼을 휘둘렀다. 민씨의 두 동생은 모두 공신에 책봉되었다. 이방원의 왕위는 부인 민씨와 민씨의 친정이 없었다면 존재할 수 없었을 것이다. 원경왕후 민씨는 《용비어천가》와 종묘와 영녕전에 제사를 지낼 때 연주하던 악장 가사에도 나올 정도로 대접을 받았다. 《용비어천가》 98장의 앞부분은 전진(前秦)의 임금 부견(符堅)의 이야기고, 다음에 살펴볼 뒷부분은 1차 왕자의 난 이야기다.

임금 말 아니 듣자와

적자께 무례할 새

서울 빈 길에 군마 뵈었나이다.

《용비어천가》는 이 대목에 대해 이렇게 설명한다.

태종께서 영중(營中)의 군기(軍器)를 모두 불사르시었더니, 변란이 일어나
매일이 창졸간이므로 태종께서 영추문에 나시어 오로지 원경왕후가 마련
해두신 병장기를 쓰셨다. 다른 왕자들도 필마촌병(匹馬寸兵: 한 필의 말과 약
간의 무기)을 얻지 못했으므로 모두 왕후의 힘을 입었다.

무인난은 원경왕후 덕분에 이길 수 있었다는 이야기다. 원경왕후를
기리는 악장의 제목은 '정명(貞明)'인데 세종 때 회례악(會禮樂)으로 창
작된 보태평지악(保太平之樂) 중 아홉 번째 곡이다.

단아하고 공경스러운 성모께서

성고의 배필이 되셨도다

난리를 이겨내서 안정시키실 때

도우신 계책 실로 훌륭하도다

거룩하고 곧고 밝으심이여

무궁히 인도하고 도와주소서

《용비어천가》와 종묘 제례악의 악장에까지 민씨가 등장한 것은 비록 세종이 어머니를 기리는 뜻이 반영된 결과라 해도 태종이 즉위하는 데 민씨가 결정적 공을 세웠기 때문이라는 것은 두말할 것 없다. 민씨와 그 동생들이 태종의 왕위를 공동 왕위로 여긴 것도 어쩌면 당연한 일이었다. 그런데 민씨의 친정어머니 송씨가 딸을 부추기며 이렇게 말했다.

"궁빈(宮嬪)이 너무 많아지는 것이 점점 두렵다."

왕조 국가의 왕비에게 후궁은 질투의 대상이 아니라 관리의 대상인데 왕비 민씨나 어머니 송씨는 후궁을 관리의 대상이 아니라 질투의 대상으로 보았다. 왕조 국가의 국왕은 사가의 지아비와 다르다는 사실을 간과한 것이다.

태종은 왕비 민씨의 내조를 고마워했지만 그렇다고 해서 후궁을 둘 권리까지 포기할 생각은 전혀 없었다. 국왕이 왕비 외에 여러 후궁에게서 자식들을 낳는 것은 왕실을 튼튼히 하는 하나의 방편이라고 생각했기 때문이다. 그래서 태종은 민씨는 물론 여러 후궁에게 많은 자식을 낳게 했다. 민씨에게서 양녕대군 이제(李褆)를 비롯한 네 명의 아들과 정순공주(貞順公主)를 비롯한 네 딸을 두었을 뿐만 아니라, 아홉 명의 후궁에게서 여덟 명의 아들과 열세 명의 딸을 낳았다. 그러나 민씨는 아홉 명의 후궁은 물론 그녀들이 낳은 여덟 명의 아들과 열세 명의 딸을 왕실의 번성을 말해주는 증거가 아니라 자신을 버린 바람의 결과로만 보았다.

이는 국법에도 어긋나는 일이었다. 사가도 사대부의 경우 한 명의 처와 한 명의 첩을 두는 '1처 1첩'이 합법적이었던 것처럼, 임금이 여러 후궁을 두는 것 또한 국법으로 정해진 제도였다. 이는 조선의 법전인《경국대전(經國大典)》을 통해서도 알 수 있는 내용이다.

《경국대전》은 성종 16년(1485) 완성되었지만 이때 처음 만든 내용들은 아니었다. 조선은 건국 초부터 새 왕조의 법전을 만들었는데, 이때 모든 법을 새로 만든 것이 아니라 고려의 여러 법령과 관습 등을 수집해서 태조 6년(1397)《경제육전(經濟六典)》을 반포했다.《경제육전》은 지금 전해지지 않지만《경국대전》이 이·호·예·병·형·공(吏戶禮兵刑工)의 육전(六典) 체제로 되어 있는 것은《경제육전》의 체제를 그대로 따른 것이다. 육전은 이전(吏典)·호전(戶典)·예전(禮典)·병전(兵典)·형전(刑典)·공전(工典) 순서로 서술되어 있는데, 이 역시 막연하게 순서를 정한 것이 아니라 유학 사회에서 성인으로 떠받든 주나라 주공(周公)이 지었다는《주례(周禮)》의 순서를 따른 것이다. 이·호·예·병·형·공은 각각 천지춘하추동(天地春夏秋冬)에 대응하는데,《주례》의 첫 번째는 천관총재(天官冢宰)로, '하늘의 벼슬'이란 천관(天官)이란 표현을 쓴 것은 왕조 국가에서 벼슬은 하늘의 일을 대신하는 것이라는 철학을 반영한 것이다.《주례》의 천관(天官)은《경국대전》의 이전에 해당하는데, 여러 벼슬에 관한 사항을 정리한 것이다.

그런데《경국대전》의 이전 첫머리가 내명부(內命婦)와 외명부(外命婦)를 다루었다는 점은 의미심장하다. 명부(命婦)란 간단하게 말하면 여성 벼슬아치들이란 뜻이다. 내명부란 궁중에서 기거하는 여인들의 품계, 즉 벼슬을 정한 것이고, 외명부란 궁중에서 기거하지 않는 여인들, 즉 벼슬아치 부인들의 품계를 정한 것이다. 모든 후궁은 내명부에 소속된 여성 벼슬아치였다. 내명부는 크게 임금의 후궁들과 궁중에서 일하는 전문직 두 계선으로 나뉘는데, 후궁들은 정1품 빈(嬪)부터 종4품 숙원(淑媛)까지 벼슬이 주어졌다. 정1품 빈은 임금의 아들을 낳을 경우에 주로 제수되는 벼슬이고, 종4품 숙원은 임금의 총애를 받는 가장 낮은 직급의 후궁에게 주어지는 벼슬이다. 정5품 상궁 아래는 궁중에서 기거하는 전문직 궁녀였다.

국왕에게 품계가 없는 것처럼 왕비도 품계가 없었다. 정1품 빈부터 종4품 숙원까지 모든 후궁은 여성 벼슬아치로, 왕비에게 통솔과 관리의 대상이지 질투의 대상이 아니란 뜻이다. 이것이 국법으로 정한 왕비의 역할이었다.

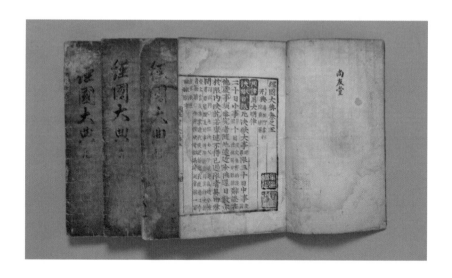

**경국대전. 서울역사박물관.**

경국대전은 고려 이래의 각종 법령과 관습법은 물론 중국법인 《대명률》을 참고해 만든 조선 최고의 법전이다. 태조 이래 정비를 계속하여 성종 때 완성되었다.

태종은 태조의 계비 신덕왕후 강씨를 극도로 증오했지만 후궁들을 통솔하는 일만큼은 원경왕후 민씨가 본받아야 한다고 생각했다. 태조 이성계는 신덕왕후 강씨와 그토록 사이가 좋았지만 여러 후궁을 두었고, 강씨는 성비 원씨, 정경궁주 유씨, 화의옹주 김씨 등 태조의 여러 후궁을 질투의 대상으로 여기지 않았다.

물론 한 명의 사람으로서 자신의 남편이 여러 여성과 관계하는 것을 지켜보는 것은 극도의 인내를 요구하는 일이지만, 그것이 왕가의 법도였고 왕비의 길이었다. 그러나 왕비 민씨는 이를 인정하지 않았다. 자신은 다른 왕비들과 다르다고 생각했다. 그래서 왕비 책문에 "너 정빈 민씨"라고 신하로 적시한 현실을 인정하지 않고 태종을 끊임없이 질투했다.

태종 즉위년(1400) 12월 19일의 《태종실록》은 이렇게 말한다.

(임금이) 중궁의 투기 때문에 경연청(經筵廳)에 나와서 10여 일 동안 거처하였다.

태종은 민씨의 투기에 분노했지만 한 달 후에 그녀를 정식으로 왕비로 책봉했다. '제갑의 공' 때문이었다. 태종은 민씨 덕분에 왕위에 오른 사실을 인정했다. 태종은 민씨를 왕비로 책봉하고, 그 친정이 국왕의 국구(國舅: 국왕의 장인) 집안이 되게 한 것으로 모든 공을 보상했다고 생각했다. 그러나 민씨의 투기는 그칠 줄 몰랐다.

태종은 이 문제를 법적으로 확실히 정리해야겠다고 마음먹었다. 태종은 권홍의 딸을 후궁으로 맞이하기 두 달 전쯤인 재위 2년(1402) 1

월 8일, 예조와 영춘추관사(領春秋館事) 하륜, 지춘추관사(知春秋館事) 권근 등에게 이 문제를 정리해서 보고하라는 명령을 내렸다. 유교 국가에서 이상으로 삼는 삼대(三代), 즉 고대 하·은·주나라 이하 역대 여러 왕조들에서 임금의 비빈 수를 어떻게 규정했으며, 또 고려 왕조에서는 비빈과 시녀들의 수를 어떻게 규정했는지 조사해서 보고하라는 명령이었다. 하륜, 권근 등이 역대 왕조에서 후궁들의 숫자를 어떻게 규정했는지 조사한 후 예조를 통해 보고하게 했다.

"신 등이 삼가 〈혼의(昏義)〉를 상고하니, '제후는 한 번에 아홉 여자에게 장가들고(一娶九女), 9녀(女)를 얻고, 한 나라에 장가들면 다른 두 나라에서 잉첩(媵妾)이 따라가는데, 모두 질(姪: 조카)이나 제(娣: 손아래 누이)의 신분으로 따른다. 경대부(卿大夫)는 한 명의 처와 두 명의 첩을 두며, 선비(士)는 한 명의 처와 한 명의 첩을 두는데, 이는 뒤를 잇는 자손을 넓히고 음란한 것을 막기 위한 것이다'라고 하였습니다."

〈혼의〉란《예기(禮記)》의 한 편명(篇名)으로 남녀의 혼인관계 제도에 대해 설명한 것이다. 제후가 한 번에 아홉 여자에게 장가간다는 말은 〈혼의〉가 아니라 공자가 쓴《춘추(春秋)》의 해설서인《춘추공양전(春秋公羊傳)》에 나오는 말이다.《춘추》의 장공(莊公) 19년 조에 "부인 강씨가 거(莒)나라로 가다"라는 말이 있는데, 이에 대한 설명으로 제후는 한 번에 아홉 명의 여자에게 장가들며, 한 나라에 장가들면 두 나라에서 여조카나 손아래 누이가 잉첩으로 따라온다는 이야기가 실려 있다.《예기》의 〈혼의〉에는 또한 "천자는 세 명의 부인(夫人)과 아홉 명의 빈(嬪)과 27명의 세부(世婦)와 81명의 어처(御妻)를 둔다"고 되어 있다. 즉, 황제는 황후 외에도 모두 120명의 후궁을 둘 수 있다는 내용이다.

예조는 태종에게 고려 때의 후궁 제도에 대해서도 설명했다.

"전조(前朝: 고려)의 제도는 혼례가 분명하지 못해서 적(嫡: 왕비)과 첩(妾: 후궁)에 대한 제도가 없어서 많을 때는 혹 정원을 넘어서 어지러웠고, 적을 때는 혹 정원에 미달하여 후사(後嗣)가 끊기기에 이르렀습니다."

고려에는 따로 후궁에 대한 제도가 없었다. 그래서 예조는 조선에서 새롭게 제도를 만들어야 한다고 건의했다.

"엎드려 바라기는 전하께서 선왕의 제도에 한결같이 의지해서 궁곤(宮壼: 궁중)의 법을 갖추시고, 경(卿)·대부(大夫)·사(士)에 이르러서도 법에 따라 제도를 정하셔서 후손이 끊기지도 않되, 정원도 넘지 못하게 하셔서 인륜의 근본을 바로잡으시어 절사(絶嗣)에 이르지 않게 하소서. 또 정수(定數)를 넘지 못하게 하여 인륜의 근본을 바르게 하시되 이를 어기는 자가 있으면, 헌사(憲司: 사헌부)로 하여금 규찰해서 다스리게 하소서."

하륜과 권근 등은 제후의 예에 의거해 아홉 명의 후궁을 둘 수 있다고 말했다. 이뿐만 아니라 경·대부·사의 경우도 몇 명의 첩을 둘 것인지 법제화해야 한다고 제안했다.

민씨가 비록 방원이 즉위하는데 공을 세웠고 왕비의 직위에 있지만 그 자신이 직접 국정에 관여할 수는 없었기 때문에 불리할 수밖에 없었다. 왕비에게 이 문제는 부부 사이의 문제를 뛰어넘는 권력의 문제였다. 그러나 민씨를 이를 받아들이지 않았다.

민씨의 투기가 계속되자 방원은 민씨의 폐위까지도 염두에 두게 되었다. 태종이 권홍의 딸을 들이려고 할 때 민씨가 "나를 잊음이 어찌 여기에 이르셨습니까?"라고 격렬하게 반응한 것은 이를 단순히 한 후궁을 들이는 문제라고 보지 않았기 때문이었다. 태종이 재위 2년 (1402) 1월 가례색을 설치했던 것이다. 가례색은 임금이나 왕세자 및 왕세손의 혼인을 위해 설치하는 임시관청이다. 가례색을 설치한 것이 꼭 민씨를 내쫓고 권씨를 왕비로 삼기 위한 것이라고 볼 수는 없지만, 그렇게 생각할 소지는 충분했다. 가례색의 책임자인 제조(提調)가 영 사평부사(領司平府事) 하륜과 정승 김사형·이무 등이었기 때문이다. 그래서 태종이 가례색을 설치한 것을 두고 민씨를 폐위하기 위한 것 이란 관측이 무성했다.

이 무렵 하륜과 민씨의 아버지 여흥부원군 민제 사이가 급격하게 나빠진 것도 이 때문이었다. 《태종실록》은 민제가 아들 민무구·무질 등에게 이렇게 말했다고 전한다.

"나라 사람들이 하륜을 정도전에 비유한다. 사람들이 하륜을 이렇 게 꺼려하니 머지않아 그가 환란을 당하는 것을 보게 될 것이다."

민제가 하륜을 비난한 가장 큰 이유는 하륜이 태종의 명을 빙자해 자신의 집안을 약화시키려 하는 것으로 보았기 때문이다. 하륜이 가 례색 제조가 된 것을 민씨 폐위의 전조로 여겼던 것이다. 태종이 명하 고 하륜과 김사형, 이무 같은 정승이자 공신들이 책임을 맡고 있는 가 례색을 막을 수 있는 사람은 없어 보였다. 이때 뜻밖에도 상왕 정종이 나섰다.

정종은 태종 2년(1402) 2월 11일, 사람을 보내 태종에게 말했다.

"왕은 왜 다시 장가들려고 하는가? 내 비록 아들이 없어도 어릴 때 의 정 때문에 차마 다시 장가들지 않았는데, 하물며 왕은 아들도 많지 않은가?"

정종이 말한 아들이란 적실(嫡室: 본부인)이 낳은 적자를 뜻한다. 정종은 부인 정안왕후 김씨가 아들을 낳지 못했어도 어릴 때의 정 때문에 함께 살고 있는데, 원경왕후 민씨는 아들을 넷이나 낳았는데 왜 폐하고 새장가를 들려고 하느냐는 꾸짖음이었다. 정종이 태종의 일에 간섭하는 경우는 극히 드물었다. 정종이 태종을 꾸짖고 나선 것은 가례색 설치가 왕비 폐위의 전단계 조치라고 보았기 때문이다. 측근 중 측근인 이숙번, 박석명 등이 가례색을 폐하라고 주청한 것 역시 같은 이유였다. 이숙번은 1·2차 왕자의 난 때 모두 활을 들고 최전선에서 앞장서서 싸운 태종의 오른팔 같은 측근 무장이다. 박석명 또한 일찍이 태종이 장차 왕이 될 것을 예언해서 총애를 받았던 인물이다.

성현의《용재총화》에는 박석명이 어릴 때 정종과 한 이불에서 잔 이야기가 나온다. 그날 밤 박석명은 황룡이 자기 곁에 있는 꿈을 꾸었는데, 깨어서 돌아보니 어린 태종이 곁에 있었다는 것이다. 이 이야기를 들은 태종은 이를 기이하게 여겨서 그와 더욱 친밀히 지냈고, 즉위한 후 10년 동안 지신사(知申事: 도승지)를 시킬 정도로 총애가 두터워 근대의 신하 중 비교할 자가 없다고 했다.

이렇듯 상왕이 반대하고 이숙번, 박석명 같은 측근들도 반대하자 태종은 민씨 폐위 기도를 중지했다. 정종과 이숙번, 박석명 등의 개입으로 가례색을 파했지만 태종이 권홍의 딸을 후궁으로 들이려는 기도까지 중지한 것은 아니었다. 민씨는 후궁 권씨가 입궐하면 자칫 자신이 폐위될지도 모른다는 두려움에 휩싸였다. 그래서 "이제 나를 잊음이 어찌 여기에 이르셨습니까?"라고 울부짖었던 것이다.

그러나 이는 울부짖는다고 해결될 일이 아니었다. 왕가의 법도 안에서 자기 자리를 확보하는 것이 자신도 살고 친정도 사는 가장 좋은 해결책이었다. 당신의 왕위는 내 덕분이라거나 내 친정 동생들이 칼들고 싸우지 않았으면 당신이 어찌 왕이 될 수 있었겠느냐는 논공행상식 인식으로 해결될 리 없었다. 더구나 태종은 왕실을 반석 위에 세우고자 하는 의지가 누구보다 강한 인물이며, 그러기 위해서는 외척이 정사에 관여하는 것을 반드시 막아야 한다고 생각하는 인물이었다. 그는 또한 우왕 9년(1383) 과거에 급제한 유학자이자 조선과 중국 역사에 밝은 역사학자이기도 했다. 그는 처가와 권력을 나눌 생각이 전혀 없었다. 하지만 민씨 일가 또한 권력을 포기할 생각이 전혀 없었다. 양자는 이렇게 충돌을 향해 달려가고 있었다.

## 왕비 교체에 대한 불안감

태종 1년(1401) 1월 1일. 태종은 개경 궁궐의 강안전에서 새해 잔치를 베풀었다. 원래 정전(正殿)인 수창궁(壽昌宮)에서 베풀 예정이었지만, 12월 22일 수창궁이 불타는 바람에 장소가 바뀐 것이다. 그날 수창궁의 열쇠를 관리하는 사약(司鑰)의 실화로 침실에서 시작된 불은 대전(大殿)까지 번졌다. 불길이 거세게 타오르는데 사람들이 달려들어 불을 끄려 하자 태종이 말렸다.

"궁궐은 이미 타버려서 구할 수 없으니, 사람이나 상하지 않게 하라."

다행히도 수창궁 안 사고(史庫)에 있던 사료들은 건졌다. 불이 사고에 번지려고 할 때 숙직 사관 노이(盧異)가 사고를 열고 직접 사책을 옮겨 안전할 수 있었다. 개경 서소문 안에 있던 수창궁이 불탄 것은 큰 사건이었다. 그래서 태종은 내외에 구언(求言)했다.

구언은 신민(臣民)들의 의견을 구한다는 뜻이다. 나라에 재변 등이 발생할 경우, 국왕의 정사가 잘못되어 하늘이 벌을 내린 것으로 생각하고 어떤 정사가 잘못된 것인지 구체적으로 지적하는 상소를 올려달라고 요청하는 것이다. 이는 한 무제(武帝) 때 동중서(董仲舒)가 체계화한 천인감응설(天人感應說)을 조선의 실제 정치에 적용한 것이다. 천인감응설이란 천재지변은 인간이 정치를 잘못했기 때문에 하늘이 내리는 벌로, 임금이 반성함으로써 재변이 그치기를 기원해야 한다는 논리다. 이때 임금의 구언에 응해 올린 응지상소(應旨上疏)에는 임금의 정치를 아무리 심한 말로 비판해도 처벌하지 않는 것이 관례였다.

이날 태종은 "허물이 여기에 이르니 통렬히 스스로 책망한다"면서 자신의 잘못을 구체적으로 지적해달라고 하교했다.

무릇 과인의 잘못과 좌우에서 누가 충성스럽고 간사스러운지, 정령(政令) 중에서 어느 것이 잘되고 어느 것이 잘못됐는지, 어느 것이 민생에 이롭고 해로운지, 그 폐단을 구할 방법을 극진히 말하여 숨기지 마라. 말이 채용할 만하면 내가 상을 주겠고, 말이 혹 맞지 않더라도 죄를 가하지는 않겠다. (《태종실록》, 즉위년 12월 22일)

태종은 이날 생모인 신의왕후 신씨의 무덤인 제릉에 제사 지내고, 종묘에 향(香)과 축(祝)을 전했으며, 동북면에 황충이 일었다는 보고를 듣고 사신을 보내 진휼하게 하는 등 바쁜 일정을 보냈다. 그리고 강안전에 거둥해서 그대로 머물러 잤다. 수창궁이 불타서 돌아갈 곳이 없기도 했지만, 어차피 다음 날 새해 하례를 받아야 했기 때문이다.

이튿날인 새해 첫날, 태종은 강안전에서 신년 하례 조회를 받고 여러 신하들을 위해 잔치를 베풀었다. 그런데 그날 사헌부에서 상장군(上將軍) 이응을 탄핵했다. 이응이 잔치 때 차례를 지키지 않았다고 탄핵한 것이다. 그러나 태종은 이 소식을 듣고 뜻밖의 반응을 보였다.

"이것은 반드시 민무구가 헌사(憲司: 사헌부)를 부추겨 일어난 일일 것이다."

태종이 이렇게 생각한 까닭이 있었다. 이응은 전 좌도수군절제사(左道水軍節制使) 이희충(李希忠)의 아들로, 우왕 11년(1385) 문과에 급제한 문신이다. 원래 민무구·무질 등과 친해서 방원과도 가까워졌다. 이응은 경진난(2차 왕자의 난) 때 방원의 편에 서서 동대문을 닫아 지켜 좌명공신 4등에 책록된 공신이다. 이응은 또한 방원처럼 문무에 모두 능해서 태종의 신임이 더욱 두터웠다. 그런데 이응은 외척이 정사에 간여하는 것에 대해 부정적인 인식을 갖고 있었다. 그래서 태종이 즉위한 후 민무구·무질 등 처남들의 권력이 비대해지는 것을 우려해 태종에게 직언했다.

"민무구·무질 등에 대한 총애가 극진하신데 억제하시는 것이 마땅합니다."

태종은 이응의 직언을 충언이라고 보았다. 많은 신하들이 왕비의 집안에 잘 보이려고 노력하는데 민무구·무질 등에 대해 직언하는 것은 쉽지 않은 일이라고 평가한 것이다. 그래서 태종은 민무구 등을 불러서 자제하라고 책망했는데, 이 때문에 원한을 품은 민무구 등이 사헌부를 사주해서 이응을 탄핵했다고 생각한 것이다.

실제로 민무구·무질 등 방원의 처남들은 권력을 놓을 생각이 없었다. 처가와 처남들은 태종 정권에서 가장 민감한 문제였다. 아니, 처가뿐만 아니라 공신들의 존재 자체가 신생 왕조에 민감한 문제였다. 새 왕조를 개창하는 과정과 방원이 즉위하는 과정에서 여러 공신이 양산되었다. 그중에서 임금의 사돈인 외척 공신들은 다른 공신들과 처지가 달랐다. 외척 공신은 크게 이성계의 외척과 이방원의 외척으로 나눌 수 있는데, 이성계의 외척 중에는 이거이 집안이 대표 가문이다. 이거이의 맏아들 이저는 태조의 장녀 경신공주의 남편이고, 둘째 아들 이백강(李伯剛)은 태종의 맏딸 정순공주의 남편이어서 겹사돈이자 겹공신이었다.

그런데 외척 공신의 존재는 왕실에 양날의 검이었다. 한편으로는 왕권을 약화시키는 주범이기도 했지만 다른 한편으로는 왕실을 강화하는 우군이기도 했기 때문이다. 권력을 획득하는 과정에서 외척들은 큰 힘이 되었다. 태조와 태종의 겹사돈인 이거이는 정사, 좌명공신이고, 태종의 차녀 경정공주와 혼인한 조대림(趙大臨)은 개국 1등공신 조준의 아들이다. 삼녀 경안공주는 개국 원종공신이자 태종이 즉위하는 데 공을 세운 좌명 4등공신 권근의 아들 권규(權跬)에게 시집보냈다. 4녀 정선공주는 남경문(南景文)의 아들 남휘(南暉)에게 시집보냈는데, 남경문은 개국 1등공신 남재의 아들이다. 이렇듯 딸들을 모두 공신들에게 시집보낸 것은 외척을 왕실의 우군으로 삼고자 하는 의도였다. 그러나 이들이 우군을 넘어 왕실의 권력을 나누어 가지려 하면 충돌이 생길 게 분명했다.

게다가 태종의 처가는 다른 외척들보다 권력욕이 강했다. 태종의 왕위를 공동 왕위라고 생각할 정도였다. 물론 이는 태종의 생각과는 달랐다. 태종은 자신이 즉위한 것이 천명의 결과고, 처남들은 이숙번·조영무 등이 그런 것처럼 천명을 받은 자신을 보좌한 것에 불과하다고 생각했다. 이런 생각의 차이가 양자 사이에 긴장을 조성했다. 이런 긴장 속에서 거의 동시에 두 가지 사건이 벌어졌다. 하나는 왕비 민씨가 후궁 권씨의 입궁에 강력하게 항의한 사건이고, 다른 하나는 태종에게 종기가 났을 때 처남들이 보인 행동이다.

태종은 왕비 민씨가 후궁 권씨의 입궁에 항의한 것을 크게 불쾌하게 여겼지만, 상왕 정종까지 만류하는 상황에서 왕비를 폐위시킬 수는 없었다. 태종은 국왕이 후궁을 들이는 것에 대한 시비를 확실히 차단하는 조치를 취할 필요를 느꼈다. 그래서 재위 2년(1402) 4월 18일 권씨를 정의궁주(貞懿宮主)로 삼았다. 왕비 민씨에게 다른 생각을 하지 말라는 뜻이었다. 그러나 민씨 일가는 여전히 후궁 권씨의 입궁을 불안하게 여겼다. 혹 민씨를 폐위시키고 권씨를 왕비로 삼으려는 것이 아닌가 의심했던 것이다.

이때 내서사인(內書舍人) 이지직(李之直)과 좌정언(左正言) 전가식(田可植)이 상소를 올려 태종을 강하게 비판하는 사건이 발생했다. 태종 2년 4월 1일, 이지직과 전가식은 상소를 올려 태종이 총명한 자질로 경전과 역사서를 널리 보면서 옛 선왕을 본받으려고 노력한다고 말한

다음 태종을 직접 비판했다.

> 그러나 전하께서는 의복과 어가가 공교롭고 화려한 것을 자못 좋아하여
> 제도를 따르지 아니하시고, 대간의 말이 간혹 뜻에 거슬리면 엄하게 꾸짖
> 으시며, 매(鷹)와 개(犬)를 좋아하시고, 성색(聲色 : 여색)을 즐기시는 것을
> 그치지 않으셨습니다.

태종은 처음 이 상소를 보고 매우 놀랐다. 매와 개를 좋아한다는 것
은 국사는 게을리 하고 사냥만 즐긴다는 비판이다. 나아가 성색(여색)
을 좋아한다는 말은 후궁 권씨의 문제를 지적한 것이 분명했다.

"후세에 나를 보고 임금의 도리가 조금이라도 있다고 말하겠는가?"

태종은 지신사 박석명을 시켜 말을 전하게 했다.

"내게 과실이 있다면 밀계(密啓 : 비밀리에 올리는 장계)로써 말해도 내
어찌 안 듣겠는가? 이렇게 글로 올려 역사서에 쓰이게 하니 매우 가
슴이 아프다."

이지직과 전가식의 상소는 사헌부를 분노케 했다. 태종은 이런 비
판을 받을 만한 잘못이 없는 군주였기 때문이다. 이런 상소는 세 사람
명의로 내야 하는데 두 사람만으로 낸 것도 문제였다. 그래서 사헌부
에서 세 사람을 갖추지 않고 상소했다며 이들을 탄핵했다. 나아가 사
헌부 대사헌 이지 등이 이지직과 전가식을 국문하고 지방으로 유배
보내야 한다고 상소했다. 그러나 태종은 반대했다.

"간관(諫官)이 임금의 과실을 말했다고 어찌 죄를 줄 수 있겠는가?"

고려와 조선의 간관은 고위 벼슬아치의 잘못을 탄핵하고 임금에게

직언하는 것이 본분이었다. 그래서 죄를 줄 수 없다는 것이었다. 그러나 상소에 담긴 비판이 너무 과하자 사헌부에서 다시 문제를 제기했다. 거짓으로 임금의 과실을 말해서 역사서에 쓰이게 했다고 비판하면서 이지직과 전가식을 없는 말을 만들어 남을 무고한 조언죄(造言罪)로 다스려야 한다고 주장한 것이다. 태종은 간관이기 때문에 처벌하지 않겠다고 다시 거부했지만 억울함까지 씻겨지지는 않았다. 그래서 박석명, 이응 등에게 이렇게 말했다.

"경들은 다 선비이므로 모르는 것이 없을 것이다. 요(堯)·순(舜)·우(禹)·탕(湯)·문(文)·무(武) 같은 임금이 있은 이래, 임금이 황음하지 않았는데도 간신(諫臣: 간쟁하는 신하)이 황음하다고 간한 일이 있었는가?"

박석명 등은 아무런 대답도 하지 못했다. 조선의 법은 간쟁하는 신하들에게 재상들이 일체 간섭하지 못하게 되어 있다. 재상들이 간쟁하는 신하들을 관리하게 되면 언로 자체가 막힐 것을 걱정했기 때문이다. 이지직 등의 간쟁이 너무 심하다며 좌의정이 사헌부를 관리하는 문제가 의논되었으나 결국 무위에 그쳤다. 그러나 이지직, 전가식 등에 대한 사헌부의 탄핵은 계속되었다. 간쟁이 계속되자 태종은 마지못해 국문을 허락했다.

"국론이 이와 같으니 따르지 않을 수 없다."

이지직은 국문을 받자 전가식이 먼저 말을 꺼냈다고 혐의를 돌렸다. 이에 전가식은 솔직하게 말하겠다면서 스스로 진술서를 썼다.

전하께서는 정적(正嫡: 왕비가 낳은 자식)이 번성한데도 또 권씨를 맞이하셨으니, 이는 전하께서 호색하는 마음을 가지셨기 때문입니다. 어찌 뒷날 이를 구실로 삼아서 잉첩(媵妾: 후궁)으로 여기지 않고 적실(嫡室: 왕비)로 삼을지 알겠습니까? 이것은 일찍 도모하지 않을 수 없는 것입니다.

훗날 태종이 민씨를 폐하고 권씨를 왕비로 삼을지 몰라서 이를 방지하기 위해서 미리 말했다는 것이다.

"이 일은 반드시 사주한 자가 있을 것이니 바른 대로 말하라."

"신이 간관으로서 어찌 남의 말을 듣고 했겠습니까?"

그러나 거듭 국문하자 전가식은 결국 사실대로 실토했다.

"하루는 은문(恩門)인 여흥부원군의 집에 가서 이 일을 고하자, '네 말이 옳다'고 대답했습니다."

은문(恩門)이란 과거 응시생이 급제할 때 시험관이었던 벼슬아치를 이르는 말이다. 전가식이 과거에 급제할 때 여흥부원군 민제가 시험관이었다. 국문하던 관리들이 이를 보고하자 태종은 이지직과 전가식을 석방하라고 명했다. 사주한 민제에게는 죄를 묻지 않고 사주당한 전가식 등만 처벌할 수는 없었기 때문이다. 《태종실록》은 민제가 이때부터 문생(門生)들을 접견하지 않았다고 말한다. 은문이 과거 급제자의 시험관이라면, 문생은 과거 응시생을 뜻하는 말이다. 태종 2년 5월 11일, 이 사건은 이렇게 정리됐다.

태종은 석 달 후인 8월 13일, 대궐 북쪽에 누각을 짓고 그 앞에 연못을 팠다. 정의궁주 권씨를 위해서였다. 전가식 사건에 이어 태종이 정의궁주 권씨를 위하는 누각을 짓고 연못까지 파자 민씨 집안은 바짝 긴장했다. 자칫 이지직, 전가직의 상소가 현실이 될 가능성이 있다고 본 것이다.

그러나 태종은 왕비를 갈아치울 생각까지는 없었다. 그래서 8월 26일 여흥부원군 민제의 집에 직접 거둥했다. 임금이 거둥했으니 당연히 큰 잔치가 열렸다. 태종은 북벽(北壁)을 등지고 남쪽을 향해 앉는 남면(南面)을 했다. 북쪽을 등지고 남쪽을 바라보는 남면은 임금의 자리를 뜻한다. 장인 민제는 동벽을 등지고 서쪽을 향해 앉았고, 민제의 매부 의정부 찬성(贊成) 곽추(郭樞)와 민제의 아우 승녕부윤(承寧府尹) 민양(閔亮) 등은 모두 신하의 자리인 남쪽에 앉았다. 이날 잔치에는 왕비 민씨도 동행했다. 왕비 민씨는 안에서 여러 부인들을 거느리고 친정어머니인 대부인(大夫人) 송씨를 위해 잔치를 베풀었다. 안팎에서 모두 성대한 음악을 연주하자 태종은 일어나서 춤을 추었다. 이날의 거둥과 잔치는 태종이 왕비를 폐할 생각이 없음을 분명히 보여주는 행동이었다. 민씨 일가는 태종이 왕비를 폐할 생각이 없다는 사실을 확인하고 크게 기뻐했다.

이튿날 민제는 대궐에 나와서 전날의 연회에 대해 사은(謝恩)했다. 다섯 달 전 권홍의 딸을 후궁으로 들이는 문제로 생긴 여러 갈등은 완전히 봉합된 것처럼 보였다. 태종과 민씨 일가 사이에 새로운 전기가 마련된 것이다. 태종은 이만하면 충분히 경고했다고 생각했다. 왕비 민씨는 물론 민씨 일가 모두가 자숙하기를 바랐다. 그러나 상황은 태종의 바람처럼 흘러가지 않았다.

# 왕실의 겹사돈, 죽음의 문턱에 서다

다른 것은 몰라도 태종이 왕권만큼은 누구와도 나누지 않을 것이라는 사실을 알 수 있는 사건은 많다. 태종 4년(1404) 10월, 이거이는 죽음의 문턱을 드나들었다. 이거이는 두 아들을 각각 태조 이성계와 태종 이방원에게 장가보낸 겹사돈이다. 9개월 전인 태종 4년(1404) 1월 12일, 조부녀(趙夫女)의 손자 김한제(金漢齊)가 신문고를 쳐서 억울함을 호소했다. 형조에서 노비 문제를 잘못 처리해 이거이가 40여 명의 노비를 가로챘다고 고발했는데, 형조와 이 문제를 맡은 도관(都官)에서는 도리어 법과는 달리 이거이의 편을 들어주었다면서 신문고를 친 것이다. 태종은 김한제의 고소장을 보고 이렇게 말했다.

"조부녀가 옳다면 이거이가 부끄러워해야 할 일이다. 만일 이거이 때문에 마땅히 천(賤)으로 할 것을 천으로 하지 않는다면 어찌 공도(公道)라 할 수 있겠는가?"

형조와 도관에서 공신 이거이의 눈치를 보고 김한제의 노비를 이거이에게 준 것 아니냐는 비판이었다. 태종은 이 사건을 형조와 도관으로 돌려보내면 다시 이거이의 눈치를 볼 가능성이 있다고 판단했다. 그래서 이 사건을 대간에게 맡겼다.

"노비 송사를 변정(辨正: 분간해서 바로 잡음)하는 것이 비록 너희들의 직무는 아니지만 변정이 미심쩍고 의심스럽다면 이는 실로 대간의 임무다. 그 사실을 세밀하게 살펴서 갖추어 기록해 아뢰어라."

형조와 도관을 배제하고 대간에서 나서 보니 과연 이거이의 권력형 비리로 판명났다. 대간이 김한제의 주장이 옳다고 판정한 것이다. 태종은 권력형 비리에 아주 냉엄했다. 이런 문제들을 방치해서 고려 왕조가 망했다고 생각했기 때문이다. 태종은 이 사건에 주목해 좌사간대부 맹사성(孟思誠)과 우사간대부 권진 등을 파직하고, 형조전서(刑曹典書) 이사영 등을 지방으로 귀양 보내고, 지형조사(知刑曹事) 최관(崔關)의 직첩(職牒)을 회수하고 울주로 귀양 보냈다.

태종은 새 왕조가 들어선 뒤 권력형 비리가 다시 발생하고 있는 것에 주목했다. 태상왕과 자신의 겹사돈인 이거이 같은 거물들이 사사로운 마음을 먹고 축재에 나서면 선뜻 치죄하겠다고 나설 사람이 없을 것 같았다. 태종은 이거이를 본보기로 삼아 외척과 공신에게 교훈을 주어야겠다고 마음먹었다.

이 사건이 일어난 지 9개월 후인 태종 4년(1404) 10월 18일. 태종은 이성계의 이복동생 의안대군(義安大君) 이화와 이성계의 백형 이원계의 아들 완산군(完山君) 이천우 등을 불러 밀교(密教)를 내렸다. 재위 1년(1401) 조영무가 자신을 찾아와서 이렇게 말했다는 것이다.

"신이 이거이의 집에 가니, 그가 신에게 이렇게 말했습니다."

조영무가 전하는 이거이의 말은 충격적이었다.

"우리들의 부귀가 극도에 달했지만 처음부터 끝까지 이를 보존하는 것은 옛날부터 어려운 일이었소. 마땅히 일찍이 도모해야 하오. 상왕께서는 사건 만들기를 좋아하지 않습니다. 금상은 아들이 많은데 어찌 모두 우리들을 가엽게 여기겠소? 마땅히 이를 베어 제거하고 다시 상왕을 섬기는 것이 좋겠소."

3년 전 이거이가 조영무에게 태종을 제거하고 정종을 복위시켜야 한다고 말했다는 것이다. 이거이가 태종의 측근 중 측근인 조영무에게 실제로 이런 말을 했을까 의심스럽지만, 당시 조영무는 사병을 혁파한 데 큰 불만을 갖고 있었으므로 사실일 개연성도 적지 않았다. 만약 이것이 사실이라면 사태가 어디까지 갈지 알 수 없었다. 태종은 숙부 이화와 사촌 이천우에게 밀명을 내렸다.

"내가 이를 듣고 조영무에게 누설하지 말도록 경계한 지 이미 4년이다. 이거이는 이미 늙었고, 조영무도 곧 늙을 것이다. 만약 한 사람이라도 유고(有故: 세상을 떠남)하면, 이 말의 사실 여부를 가리기 어려울 것이다."

태종이 뒤늦게 이 사건을 문제 삼은 까닭이 있었다. 당시에 공개했더라면 자신이 정종의 자리를 빼앗았다는 사실을 인정하는 셈이 되었을 것이다. 그래서 뒤늦게 이 문제를 꺼낸 것이지만, 단순히 그런 이유 때문만은 아니었다.

태종의 밀명을 받은 이화와 이천우는 종친과 공신들에게 이 사실을 알렸다. 태종이 직접 문제를 제기한 만큼 가만히 있을 수 없었다. 종친 이화와 공신 김사형 등 35명이 예궐해서 사실 여부를 밝혀야 한다고 주청했다. 태종은 종친 · 공신 · 삼부(三府) · 대간 등을 모두 대궐 뜰에 부르고 이거이와 조영무를 대질시켰다. 태종은 도승지 박석명을 시켜 이거이에게 물었다.

"조영무와 이러한 말을 하였는가?"

이거이는 부인했다.

"두 아들이 부마가 되었고 신이 정승이 되었는데, 무엇이 부족해서 그런 말을 하였겠습니까?"

다시 조영무에게 묻자 사실이라고 답했다.

"신사년(태종 1년)에 신이 이거이의 집에 갔더니, 이거이가 '우리들의 부귀함이 이와 같으니, 마땅히 보존할 계책을 마련해야 한다'면서 주상의 여러 아들들을 일러서 '어린아이들이 임금이 되면 반드시 우리를 싫어해 제거하려 할 것이니 상왕을 섬기는 것만 같지 못하다'고 했습니다."

이거이가 조영무에게 따졌다.

"왜 나를 해치려고 하는가?"

"그대가 있고 없는 것이 내게 어찌 손해되거나 이익이 되겠는가? 또 그대는 나와 같은 때에 공신이 되어 집안을 일으킨 사람이다. 다만 군신의 분수가 붕우의 사귐보다 무겁기 때문에 그대의 말을 주상에게 고한 것뿐이다."

두 사람의 말이 서로 달랐지만, 이런 경우 조영무의 말에 더 무게가 실리게 마련이다. 대사헌 유양과 사간(司諫) 조휴(趙休) 등이 상언해서 이거이와 그 아들 이저를 유사(攸司: 관계 기관)에 내려 국문을 하자고 청했다. 이저는 태조의 장녀 경신공주의 부마였다. 상왕 복위 기도 같은 사건은 유사에 내려 국문할 경우 심문 받다가 죽기 십상이었다. 그래서 태종은 국문 요청을 거부하고 이거이에게 고향으로 돌아가라고 명했다. 그러자 대사헌 유양을 비롯한 대간들이 일제히 뜰에 서서 청했다.

"이거이는 법으로 다스려야 마땅합니다. 만세의 법은 비록 인군이라 해도 폐할 수 없습니다."

태종이 공신이고 일찍이 큰 공이 있으므로 사형시킬 수 없다고 거부하자 대사헌 유양은 무려 일곱 차례나 난적(亂賊)을 토죄(討罪)해야 한다고 청했다. 태종은 계속 거부했지만 그렇다고 이거이가 살 방안이 있는 것은 아니었다. 이런 문제가 발생하면 대간은 계속 사형을 주청하게 되어 있고, 다른 신하들 역시 뒤질세라 사형을 주청할 수밖에 없다. 상왕 정종은 자신이 관련된 문제이기 때문에 개입할 수 없었다. 태종이 아직 겉으로는 죽이지 않겠다는 의사를 고수하고 있었지만 이거이의 목숨이 그리 길지 않으리라는 것은 누구나 예상할 수 있었다. 그때 변수가 발생했다.

이틀 후인 10월 20일, 태상왕 이성계가 태종을 불렀다. 이날도 공신과 백관이 모두 예궐해서 이거이 부자의 죄를 청했는데, 태종이 이들에게 말했다.

"부왕께서 일찍이 부르신 적이 없는데 오늘 부르셔서 즉시 달려가는 길이니 그 후에 듣겠다."

태종은 즉시 태상전에 나아가 부왕에게 예를 올렸다. 그런데 웬일인지 이성계가 희롱하면서 말했다.

"왕이 일찍이 나와 격구를 해서 이기지 못했으므로 이제 이를 벌하려고 부른 것이다."

이성계가 방원에게 농담을 건넨 것은 실로 오랜만이었다. 방원이 이거이의 일을 언급하는 것을 막기 위해 이성계가 선수를 친 것이다. 그러나 태종은 헌수하고 이거이의 일을 보고했다. 태상왕 이성계는 하늘을 쳐다보고 한참 동안 있다가 말했다.

"너의 마음에 따라 결정했겠지만, 회안(懷安: 방간)은 이미 쫓겨났고, 익안(益安: 방의)은 이미 죽었으며, 상왕(上王: 정종 방과)은 출입하지 않으니 친척 가운데 살아 있는 자가 몇 사람이냐? 일이 이루어질 때는 돕는 자가 많지만, 일이 낭패할 때는 돕는 자가 적다. 사생지간(死生之間)에 돕는 자는 친척 같은 것이 없다. 네가 그들을 보전하면 국가의 재앙이나 하늘의 변고, 땅의 괴이한 일들이 적어질 것이다. 이 일은 큰 것인데, 나는 장차 큰 근심이 있을까 두렵구나."

그러나 이성계가 바라보는 친척과 이방원이 바라보는 친척은 달랐다. 그만큼 세상을 바라보는 시각도 달랐다. 이성계는 비록 화가위국의 위업을 이룩했지만 친척들을 자신의 신하라는 관점으로 바라보지 않았다. 방원은 달랐다. 방원은 천명을 받아 임금이 된 이상 모든 친척이 신하에 불과하다고 보았다. 이거이는 이런 천명을 바꾸려고 한 역신(逆臣)으로, 죽어야만 했다. 그러나 이성계가 나서자 상황은 급변했다. 이성계가 비록 방석 등의 일을 거론하지는 않았지만 '네가 얼마나 많은 형제들을 죽이고 쫓아냈는지 생각해보라'고 질책한 것이나 다름없었다.

방원은 울면서 부왕 앞에서 물러날 수밖에 없었다. 태종은 이거이 부자의 공신 증명서인 공신녹권(功臣錄券)과 직첩을 거두어 서인(庶人)으로 삼아서 지방에 안치하는 것으로 일을 마무리지었다. 이성계가 만류하지 않았다면 이거이는 목이 열 개라도 부족했을 것이다. 이거이 역시 이 사실을 잘 알고 있었기에 유배지에서 근신하며 지내다 태종 12년(1412) 8월 자연사했다. 태종은 이거이와 자식들이 유배지에서 근신하며 지낸다는 사실을 보고 받고 그의 아들만은 복직시켜주었다.

민씨 형제들에게 이거이는 반면교사였다. 태종 또한 민씨 일가가 이거이를 보고 깨달음을 얻기를 바랐다. 그리고 조영무를 본받길 바랐다.

조영무는 본래 한미한 인물이었다. 방원의 명으로 조영규(趙英珪) 등과 함께 정몽주를 격살하고 개국 3등공신에 책록되었다. 조영무는 태종의 뜻을 한 번도 거스른 적이 없었다. 또한 우정승으로 있던 태종 5년(1405) 가뭄이 들자 자신의 책임이라며 사직을 청할 정도로 국사에 모든 책임을 다했다. 태종이 모후 한씨의 제릉에 갔다가 벼농사가 흉작인 것을 보고 눈물을 흘리자 조영무는 "신은 공신으로 앉아서 부귀를 누리고 있는데, 흉년이 이와 같으니 저 백성들을 어찌합니까"라면서 같이 울었다. 태종은 조영무의 눈물이 진실이라는 것을 알고 있었다. 무장 조영무는 낯빛을 꾸밀 수 있는 인물이 아니었다. 또한 묻어둘 수 있었던 이거이의 말을 보고한 것처럼 태종에게는 일체 거짓이 없었다. 그래서 태종은 조영무의 실책에 관대했다.

태종 12년(1412) 6월 조영무가 출궁한 여자를 첩으로 얻어 사헌부로부터 탄핵을 당했다. 조영무가 집에서 불안해할 것을 우려한 태종은 좌대언(左代言:좌승지) 이관(李灌)을 조영무의 집에 보내 달랬다.

"헌사(사헌부)가 비록 죄를 청하더라도 내가 따르지 않을 것이니 경은 근심하지 마라."

조영무는 머리를 조아려 사례했다.

"빌건대 신의 직책을 파면해서 어진 사람으로 대신하소서."

하지만 태종은 이를 단호히 거절했다.

"우정승을 이때 교체하면 사람들이 '이 죄 때문이다'라고 말할 것이다."

태종 14년(1414) 조영무가 위독하자 태종은 직접 그의 집에 가서 문

**조영무 장군 묘.** ©이화준

조영무는 이성계의 가병 출신으로 개국 3등공신에 책록되었으며, 두 차례의 왕자의 난 때 공을 세워 정
사·좌명 1등공신에 봉해졌다. 청렴하면서도 강직한 공직 생활로 태종의 총애를 받았다. 그의 묘는 경기
도 광주 퇴촌면에 위치해 있는데, 이곳의 지명 퇴촌은 그의 호에서 유래했다.

병하려고 시위병을 준비시켰는데, 죽었다는 통보가 와서 그만두었다.
대신이 사망하면 사흘 동안 조회를 하지 않는 것이 조선의 법이었다.
태종은 슬픔에 겨워서 하륜에게 이렇게 말했다.

"대신이 죽었는데 사흘만 조회를 멈추는 것은 너무 박하지 않은가.
한나라의 곽광(藿光)과 당나라의 위징(魏徵)이 죽자 닷새 동안 조회를
정지하였는데 경은 아는가?"

"전하께서 대신을 중하게 여기시는 뜻이 비록 지극하시지만 닷새
까지 가게 되면 군국(軍國)의 중대한 일이 반드시 지체될 것입니다."

국사에 지장이 생길 것이라는 말에 태종은 그대로 사흘 동안 조회

를 정지하게 하고 대언 한상덕(韓尙德)에게 치제(致祭)하게 명하고, 또
한 친히 빈소에 가서 애도했다. 이처럼 태종 역시 측근들의 피를 손에
묻히는 것을 꺼렸다. 그래서 모두 조영무의 처신을 본받길 바랐지만
권력을 탐하는 마음은 그렇지 않았다. 적어도 민씨 형제들은 이거이
의 사례를 교훈으로 삼지 않았다. 이들은 이거이와 자신들은 다르다
고 생각했다. 위험한 줄타기가 시작된 것이다.


## 피도 눈물도 없었던 외척 숙청


　이성계가 이거이의 생명을 지켜주려 나선 것은 그가 자신의 사돈으
로 그의 아들 이저가 사위였기 때문이었다. 만약 상대가 민무구·무
질이었다면 이성계가 나섰을 리 없다. 그들은 방원 편에 서서 자신을
내쫓은 장본인이었다. 방원이 누구를 죽이려고 마음먹었을 때 이를
살릴 수 있는 인물은 이성계밖에 없었다.

　이거이를 처벌한 이듬해인 재위 5년(1405) 12월, 태종은 다시 장인
민제의 집에 거둥해서 잔치를 베풀었다. 그전처럼 왕비 민씨도 안에
서 함께 잔치를 베풀었다. 이날 민씨 일족은 모두 잔치에 참석했다. 태
종은 민제와 민제의 사위 조박에게 안마(鞍馬)를 내려주며 이렇게 말
했다.

　"내가 어렸을 때 민씨 집안에서 자라나면서 은혜와 사랑을 많이 받

왔다."

민씨 일가는 환호했다. 사위인 왕과 처가 사이의 갈등은 모두 끝난 것처럼 보였다.

이듬해인 재위 6년(1406) 6월 15일, 태종은 덕수궁에 나가서 태상왕 이성계의 장수를 비는 잔치를 베풀었다. 종친과 재상들이 차례로 술잔을 올리자 이성계는 크게 기뻐하면서 일어나 춤을 췄다. 이제 이성계도 아들 방원의 세상이 되었음을 부인할 수 없었다. 이성계가 이때 민무질에게 옷을 하사한 것도 무인난에 대한 원한이 어느 정도 사그라들었기 때문일 것이다. 그래서 그런지 태종은 같은 해 윤 7월 13일 조온을 병조판서로 삼으면서 민무구를 겸 우군총제(右軍摠制)로 삼았다. 그런데 한 달 후쯤 민무질이 군무(軍務)를 풀어달라면서 사직을 요청했다. 태종이 곧바로 사직 요청을 받아들인 것은 그를 겸 우군총제로 삼은 것이 일종의 시험이었음을 말해준다. 태종은 민무질의 처신에 만족했다.

그러나 일은 이대로 끝나지 않았다. 민무질 휘하에 있던 행사직(行司直) 진명례(陳明禮) 등 100여 명이 태종에게 민무질의 사직을 허용하지 말아달라고 상서한 것이다. 상서를 받자 태종은 화를 내며 말했다.

"장수도 모두 공가(公家: 국가)의 장수이고, 병사들도 모두 공가의 병사들인데, 너희들은 금병(禁兵: 궁중 호위군사)이 되어서 여성군(驪城君: 민무질)이 있는 것은 알고 내가 있는 것은 모르느냐?"

태종은 순금사에 주모자를 찾아 국문하라고 했다가 얼마 후 모두 석방했다. 태종은 진명례 등의 상서가 민무질의 지시라고 의심했지만 민무질의 군권을 해제하는 것으로 더 이상 문제 삼지 않았다. 태종은 며칠 후 민무질을 사헌부 대사헌으로 삼았다. 《태종실록》은 민무질이 병권을 빼앗긴 데 늘 섭섭해 하고 원망을 품었기 때문에 대사헌을 제수한 것이라고 말한다. 이때만 해도 태종은 처갓집에 애정을 갖고 있었다. 또한 민씨 일가와 관계를 개선하려는 의지도 갖고 있었다. 그래서 재위 6년(1406) 12월 10일, 다시 장인 민제의 집으로 행차했다. 이날 민제는 시를 세 편 지어 올렸다. 첫째는 문정(文定) 초년에 집안 살림이 곤궁했음을 노래한 것이고, 둘째는 태종이 왕위에 올라 기쁜 정을 서술한 것이고, 셋째는 민씨 일문이 두터운 은혜를 받은 것을 서술한 것이다. 문정(文定)이 무엇인지는 분명하지 않지만 우왕 때의 독자적인 연호였는지도 모른다.

태종은 크게 기뻐하며 임금이란 지위를 벗고 처음 혼인했을 때의 마음으로 돌아갔다. 분위기에 취한 민제가 태종을 '선달(先達)'이라고 부르자, 태종도 민제를 '사부(師傅)'라고 불렀다. 술자리가 파해서 태종이 돌아가려 하자 민제는 전송하기 위해 대문 밖에 서 있었다. 태종이 민제에게 들어가라고 청했지만 민제는 황공함을 이기지 못하고 나아가 말 앞에 섰다. 민무질이 민제에게 말했다.

"아버님께서 들어가셔야 주상께서 말에 오르실 겁니다."

"네가 어찌 아느냐?"

민제는 두 손을 모아 읍하면서 물러서지 않았다. 태종은 10여 걸음 정도 걷다가 말 위에 올랐다. 이듬해인 태종 7년(1407) 2월, 사헌부 대사헌 민무질은 태종의 강무(講武)를 따라가겠다고 청했다. 강무는 군사훈련을 겸한 사냥 대회로, 무예에 능한 태종이 선호하던 행사였다. 강무에 대간(臺諫: 사헌부, 사간원)은 따라가지 않는 것이 관례인데, 민무질이 계속 따라가게 해달라고 요청했다. 그러나 이날의 강무는 사냥터에 이르렀을 때 개국 2등공신 홍길민(洪吉旼)의 부음이 들려서 정지됐기 때문에 뜻대로 되지 않았다. 같은 해 6월 2일, 민무질의 집에서 명나라 사신인 환관태감(宦官太監) 황엄(黃儼)을 위한 잔치를 베풀게 하였다. 민무질이 과거 금릉에 갈 때 황엄과 같이 갔었기 때문에 잔치를 베풀도록 배려한 것이다.

이때만 해도 불과 한 달 후에 상황이 급변할 것이란 조짐은 전혀 없었다. 그러나 곧 상황은 급변했다. 태종 7년(1407) 7월 10일, 개국·정사·좌명 삼공신이자 영의정부사(領議政府事)인 이화 등이 상소해서 민무구, 민무질, 신극례 등의 죄를 청한 것이다.

> 《춘추》의 법에 인신의 죄 가운데 금장(今將)보다 더 큰 것이 없으니, 이는 간사한 마음을 막고 난의 근원을 방지하려는 것입니다.

금장의 장(將) 자는 '장차, 미래'란 뜻으로, 지금 임금이 아니라 다른 임금을 염두에 두고 있다는 뜻이다. 《한서(漢書)》 〈숙손통열전(叔孫通列傳)〉에는 "인신에게는 장이 없어야 한다. 장은 곧 반역을 뜻하는데 죄가 사형에 해당하고 사면되지 않는다"라고 씌어 있다. 그 주석에 신찬(臣瓚)은 "장은 역란(逆亂)을 말한다"라고 덧붙였다. 즉, 금장은 지금의 임금이 아니라 장차 다른 인물을 임금으로 삼으려는 반역의 마음을 품은 것을 뜻한다. 이화 등은 민씨 형제를 반역죄로 모는 상소를 올린 것이다.

작년에 전하께서 선위 계획을 발표하셨을 때 모든 신민이 애통해 마지않았으나 민무구 등은 스스로 다행스럽게 여겨 얼굴에 희색을 떠었으며, 전하께서 여망(輿望)에 굽어 좇으셔서 복위하신 후에 모든 신민이 경하해 마지않았으나 무구 등은 불쾌한 기색을 나타냈습니다. 대개 협유(挾幼: 어린 아이를 끼고 도는 것)로서 위복(威福)을 마음대로 하려 한 것이니, 그 불충한 자취가 밝게 드러나 여러 사람이 다 알게 되었습니다.

작년에 재변이 일어나 태종이 세자에게 양위하겠다고 했을 때 모든 신민이 애통해했지만 민무구 형제는 오히려 좋아했는데, 이것이 '어린 세자를 끼고 정권을 장악하려는' '협유집권(挾幼執權)'의 마음이 있기 때문이라는 것이다. 민무구·무질 형제는 이때 세자 이제뿐만 아니라 효령대군(孝寧大君) 이보(李補), 충녕대군(忠寧大君) 이도(李裪) 등 태종의 다른 왕자들을 제거하려 했다는 혐의까지 받게 된다. 민무구가 태종에게 다른 대군들에 대해 이렇게 말했다는 것이다.

"세자 이외에 왕자 가운데 영기(英氣: 빼어난 기운) 있는 자는 없어도 좋습니다."

의아하게 생각한 태종이 물었다.

"제왕은 적장자 이외에 다시 다른 아들이 없는 것이 좋으냐?"

태종은 안암 이어소(移御所)에서 민무구에게 다시 물었다.

"임금은 반드시 아들 하나만 있어야 좋겠느냐?"

민무구가 답했다.

"신이 일찍이 그렇게 고했습니다."

이무 등은 이런 사례를 들면서 민무구를 극렬하게 비판했다.

"민무구의 뜻은 대개 종지(宗支: 장자 이외의 다른 아들)를 제거하고자 한 것이니, 장래의 화가 헤아릴 수 없습니다."

민무구가 세자 이외의 다른 모든 왕자들을 전부 제거하려 했다는 뜻이다.

양녕대군 이제가 세자로 책봉된 것은 3년 전인 태종 4년(1404) 8월 6일로, 열한 살 때였다. 민씨 형제들은 이제 열네 살이 된 양녕을 위태로운 마음으로 보고 있었다. 이런 마음이 효령, 충녕 등 다른 왕자들에 대한 불안한 마음으로 나타난 것이다. 이화 등은 상소문에서 민씨 형제에 대한 다른 사실들을 직접 거론하면서 비판했다.

민무질이 정승 이무의 집에 가서 "전하께서 마침내 나를 보전하지 않을 것인데, 앞으로 어떻게 해야겠소?"라고 원망하면서 불만을 표시했다는 말도 있고, 신극례에게는 "제왕의 아들 중 영기 있는 자가 많으면 난을 일으킨다"라고 했다는 말도 있었다. 세자 이외의 다른 왕자들을 제거하려 했다는 것이다.

이화 등은 민무질이 구종지(具宗之)의 집에 가서 "전하가 우리를 의심하고 꺼리신다"라고 말했다고 폭로하고, 또한 태종이 참소하는 말을 듣고 믿는다는 등 불손한 말을 여러 번 했다면서 "금장의 죄가 이보다 더 큰 것이 없습니다"라고 단언했다.

민씨 형제는 역적이라는 상소였다. 민씨 형제는 태종의 처남이자 정사·좌명 공신이고, 왕비의 친동생들이라는 점에서 누군가의 사주가 없다면 나올 수 없는 상소였다. 소두(疏頭: 상소문의 우두머리) 이화가 태조의 이복동생이자 태종의 숙부라는 점을 볼 때, 이 상소는 종친 세력이 외척 세력을 공격한 것이나 다름없었다. 그렇다면 이런 상소를 올리도록 사주할 수 있는 인물은 태종 이방원밖에 없었다.

종친 세력과 외척 세력 사이에는 거대한 전선이 형성되었다. 패하는 쪽은 죽거나 최소한 정계에서 축출될 수밖에 없는 싸움이었다. 민씨 집안은 발칵 뒤집혔다. 민무질은 대응에 나섰다.

"신이 변명하고자 합니다."

관련자들과 대질시켜달라는 요구였다. 곧 대질 심문이 이루어졌다. 먼저 호조참의 구종지가 나와서 진술했다.

"지난 해 8월 신이 민무질의 집에 갔을 때, '상당군(上黨君) 이저가 쫓겨난 후 나는 항상 주상께서 의심하고 꺼릴까 두려워했다. 이제 병권을 내놓으니 마음이 조금 편안하다'라고 했습니다."

자신에게 불리한 증언이 나오자 민무질이 구종지를 흘겨보며 꾸짖었다.

"내 입에서 이런 말이 나오지 않았는데 들은 자가 누구란 말이냐?"

구종지가 답했다.

"지금 사생(死生)이 관계되는 곳에 나와서 내가 어찌 거짓말을 하겠소?"

실제로 이저를 언급했다면 이는 매우 중요한 일이다. 이저에 대한 태종의 처사가 부당했다는 비난이기 때문이다. 이저는 태조의 장녀 경신공주의 부마로, 그 부친 이거이가 쫓겨날 때 함께 고향 진주로 쫓겨갔던 인물이다.

이조참의 윤향(尹向)의 자백도 민무질에게 불리했다.

"지난가을 주상께서 양위하고자 할 때에 민씨가 비밀리에 내재추(內宰樞)를 정했는데, 조희민(趙希閔)도 그중 한 사람이라고 했습니다."

내재추는 임금 가까이에서 국사를 의논하는 5~6명의 대신을 뜻한다. 고려 때의 제도인데 소수가 국정을 전단(專斷)하는 폐단으로 여겨 태조 이성계가 폐지했다. 태종이 양위하고 양녕이 집권하면 내재추를 부활시켜 조희민을 그중 한 사람으로 삼겠다고 말했다는 것이다. 협의 집권 혐의가 사실이라는 증언이었다.

이런 대답들이 나오자 백관들이 대궐 뜰에 모여서 민씨 형제의 처벌을 요청했다. 태종은 답했다.

"내가 장차 짐작하여 시행하겠다."

태종이 일단 유보했으나 대간은 가만히 있을 수 없었다. 태종의 마음이 이미 민씨 형제에게서 떠난 것을 눈치챈 대간은 연일 처벌을 요청했다. 이런 사건의 경우, 처벌이란 곧 사형이다. 태종은 옥사가 발생한 지 불과 이틀 만인 재위 7년(1407) 7월 12일 민무구는 황해도 연안으로, 민무질은 장단으로 유배 보내고 공신녹권과 직첩을 회수하여 서인으로 떨어뜨렸다. 신극례도 원주에 유배 보냈다. 7월 15일에는 상소 당사자인 영의정부사 이화와 정승 성석린, 이무 등을 불러 광연루(廣延樓)에서 술을 베풀면서 자신의 생각을 말했다.

"민무구 등 세 사람의 죄를 다시는 중하게 논하지 마라. 내가 끝까지 수도 안으로 소환하여 일을 맡기지 않는 대신 천년(天年: 하늘이 준 수명)을 마치게 할 것이니, 경들은 마땅히 이 뜻을 받들어 감히 다시는 논계(論啓)하지 마라."

민무구 등을 다시는 수도로 불러 벼슬을 시키지 않을 것이니 이제 그만하라는 권유였다. 그러나 이것이 태종의 진심이 아니라는 것은 말하는 사람이나 듣는 사람이나 모두 알고 있었다. 개국·좌명·정사

삼공신과 백관들이 연일 대궐에 나와 민씨 형제를 국문해서 죽여야 한다고 상소했다. 태종은 민씨 형제의 죄를 청하는 백관들을 피해 경복궁 동문으로 나와 덕수궁으로 가서 태상왕을 만났다.

민씨 형제가 공격당하는 가장 큰 혐의는 태종이 세자 양녕에게 양위하겠다고 했을 때 모든 신민이 애통해했지만 민무구 형제는 얼굴에 좋아하는 빛을 띠었다는 것이었다. 입 밖에 낸 말도 아니고 마음속 생각을 짐작해서 벌을 주는 것은 무리한 처사였다. 입 밖에 내지 않고 마음속으로 남을 비방하는 것을 처벌하는 법을 '복비(腹誹)'라고 하는데, 한 무제 때 시작된 것으로 훗날 많은 비판을 받았다. 태종은 훗날 자신이 복비법으로 처남들을 죽였다는 비난을 받을 것이 두려워 이렇게 말했다.

"복비법은 옛사람들도 비난한 것이다. 내가 전위(傳位: 왕위를 물려줌)하려다가 복위(復位)했을 때 민무구 형제가 기뻐하고 근심하는 빛을 번갈아 얼굴에 나타냈다. 내가 그 빛을 살피고 물었더니, 민무구가 '신은 신의 얼굴빛이 어떤지 알지 못하는데, 전하께선 어찌 이런 말을 하십니까?'라고 하였다."

형조와 대간에서 이거이를 죽이지 않았기 때문에 민무구 형제의 일이 발생한 것이라면서 민씨 형제의 처벌을 요구했을 때였다. 민무구의 말대로 감정을 표현하는 방식은 사람마다 다르기 때문에 얼굴빛만 가지고 사람을 단죄할 수는 없었다.

태종은 이때 민무구에게 이렇게 말했다.

"내가 들은 말이 없고 너도 한 말이 없으나, 네가 물러가 네 집에 돌아가서 향을 사르고 깊게 생각하면 네 마음이 바른지 바르지 않은지 알 수 있을 것이다."

그러면서 태종은 얼굴빛만 가지고 처벌하면 복비법에 가깝지 않겠느냐고 반문했다. 그러자 신하들은 얼굴빛뿐만 아니라 입으로도 나타냈으니 이들을 죽이는 것은 복비법과 상관없다고 주장했다.

그후로도 공신과 백관들은 연일 민무구 형제를 죽여야 한다고 주청했다. 심지어 대간에선 민씨 형제들을 처벌하지 않는 것에 불만을 품고 모두 사직하고 나오지 않았다. 태종은 11월 21일 이들을 불러 온화한 얼굴로 타일렀다.

"민무구·무질은 그 죄가 비록 중하지만 내게는 인친(姻親)이다. 내나이 열여섯 살 때 민씨를 얻어 오랫동안 함께 살았다. 부원군의 나이가 일흔에 가깝고 송씨가 병에 걸려 오래 누워 있는데, 만일 두 아들을 법으로 논한다면 부자의 마음이 어떠하겠는가? 내가 간하는 것을 굳게 막으려는 것이 아니라, 다만 사사로운 은혜 때문에 결단하지 못하는 것이다. 직첩과 녹권을 거두고 폐해 서인으로 만들어 시골로 추방했으니 이것으로 족하다. 훗날에는 마땅히 경 등의 청을 따르겠다."

'훗날에는 마땅히 경 등의 청을 따르겠다'라는 말은 장인, 장모가 세상을 떠나면 이들을 죽이겠다는 뜻이었다. 그러나 해가 지나도 민씨 형제들을 죽일 것을 청하는 상소는 끊이지 않았다. 그러던 태종 8년(1408) 9월 6일, 민무구가 몰래 한양으로 돌아와 민제의 집으로 들어갔다. 사헌부에선 아전을 보내 그 집을 감시하고, 대간에서 다시 민씨 형제의 사형을 주청하자 태종이 말했다.

"지금 그 아비의 병이 위중한데 조금만 나으면 마땅히 돌려보낼 것이다."

민무구가 한양으로 온 것은 태종의 허락이 있었다는 뜻이다. 며칠 후 태종이 민제의 집으로 직접 문병을 갔는데, 그 와중에도 민제는 의관을 정제하고 사위를 맞았다. 아들들을 살려달라는 무언의 호소였을 것이다. 태종이 문병한 지 엿새 후인 9월 15일, 여흥부원군 민제는 세상을 떠났다. 그의 졸기는 그가 온화하고 청렴해서 경전과 역사서에 마음을 두었으며, 재산에 욕심이 없어서 조금도 부귀한 티를 내지 않았고, 바둑을 즐기고 시를 잘 평론했다고 말한다. 세상의 티끌에서 벗어나려는 마음이 있었다고도 덧붙였다. 방원을 사위로 맞지 않았더라면, 사위가 임금이 되지 않았더라면 마음 편안하게 고종명했을 인생이었다.

태종은 민제가 세상을 떠난 지 보름 후인 재위 8년(1408) 10월 1일, 민무구 형제의 죄상을 일일이 열거한 교서를 중외에 발표했다.

재위 2년 자신에게 종기가 났을 때 민무구·무질 형제가 아홉 살 된 어린 아들을 끼고 국권을 쥐려고 꾀하였다는 것이 가장 먼저 열거된 죄상이었다. 그다음으로 이무에게 "전하께서 마침내 나를 보전하지 않을 것인데, 앞으로 어떻게 해야겠소?"라고 말했다는 것도 죄상으로 열거되었다. 또한 자신이 세자에게 양위하려다가 정사에 복귀한 날 "좋아하지 않는 표정이 얼굴에 넘쳤다"는 것도 주요 혐의였고, 세자 이외의 왕자들을 제거해 왕실을 약하게 만들려고 했다는 것도 거론되었다. 모두 궁중 내 권력투쟁과 관련된 혐의였다. 그런데 이 중에 백성들과 관련된 혐의도 있었다.

민씨 형제가 양인(良人) 수백 구를 억압하여 사천(私賤: 노비)을 만들었으므로, 그 사람이 신문고를 쳐서 알렸다. 그래서 승정원과 삼성에게 사실을 조사하게 해서 잘못 판결한 관원 김첨(金瞻) 등을 쫓아냈다.

권력형 비리 사건이었다. 앞서 이거이 역시 남의 노비를 빼앗은 일로 태종의 눈 밖에 났다. 태종은 이러한 권력형 비리에 민감하게 반응했다. 민씨 형제는 자유민 수백 명을 자신의 노비로 전락시켰다. 졸지에 노비로 전락한 백성들은 하소연할 곳이 없었다. 상대는 국왕의 혁명 동지에 처남이고 왕비의 친동생들이었다. 관리 김첨은 민씨 형제 편을 들지 않을 수 없었다. 노비로 전락한 백성들은 마지막 수단으로 태종이 만든 신문고를 쳤다. 태종은 이런 권력형 비리가 방치된다면 고려 말과 다를 것이 없다고 생각했다. 개국한 지 20년이 채 되지도 않았는데, 고려를 멸망에 이르게 한 권력형 비리가 반복 재현되고 있었다.

이거이와 이저 부자 사건과 민무구·무질 형제 사건은 임금과 공신 사이를 근본적으로 뒤바꾸어놓았다. 태종 즉위 초만 해도 정사·좌명 공신들은 태종과 혁명 동지라는 의식이 강했다. 군신 관계를 뛰어넘는 동지 관계라고 생각했던 것이다. 그러나 이거이와 이저 부자 사건과 민무구·무질 형제 사건은 이런 동지 관계를 군신 관계로 확실하게 전환시켰다.

또한 이 사건은 권력형 비리에 대한 뚜렷한 기준이 되었다. 그 누구도 백성들의 토지를 빼앗거나 양민을 노비로 전락시키는 것은 용납되지 않는다는 것이 분명해졌다. 태조와 태종의 겹사돈인 이거이 부자가 죽음의 위기에 몰리고, 혁명 동지에 처남인 민무구 형제가 나락에 떨어지는 것을 보면서 그 누구도 백성들의 신체나 재산을 빼앗을 생각을 하지 못하게 되었다. 태종의 피의 숙청으로 조정과 세상이 맑아진 것이다.

하지만 이 일에 공신들이 불만을 갖는 것은 당연한 결과였다. 겉으로는 이거이, 이저 부자와 민무구·무질 형제를 죽여야 한다고 거듭 주청했지만 속으로는 이들이 별것도 아닌 일로 억울하게 당했다는 생각이 가득했다. 이런 분위기 속에서 태종 9년(1409) 윤목(尹穆)·이빈 등의 옥사가 발생했다. 윤목은 태종 1년(1401) 좌명공신 4등에 책록되었고, 태종 3년에는 원평군(原平君)으로 봉군(封君)된 공신이다. 윤목은 태종 9년 8월 명나라 남경에 부사(副使)로 갔다가 귀국했는데, 요동에서 한성소윤 정안지(鄭安止)에게 민무구 형제 사건에 대해 속마음을 털어놓았다.

"회안군(방간)은 그 공이 심히 크고, 여강군(驪江君: 민무구)·여성군(驪城君: 민무질) 또한 왕실에 공이 있는데, 주상과 나라에서 처치한 것은 잘못되었소."

민씨 형제들뿐만 아니라 회안군 이방간에 대한 처리까지 잘못되었다는 비판이었다. 요동의 성 밑에 이른 윤목은 성읍이 황폐한 것을 보고 정안지에게 또 말했다.

"요부전하(遼府殿下)는 고황제(高皇帝: 주원장)의 아들인데 초야에 버려져 있으니 애석하오!"

요부전하가 누구를 뜻하는지는 분명하지 않다. 명 태조 주원장의 열다섯째 아들로, 요동을 다스리는 요간왕(遼簡王)에 봉해진 주식(朱植)을 뜻하는지도 모른다.

이 역시 초야로 유배를 가 있는 방간을 애석해한 말이었다. 민씨 형제뿐만 아니라 방간까지 동정한 것은 중대한 사태였다. 방간은 방원과 정종의 후사를 놓고 시가전을 벌인 장본인이기 때문이다. 이렇듯 태종이 공신들에게 가혹하게 대하면서 차라리 방간이 즉위하는 것이 나았겠다는 분위기가 일고 있었다.

한편, 윤목의 발언이 알려지자 조정은 발칵 뒤집혔다. 태종 9년(1409) 9월 12일, 조영무가 나서서 처벌을 주창했다.

"농사꾼이 풀을 뽑는 것은 곡식의 싹을 위한 것입니다. 어찌하여 악인을 제거하지 않고 조정에 섞이게 하십니까? 민무구·무질·회안군(방간)의 무리가 밖에 포열해 있으니 반드시 공모하여 일어날 자가 있으리라 모두들 생각합니다. 지금 다행히 하늘에서 그 단서를 열어놓았는데도 베지 않으면 이는 공신들에게 모두 모반하라고 시키는 것이나 다름없습니다."

조영무의 말에 태종은 웃으면서 말했다.

"내가 장차 생각해보겠다."

태종이 진심으로 웃은 것은 아니었다. 태종에게도 공신들의 반발은 두려운 일이 아닐 수 없었다. 그래서 가장 신경 쓴 것이 군권을 확고하게 장악하는 것이었지만, 앞으로 발생할 일에 대해서까지는 알 수 없는 법이었다. 순금사에서 윤목은 목을 베는 처참(處斬)에 해당하고, 정안지는 장 100대에 도(徒) 3년에 해당한다고 아뢰었다. 태종은 각각 한 등(等)을 감해 윤목은 유배 보내고, 정안지의 장 맞는 대수도 줄여주었다. 대간은 물론 의정부까지 나서서 윤목을 죽여야 한다고 주청했지만 태종은 요청을 거부했다.

"윤목의 말은 한담(閑談)에 불과하다. 게다가 집권한 대신도 아닌데 어찌 그렇게 할 수 있겠는가? 하물며 공신이 아닌가? 처참할 수는 없다. 성명(性命)을 보존케 하는 것이 좋다."

태종은 두 사람을 유배형으로 결론지었다. 그러나 이 사건은 이렇게 끝나지 않을 운명이었다. 윤목이 호조판서 이빈과 정승 이무도 만났기 때문이다.

이빈은 우왕 14년(1388) 동북면 부원수로서 위화도 회군에 동조해 회군공신에 봉해지고, 조선 개국 후 원종공신이 된 인물이다. 이무는 1차 왕자의 난 때 궁궐에서 숙직하다가 방원의 편에 섰던 장수로 정사 2등, 좌명 1등공신이다. 윤목은 이빈에 대해 이렇게 증언했다.

"지난해 가을 이빈의 집에 갔을 때 이빈이 저에게 '여묘살이 할 때 여성군(민무구)을 두 번 만났는데 만일 그의 말과 같다면 죄가 없다'라고 말했습니다."

이빈이 민무구를 옹호했다는 것이다. 윤목은 또한 이무도 끌어들였다. 이무가 선흥에 있는 조상의 묘에 성묘하면서 이빈에게 기뻐하지 않는 낯빛으로 이렇게 말했다는는 것이다.

"나 같은 대신은 있어도 없는 것과 같소. 민씨의 죄를 빨리 청하지 않는다고 유양에게 모욕을 당했소. 민무질의 일은 내가 중간에서 잘못 전한 거요. 내가 주상 앞에서 변명하려고 했지만 감히 하지 못했소."

그러나 민무구 형제에 대한 공격의 배후가 태종이라는 사실은 모두 알고 있었다. 하지만 태종의 처사에 불만을 표한 이상 살아남기는 힘들었다. 결국 이무는 창원으로 죽산으로 유배 다니다가 사형당했다.

윤목은 사천으로 유배 가서 사형당했다. 이빈은 장흥에 유배 갔다가 사형당했다.

이 사건의 화살은 유배지에서 겨우 목숨을 부지하고 있던 민씨 형제에게 향했다. 성석린 등이 다시 상소를 올려 민씨 형제의 처단을 요구한 것이다.

"민무구·무질 등의 죄는 천지간에 용서할 수 없습니다. 단 하루라도 세상에 살아 있으면 안 됩니다."

이때 민씨 형제는 제주도로 이배되어 있었다. 태종은 민씨 형제에게 스스로 목숨을 끊을 것을 명하였다. 그나마 고문 끝에 죽이지 않은 것이 태종이 베푼 마지막 선처라면 선처였다. 태종 10년(1410) 3월 17일의 일이다.

태종은 처남들을 사형시킨 지 1년 후, 꺼진 불도 다시 보자는 식의 외척 경계론을 담은 교지를 발표했다.

무릇 집안과 나라를 다스리는 일을 논한다면 궁궐 가까이에 외척을 들이는 것은 임금의 원대한 계책이 아니다. 지금은 나라가 평안하여 내외에 걱정할 것이 없지만 외척의 폐단을 잊으면 훗날 다시 발생할지 어떻게 알겠는가?

태종은 의정부에서 아뢰는 것을 받아들이는 형식으로 외척을 군(君)으로 봉하는 봉군(封君)제도를 없앴다. 외척의 정사 개입을 근본적으로 차단하려는 것이었다. 그러나 태종 15년(1415), 남은 두 처남 민무휼(閔無恤)·무회(無悔) 형제의 옥사가 발생했다. 노비 소송에 패한 전 황주목사 염치용(廉致庸)이 "태종의 후궁 혜선옹주(惠善翁主) 홍씨와 영의정 하륜 등이 뇌물을 받았기 때문에" 패소했다면서 민무회에게 억울함을 호소한 것이 발단이었다. 민무회가 충녕에게 이를 알렸고, 충녕은 이를 태종에게 전했다. 충녕에게서 송사 이야기를 들은 태종은 크게 화를 냈다.

"한낱 노비 소송에 임금을 연루시키는 법이 어디 있는가?"

이에 남은 두 처남도 유배형에 처해졌는데, 잇단 비위 사건으로 처지가 불안했던 세자 양녕이 느닷없이 두 외삼촌을 공격하고 나서면서 상황은 더욱 악화되었다. 태종 15년(1415) 6월 6일, 태종이 편전에서 세자 양녕과 효령·충녕 두 대군을 만나고 있는데, 세자가 두 외삼촌 이야기를 꺼냈다.

"작년에 중궁(中宮: 민씨)이 편찮아서 민무휼·무회 형제가 문병을 왔는데, 민무회의 말이 가문이 패망하고 두 형이 죄를 얻은 이유에 미치기에 신이 '민씨 가문이 교만하고 방자하여 불법을 자행하는 것이 다른 성씨에 비할 것이 아니었으므로 당연히 화를 입은 것이다'라고 말했더니 민무회가 '세자께서는 우리 가문에서 자라지 않으셨습니까?'라고 말해서 신이 잠자코 있었습니다."

비록 친형제이기는 하지만 민무회가 두 형이 억울하게 죽었다고 말한 것은 심각한 사태를 초래할 빌미가 될 수도 있는 말이었다. 민무구·무질 형제를 옹호하는 사람들은 공신이라 할지라도 모두 죽임을 당했기 때문이다.

세자는 덧붙였다.

"조금 있다가 민무휼이 신을 따라와, '민무회가 실언했으니 이 말을

**이숙번 묘. ⓒ최진숙**

이숙번은 방원의 심복으로 두 차례의 왕자의 난 때 큰 공을 세웠다. 병조판서와 찬성을 지내고 안성부
원군에도 봉해졌으나, 오만한 성격으로 탄핵을 받아 경상남도 함양에 유배되었다. 그의 묘는 경기도 시
흥시에 위치해 있다.

드러내지 마십시오' 하기에 신이 오랫동안 여쭙지 못했는데, 오늘날
에도 개전의 마음이 없고 또 원망하는 말이 있으니 이에 아룁니다."

태종이 민무휼·무회을 불러 물었으나 두 사람은 그런 말을 하지
않았다고 부인할 수밖에 없었다. 물론 태종은 이 말을 믿지 않았다. 태
종은 이렇게 말했다.

"이들의 일은 다만 늙은 어미가 집에 있기 때문에 차마 법에 따라
처치하지 못할 뿐이다."

이런 상황에서 태종 15년(1415) 겨울, 왕자 이비(李裶)의 참고(慘苦)
사건이 터지면서 상황은 최악으로 치달았다. 태종은 6~7년 전 잠시

입궐했던 민씨 친정의 여종을 임신시켰다. 이 사실을 안 왕비 민씨가 12월에 산통을 시작한 여종과 갓난아이를 죽이려다가 실패했다. 자신의 혈육과 그 모친을 죽이려 했던 사실을 알게 된 태종은 민무회 형제 사건을 재조사시켰고, 그 결과 세자에게 "무구·무질은 모반죄로 죽었으나 사실은 무죄입니다"라고 옹호한 사실이 추가로 드러나 앞서 자결한 두 형처럼 목숨을 잃어야 했다.

외척뿐만 아니라 측근 중의 측근 이숙번도 우의정에 제수되지 않은 것에 불만을 품었다가 귀양 간 후 평생 도성에 들어오지 못하는 벌을 받았다.

공신 이무 등이 사형을 당하고, 네 처남도 사형을 당했으며, 태종의 측근 중 측근이라 할 수 있는 이숙번조차 평생 유배형에 처해지면서 공신 집단은 와해되었다. 임금과 군신 관계가 아니라 혁명 동지라고 생각하던 공신 집단이 모두 해체된 것이다.

자신이 법 위의 존재라고 생각하던 공신들은 이를 계기로 자신들도 법 아래 존재라고 낮추게 되었다. 국왕과의 친분에 의한 권력의 사적 점유를 태종은 확실히 단절시켰다. 공신들은 태종의 피의 숙청에 불만을 가졌지만, 이를 겉으로 드러낼 수는 없었다. 국왕의 사돈과 친척도 죽어가는 판국에 감히 백성들의 재산에 손을 댈 수도 없었다. 피도 눈물도 없는 태종의 가혹한 공신 숙청으로 조선은 점점 정상적인 왕조가 되어갔다.

# 조선 개창의 완성, 노비종부법

개혁에서 제외된 노비들

태종 7년(1407) 2월 15일, 개국 2등공신인 남양군(南陽君) 홍길민이 죽었다. 그런데 그의 졸기에 이런 기사가 있다.

> 홍길민은 대대로 귀하고 현달했으며 큰 부자여서 노비가 1000여 명이나 되었으나 성품이 단정하고 밝아서 사치하고 화려하게 살지 않았다.

노(奴)는 남자 종, 비(婢)는 여자 종을 뜻한다. 홍길민 한 사람이 무려 노비 1000여 명을 소유했다는 것이다. 문제는 이것이 비단 홍길민 한 사람만의 일이 아니었다는 점이다. 노비는 크게 관청에 속한 공노비와 개인에게 속한 사노비로 나뉘는데, 사노비는 물건처럼 매매되었다. 고려 때에는 공민왕이 설치한 '전민변정도감(田民辨正都監)'이라는 개혁 기구가 있었는데, 전(田)은 토지 문제를 뜻하고 민(民)은 노비 문제를 뜻한다. 말 그대로 토지와 노비 문제를 해결하는 기구였다. 그런데 이성계와 정도전은 토지 문제는 혁명적으로 해결했지만 노비 문제는 사실상 손을 놨다. 이성계도 이 사실을 솔직히 인정했다. 태조 이성계는 개국 직후인 재위 1년(1392) 12월 27일 도평의사사에 교지를 내려 이렇게 말했다.

전조인 고려 말기에 토지와 노비의 법이 극도로 문란해졌다. …무진년 (1388)에 회군한 후 사전을 혁파해 토지의 경계를 바로잡으니 민심이 안정되고, 수도와 지방이 점차 편안해졌다. 그러나 노비에 대한 한 가지 일은 그전의 폐단을 그대로 따라서 그 끝이 없으니 새로운 정치를 하는데 개혁하지 않을 수 없다.

노비 문제는 토지 문제와 함께 개혁의 중요한 두 과제였다. 그래서 이성계는 사전 혁파로 토지 문제를 해결한 것처럼 노비 문제도 해결하겠다고 선언했다. 그러나 그 해결책이 아주 부차적인 것에 지나지 않았다. 사전 혁파처럼 노비 혁파를 해결책으로 삼은 것이 아니라 이 날짜(12월 27일)를 기준으로 그전부터 자신이 양민이라고 호소했던 노비들을 심사해 강제로 천인이 된 자들만 양민으로 삼으려 했기 때문이다. 공민왕 때 신돈(辛旽)이 추진한 노비변정도감의 개혁 조치보다 못한 처사였다.

이때 이성계는 "신축년 이후에 도망한 노비들에게는 이런 한계를 두지 않는다"라고 말했다. 신축년이란 공민왕 10년(1361)을 뜻하는데, 이해 홍건군 10만 명이 국경을 넘어 남하하자 공민왕은 남쪽으로 피난을 갔다. 그런 가운데 노비 문서가 대거 불타 없어졌다. 홍건군이 불태웠는지 노비들이 불태웠는지는 분명하지 않지만 홍건군의 침략으로 노비 문서가 대거 재가 된 것은 분명 사회적으로 긍정적인 측면이 있었다. 아마 임진왜란 때 노비들이 형조와 노비를 관할하는 장예원에 난입해 불 지른 것처럼, 이때 역시 노비들이 문서를 불태웠을 가능성이 높다.

토지 개혁을 통한 개국이란 건국 기획을 갖고 있던 역성혁명파는 노비 문제도 혁파에 방점을 두고 바라봤어야 하지만 그렇게 하지 못했다. 그래서 여전히 홍길민처럼 한 개인이 1000여 명의 노비를 거느리는 부조리한 현상이 만연했던 것이다. 자신은 물론 처자식과 부모까지 마치 물건처럼 거래되는 사람이 다수 존재하는 사회는 정의롭지 못할 뿐더러 안정될 수 없다는 것은 두말할 필요도 없을 것이다. 이 문제는 반드시 해결되어야 할 과제였다.

태조 7년(1398) 6월 18일, 형조의 보고에 따르면 당시 노비들의 몸값은 말값의 3분의1 정도에 지나지 않았다.

"무릇 노비의 값은 많아도 오승포(伍升布: 중간 정도 품질의 베) 150필에 불과한데, 말값은 400~500필에 이르니, 이는 가축을 무겁게 여기고 사람을 가볍게 여기는 것이므로 이치에 거스르는 것입니다."

말 한 마리 값이 노비 세 사람 값 이상 나가니 이치에 거스른다는 것은 당연히 옳은 말이다. 그런데 이 문제에 대해 형조에서 내놓은 대책은 노비 제도를 철폐하자는 것이 아니라 노비 매매가를 올리자는 것이었다.

"지금부터 무릇 노비의 값은 남녀를 물론하고 15세 이상에서 40세 이하인 자는 오승포 400필로 하고, 14세 이하인 자와 41세 이상인 자는 300필에 매매하기로 의논하여 결정해야 합니다."

노비 가격이 너무 싸니 세 배 정도 올려서 매매해야 한다는 제안이었다. 이성계는 이를 윤허했다. 하지만 시장 가격을 무시한 이런 발상이 성공할 리 없었다. 그러나 이런 현실에 내포된 더 큰 문제는 같은 사람인 노비를 물건으로 바라보는 비인간적 시각이었다.

노비는 당초에 전쟁포로나 중벌을 범한 죄인들이었다. 그러다가 고려 때 노비가 대폭 늘어났는데, 빚을 못 갚은 양민들을 노비로 삼았기 때문이다. 한번 노비가 되면 주인이 속량(贖良: 양인으로 만듦)시켜주기 전에는 자손대대로 노비가 되어야 했다. 또한 빚에 대한 이자가 기하급수적으로 불어나면서 노비로 전락하는 양민들이 속출했다. 이처럼 이자가 기하급수적으로 불어난 것은 고려의 이자 제도인 자모법(子母法)이 붕괴됐기 때문이다. 모(母)는 본전, 자(子)는 이자를 뜻하는데, 자모법은 본전에만 이자가 붙을 뿐 아니라 그 이자가 본전을 넘지 못하게 한 것으로 일본일리(一本一利)라고도 했다. 고려 말 권세가들은 이 법을 무력화시키고 본전에만 이자가 붙는 단리(單利)가 아닌 이자에도 이자를 붙이는 복리(複利)로 계산했다. 이에 따라 빚이 기하급수적으로 늘어나고 노비도 급증하게 된 것이다. 이 문제에 대해 태조 1년 (1392) 11월 17일, 도평의사사는 이렇게 주청했다.

"우리 조정은 양민과 천민의 법이 엄격한데, 양민이지만 부채를 갚지 못하는 자를 영원히 노비로 삼으니 매우 이치에 맞지 않습니다."

도평의사사는 빚을 노비의 사역가와 비교해서 다 갚은 사람은 방면시키고 이자에는 이자를 붙이지 못하게 해야 한다면서, 이를 어기면 양민을 억압해 천민으로 만든 죄로 다스려야 한다고 주청했다. 이성계가 도평의사사의 주청을 받아들여 부채 때문에 노비로 전락하는 양인의 수는 대폭 줄어들었지만, 노비 제도 자체는 계속 유지되었고 노비 소송도 끊이지 않았다.

노비 소송은 크게 두 가지로 나눌 수 있었다. 하나는 노비 자신이 원래 양민인데 억울하게 노비로 전락했다고 소송하는 것인데, 이를 소량(訴良)이라고 한다. 또 하나는 노비 주인들끼리 같은 노비를 두고 서로 자신의 노비라고 소송하는 것이다.

이렇듯 노비 문제가 계속 제기되자 이성계는 이 문제를 해결하기 위해 재위 4년(1395) 12월 노비변정도감을 설치했다. 노비변정도감의 가장 중요한 현안은 자신이 노비가 아니라 양인이라고 주장하는데, 문적이 분명하지 않은 경우였다.

노비변정도감은 노비 문제를 다각도로 검토한 후 태조 6년(1397) 7월 25일 이에 대해 종합적으로 보고했다. 먼저 공민왕 10년(1361) 홍건군의 침략 때 문적이 모두 불타서 사실 여부를 판단하기 어려운 경우는 소송 자체를 금지시켰다. 가장 중요한 것은 자신이 양인이라고 주장하는 노비들에 대한 판결 방침이었다. 양인의 호적에 없지만 천인의 호적에도 없어 그 시비가 불분명한 경우가 가장 문제였다. 이 경우 노비로서 일한 증거가 없으면 모두 양인으로 종량(從良: 양인에 속하게 함)시켰고, 대를 이어 노비로 사역한 경우는 노비로 판정하게 했다.

그런데 아무리 기준을 마련해도 양인인지 천인인지 불분명한 경우가 속출했다. 이에 대비해 이성계가 낸 묘안이 바로 신량역천(身良役賤)이란 절충안이다.

"천인의 호적이 분명한 자는 천인으로 하고, 양인인지 천인인지 호적이 불분명한 자는 몸은 양인으로 삼되 하는 일은 천인으로 삼아 관사(官司)의 사령(使令)으로 정하여 붙이라."

천인 호적에 분명히 이름이 있으면 천인으로 하되, 양인인지 천인인지 불분명할 경우 몸은 양인으로 삼되 일은 천인의 일을 하게 하라는 뜻이다. 이것이 바로 몸은 양인인데 일은 천인의 일을 하는 '신량역천'이다.

이성계가 이 같은 묘안을 내야 할 만큼 조선의 노비 제도는 복잡했다. 양인이라고 주장하는 노비 문제뿐만 아니라 노비를 상속하는 문제도 복잡하기가 이루 말할 수 없었다. 노비의 주인이 죽었을 때 그 노비를 누가 물려받는가도 중요한 문제였다.

노비의 주인이 자식 없이 죽고 양자만 있는 경우에는 언제부터 양자가 되었는가가 기준이 되었다. 세 살을 기준으로 수양자(收養子)와 시양자(侍養子)로 양자를 구분했는데, 세 살 전의 어린아이를 데려다가 자기 성을 준 양자를 수양자, 세 살 이후에 데려다가 기른 양자를 시양자라고 했다. 이런 구분이 중요한 이유는 수양자는 자신의 후사를 잇게 하려는 목적으로 기른 것이고, 시양자는 이런 목적이 없는 경우이기 때문이다. 그래서 수양자는 노비는 물론 양부의 전 재산을 모두 상속받았지만, 시양자는 노비를 물려준다는 문서가 있을 경우에만 노비를 받고, 문서가 없으면 양부가 갖고 있던 노비의 절반만 받았다. 나머지 반은 집안의 제사를 주관하거나 평소 고인에게 효도한 친척에게 차등 있게 나누게 했다.

심지어 먼저 죽은 형제가 불효자였다면서 노비를 주어서는 안 된다고 주장하는 경우도 있었다. 사전을 혁파하는 것으로 토지 문제를 혁명적으로 해결한 것처럼 노비 문제도 노비 혁파를 기본 방침으로 세워서 처리했어야 하는데, 그렇게 하지 못해 많은 문제가 발생했다.

태종은 노비 문제로 계속 시끄러운 것을 보면서 노비 문제를 혁명적으로 처리하는 것이 새 왕조 개창을 완성하는 길이라고 생각하게 되었다.

태종은 재위 7년(1407) 5월 22일, 가뭄이 극심하자 내외에 구언(求言)했다.

"지금 막 여름이 시작되었는데, 가뭄이 너무 심하다. 과인이 덕을 잃은 것이 있는가? 종친(宗親: 왕의 친척)이 부도(不道)함이 있는가? 대신이 세상을 조화롭게 다스리지 못함인가? 이 가뭄을 부른 것이 있을 것이다. 너희들은 직책이 언관(言官)으로 있으면서 어찌 이에 대해 한마디도 안 하는가?"

언관이란 임금이나 대신들에게 쓴소리를 하는 직책으로, 대개 사헌부나 사간원의 관원들을 가리킨다. 이들은 쓴소리 하는 것이 본래의 임무다. 태종은 사헌부·사간원의 언관과 형조(刑曹)에서 실무를 담당하는 형조좌랑을 불러 왜 쓴소리를 하지 않느냐고 꾸짖었으나 이들은 변명을 늘어놓을 뿐이었다.

"가뭄을 부른 이유를 신 등은 알지 못합니다. 만일 말할 만한 것이 있다면 어찌 감히 입을 다물고 말하지 않겠습니까?"

태종은 무릇 왕이라면 국사에 무한 책임을 져야 한다고 생각하는 군주였다. 또한 종친, 즉 왕실과 대신들도 국사에 무한 책임을 져야 한다고 생각했다. 그래서 가뭄이 온 것은 자신이나 대신들이 정치를 잘못했기 때문에 하늘이 꾸짖는 것 아니냐고 지적한 것이다. 물론 언관들의 말처럼 태종의 잘못으로 가뭄이 온 것은 아니지만, 태종의 생각은 달랐다. 그래서 자신이 모르는 잘못이 있는지 말해달라고 구언했던 것이다. 구언에 의해 올리는 응지상소(應旨上疏)는 임금을 직접 지칭해서 비판해도 처벌하지 않는 것이 관례였다. 태종의 구언에 응해 여러 사람이 상소를 올렸는데, 그중 형조 우참의(右參議) 안노생(安魯生) 등은 노비 소송이 끊이지 않는 것이 가뭄을 부른 원인이라고 주장했다.

형제자매, 백숙부(伯叔父: 큰아버지, 작은아버지)는 한 집안의 가까운 친척이니 마땅히 친애하고 화목해야 하는데, 지금 노비의 일로 인하여 친한 것을 잊고 의를 해치며 골육간에 서로 싸우고 다투는 자가 많습니다. 노비를 얻지 못한 자는 분해하고 원망하며, 심지어 그 자손들이 서로 이어 보복해서 영원히 원수가 됩니다.

노비 문제 때문에 골육상잔(骨肉相殘)의 소송이 자주 발생하다 보니 하늘의 원기가 다쳐 가뭄이 계속된다는 논리였다. 같은 인간으로 태어나 노비가 된 원통함이 가뭄을 부른 것이 아니라 노비를 차지하기 위해 친족들끼리 싸움을 벌이는 현실이 가뭄을 불렀다는 것이다. 사대부들은 그만큼 노비를 소유하는 데 집착했다.

태종 4년(1404) 1월 12일에는 노비 상속 문제로 신문고를 치는 일까지 발생했다. 고려 때 판삼사사를 역임한 전보문(全普門)의 아내 송씨가 자손 없이 죽었는데 노비가 아주 많았다. 이때 판서(判書) 허금(許錦)이 자신이 송씨의 양자라고 칭하며 노비를 다 차지했고, 이어서 그의 아들 전 전의소감(典醫少監) 허기(許偟) 등이 상속을 받았다. 그런데 송씨의 친가 및 외가 사람들이 노비변정도감에 소송을 제기해 노비를 다 빼앗은 것이 문제가 되었다. 송씨의 친가 및 외가 사람들이 모두 쟁쟁한 권력자들이었던 것이다. 태종의 사돈이자 세자 이제(양녕)의 장인인 여흥부원군 민제, 1차 왕자의 난 이후 책봉한 정사 1등공신 좌정승 하륜, 개국 3등공신이자 태종 즉위 직후 책봉한 좌명 4등공신인 이직 등이 노비를 빼앗은 송씨의 친가 및 외가 사람들이었다. 이에 당초 노비를 상속 받은 허기가 신문고를 쳐서 원통함을 호소한 것이다. 태종은 양측의 주장을 담은 문건을 모두 가져오게 해서 직접 살펴본 후 대간을 불러 말했다.

　"양쪽의 시비는 누가 옳은지 내가 이미 알고 있다. 그러나 대신도 작은 일을 직접 하지 않는데 하물며 임금은 어떻겠느냐? 너희들은 사흘 안에 그 시비를 판단해서 아뢰라."

　태종이 이미 누가 옳고 그른지 알고 있다고 했기 때문에 대간은 어느 공신도 편들 수 없었다. 대간은 그래서 허기는 문서를 위조했고, 민제 등은 송씨의 일가이기는 하지만 사촌이 아니라고 보고했다. 후사가 없이 죽을 경우 사촌까지만 노비를 차지할 수 있었다. 대간의 보고를 들은 태종은 이 노비들을 모두 국가에 속하게 했다.

　이 사건은 사대부 수십 가문이 고소에 고소로 뒤얽혀 장안의 화제가 되었다. 이후에도 조부녀의 손자 김한제가 태조와 태종의 겹사돈인 이거이가 노비를 빼앗았다고 신문고를 치는 등 노비 소송은 끊이지 않았다. 태종 13년(1413)에만 2000건 이상 노비 소송이 진행됐다. 그래서 태종은 먼저 노비의 소유 관계를 명확하게 하는 기준을 만들기로 마음먹었다.

태종 4년(1404) 6월 24일, 형조도관(刑曹都官)에서 기준을 마련해 보고했다. 노비의 주인이 살아 있을 때 미리 누구에게 상속할 것인지 관청에 문서로 보고한다. 갑자기 죽을 경우에는 관청에서 임시로 재주(財主: 노비의 주인)가 되어 자손들에게 고르게 나누어준다. 만약 관사에서 불공평하게 나누어주면 뇌물을 받은 범장(犯贓)으로 논죄한다. 이해 7월 10일 이후부터는 사사롭게 노비를 주고받을 경우 모두 관청에 속하게 한다.

태종 5년(1405) 4월에는 노비 소송이 벌어지지 않도록 노비 문서를 작성하는 법을 세웠다. 친족이나 이웃 사람 중 벼슬이 있는 자 두셋 이상을 증인으로 세워서 문서를 작성해야 했다. 노비의 주인이 죽은 후 소유권을 둘러싸고 소송이 발생하는 것을 막기 위한 방안이었다.

태종 5년 9월 6일, 의정부에서 그동안 있었던 각종 사례를 참고해 20조항에 달하는 노비 판결에 대한 법을 보고하자, 태종은 이를 윤허했다.

"무릇 양인인지 천인인지 서로 소송하는 자는, 양적(良籍: 양인의 호적)이 명백하면 양인으로 삼고, 천적(賤籍: 천인의 호적)이 명백하면 천인으로 삼고, 양적, 천적이 모두 명백하지 못하면 사재감(司宰監)의 수군(水軍)으로 충당하라."

사재감은 궁중에서 쓰이는 생선을 공급하던 관청으로 사재감의 수군은 군인이라기보다는 사재감 소속 어부를 뜻했다. 사재감 소속 수군은 비록 노비는 아니지만 하는 일은 노비와 같았다. 앞서 말한 몸은 양인이지만 하는 일은 노비의 일인 신량역천이었다.

이처럼 사람인 노비를 물건처럼 다루다 보니 걸리는 문제가 한둘이 아니었다. 우선, 할아버지나 아버지의 비첩(婢妾), 즉 여종을 첩으로 삼아서 낳은 자식들의 신분 문제가 있었다. 이들은 신분은 다르지만 할아버지나 아버지의 소생이란 점에서 상속자들과 동기(同氣)의 골육이다. 할아버지나 아버지의 정기로 낳은 사람을 노비로 삼는 것은 효(孝)라는 이념에도 배치됐다. 그래서 약간의 융통성을 두었다.

조(祖), 부(父)의 비첩 소생은 본래 동기의 골육이므로, 오로지 천한 노비의 예로 사역시킬 것이 아니라 재주(財主)가 문서를 만들어서 사역을 방면(放免: 면제시킴)하고 자기 비첩 소생은 영구히 방면하여 양민으로 삼아 사재감 수군에 충당하라.

조상 대대로 노비였으면 모르지만 양반 사대부가 첩에게서 낳은 자식들은 문제가 간단하지 않았다. 양반 사대부의 적실(嫡室)은 남편과 대등한 관계였다. 적실 외에 양인 여인을 첩으로 얻은 양첩(良妾: 양인첩)과 천인 여인을 첩으로 얻은 천첩(賤妾) 또는 비첩(婢妾)은 적처보다 신분이 낮았다. 문제는 그 자식들의 신분이었다. 아버지는 양반 사대부이지만 어머니가 천첩이어서 노비가 된 사람과 조상 대대로 노비였던 사람이 같은 신분이 되어야 했던 것이다. 적실에게 자식이 없을 경

태종이 걸어간 제왕의 길 ● 221

우, 문제는 더욱 심각해졌다. 태종은 재위 5년(1405) 9월 6일 이런 경우의 상속 제도를 마련했다.

적실에게 자식이 없으면 양첩 자식에게 노비를 전부 주고, 양첩도 자식이 없으면 천첩 자식에게 7분의 1을 준다. …적실에게 자식이 있으면 양첩 자식에게 7분의 1을 주고, 천첩 자식에게 10분의 1을 준다. 적실에게는 딸만 있고 양첩에게 아들이 있으면 3분의 1을 주고, 양첩의 아들 중 승중(承重: 제사를 받듦)한 자는 반을 나누어준다.

이 상속법에 따르면 천첩 자식인 노비가 노비를 소유할 수 있었다. 노비가 노비를 소유하는 기현상이 발생하는 상속법이었다. 많은 재산을 상속받는 부유한 노비가 생길 수도 있게 된 것이다. 게다가 양첩의 아들이 부친의 종통을 이어 제사를 받들면 전체 재산의 반을 나누어 가질 수 있었다.

상속이나 증여에 의해 노비를 갖는 것을 전득(傳得)이라 하는데, 특히 전득 노비에 대한 소송이 잇따랐다. 태조 이성계는 노비를 상속한다는 전계(傳繼) 문서가 있을 경우 모든 노비를 갖게 했는데, 이에 불복하는 소송이 잇따랐다. 비록 상속 문서가 있더라도 애매한 경우가 속출했기 때문이다. 태종은 이 문제를 합리적으로 정리할 필요를 느꼈다.

재위 13년(1413) 9월 1일, 태종은 편전에서 하륜 등 신하들에게 이렇게 말했다.

"만약 전득한 자에게 노비를 모두 준다면 한 사람은 반드시 원망할 것이다. 중분(中分: 반으로 나눔)하여 두 사람에게 준다면 본래 동종(同宗: 같은 일가)이니 반드시 큰 원망이 없을 것이다. 대저 골육상잔은 이러한 까닭에서 생기니, 이렇게 하는 것이 어떻겠는가?"

한 사람이 모든 노비를 차지하는 노비전득법을 둘로 나누는 노비 중분법(奴婢中分法)으로 바꾸자는 것이었다. 노비 상속을 두고 분쟁이 벌어질 경우, 둘이 똑같이 나누어 가지라는 뜻이었다. 지금의 민법에서 설정하고 있는 유류분(遺留分)과 비슷한 개념이다. 유류분은 일정한 범위 내의 유족에게 일정한 액수의 상속을 법으로 보장하는 것이다. 1977년에 만들어진 유류분은 망자가 한 사람에게 모든 재산을 물려주었을 때 배우자나 직계비속 등 일정한 범위 내의 친족이 일정 액수를 반환받을 수 있는 제도인데, 조선의 태종은 이미 600여 년 전에 이같은 제도를 실시했다. 노비를 나누어 가져야 한다는 태종의 노비중분법에 하륜 등은 칭송을 늘어놓았다.

"이는 하늘이 성상의 마음을 이끄는 것입니다. 이 법이 일시에 시행되면 서로 소송하던 사람들이 내일부터는 반드시 서로 웃고 말하게 될 것입니다."

형제끼리 똑같이 나누게 하면 서로 싸우고 소송하던 사람들이 화해할 것이란 뜻이었다. 노비 소송은 한두 사람을 둘러싸고 벌어지는 것이 아니었다. 그래서 노비중분법에 따라 이 조치가 행해진 9월 1일 이전에 소송하던 사건은 양쪽에 똑같이 나누어주기로 결정했다. 소송한 사람이 둘이 아니라 여럿인 경우도 있는데, 이때는 사람 수에 따라 나누게 했다. 노비의 숫자가 적어서 고루 나누어줄 수 없는 경우는 나중에 태어나는 노비로 나누게 했다.

그래도 여전히 문제는 남아 있었다. 같은 노비지만 젊고 건장한 노비가 있고, 어리거나 늙고 쇠약한 노비가 있었기 때문이다. 그래서 노비들을 나눌 때는 젊고 튼튼한 노비와 늙고 약한 노비를 두루 합해서 제비를 뽑아 나누게 했다. 태종은 진행 중인 노비 소송에 대해 한양은 그해 10월까지, 지방은 12월까지 끝내라고 명령했다.

그러나 이 문제는 돈이 걸려 있다 보니 그렇게 간단하게 끝나지 않았다. 태종 13년(1413) 12월 2일, 노비중분법에 불복해 신문고를 친 사람이 430명이나 되었다. 태종은 화가 났다.

"이들이 이미 만들어진 법을 얕잡아 보고 법을 부수고자 했으니 징계하지 않을 수 없다."

태종은 반발하는 이들을 순금사에 가두고 처벌 수준을 조사해서 보고하게 했다.

이처럼 즉위 초부터 끊이지 않는 노비 문제를 보면서 태종은 노비 문제는 다른 재산 문제와는 다르다고 생각하게 되었다. 노비는 물건이 아니라 사람이기 때문이었다. 똑같은 사람으로 태어나 짐승이나 물건처럼 거래되는 것은 인륜에 위배된다고 보았다. 태종은 노비 문제를 근본적으로 해결하는 것이 중요하다고 생각했다. 그 방법은 노비라는 신분제의 틀을 크게 흔드는 것뿐이었다.

태종은 하늘이 사람을 낼 때 신분을 구별해서 내지 않는다고 생각했다. 그러나 임금이라고 해서 수천 년 전부터 내려온 신분 제도를 없애는 것은 쉬운 일이 아니다. 노비 문제는 양반 사대부의 재산 문제와 직결되는 현안이었다. 고려 말의 토지 제도는 소수 구가세족이 대다수의 토지를 차지하고 있었기 때문에 사전 혁파라는 혁명적 조치를

**경직도. 국립중앙박물관.**

조선은 철저한 신분제 사회였다. 위 그림에서 보이는 것처럼
양반가에서 농사짓고 지붕 고치는 일 등의 모든 노동은 대개
노비나 전호(소작농)가 도맡아서 했다. 그림은 작가 미상으로
19세기 작품이다.

시행해도 호응하는 양반 사대부가 많았다. 소수 구가세족의 토지 겸병으로 양반 사대부도 피해를 입었기 때문이었다. 그러나 노비 문제는 달랐다. 모든 양반 사대부가 노비를 갖고 있었다. 만약 노비 제도를 혁파하겠다고 나선다면 양반 사대부 전체가 등을 돌릴 게 분명했다.

태종은 양반 사대부나 노비나 모두 같은 인간이고, 노비 중에도 능력 있는 사람이 있을 수 있다고 생각했다. 그래서 노비 출신 인재를 등용해 양반이나 노비나 같은 사람이라는 사실을 양반들에게 보여주기로 했다. 박자청(朴子靑)과 장영실(蔣英實)이 바로 그들이다.


## 천인도 출세하던 시대, 박자청과 장영실


태종 12년(1412) 5월 14일, 형조에서 공조판서 박자청의 죄를 청했다. 그런데 그 혐의가 정2품 판서의 혐의로는 어울리지 않는 것이었다. 종5품 무관직인 부사직(副司直) 이중위(李中位)를 폭행했다는 것으로 판서의 혐의 치고는 특이한 사례였다. 정2품 판서가 종5품 무관 부사직과 다툼을 벌인 것 자체가 이례적이었다.

공조판서 박자청이 앉아서 도성 축조 공사를 감독하고 있는데, 부사직 이중위가 말을 탄 채 그냥 지나갔다. 정2품 판서를 만났으면 말에서 내려 읍하고 지나가야 하는데 그냥 지나친 것이다. 그래서 화가 난 박자청이 이중위를 구타했다는 것이 형조의 논죄(論罪)였다. 그러나 박자청은 이중위를 때리지 않았다고 부인했다. 감역관(監役官)으로 현장에 있었던 종부판사(宗簿判事) 이간(李暕), 선공감(繕工監) 조진(趙瑨), 공조정랑(工曹正郎) 홍선(洪善) 등 목격자들도 모두 박자청이 때리지 않았다고 증언했다. 그러나 형조는 이들을 "대신에게 아부하는 자들로 죄를 주어야 한다"고 주청했다. 형조는 박자청을 논죄하면서 강하게 비판했다.

"박자청은 한미한 데서 일어났는데 성품이 본래 사납고 망령되지만 건축 공사를 잘 이루어서 주상의 총애를 받고 있습니다."

형조가 올린 상소의 핵심은 '한미한 데서 일어났다'라는 말이었다. 양반 사대부 출신이 아니라는 것이다.

태종은 이 사건의 본질이 박자청의 신분에 있다는 사실을 잘 알고 있었다.

"박자청은 다만 외롭고 혼자인 사람으로(孤蹤) 대가거족(大家巨族)이 아닌데, 어찌 그에게 붙을 사람이 있겠는가? 박자청은 태조 때부터 성실하게 오랫동안 근무해서 지위가 대신에 이르렀는데, 사소한 일 때문에 법을 다할 수 없다. 그대로 두는 것이 마땅하다."

그러나 형조는 물론 사헌부와 사간원까지 나서서 박자청을 처벌해야 한다고 주청했다. 형조, 사헌부, 사간원을 삼성이라고 하는데, 삼성이 합동으로 계청하는 것은 대개 사직에 관계된 일, 즉 역모에 관한 일인 경우가 대부분이다. 그래서 태종은 삼성을 꾸짖었다.

"박자청의 죄는 작은 일인데, 어째서 삼성이 모두 죄상을 따져 묻는 데 이르는가? 논하지 않는 것이 마땅하다."

태종은 대간인 사간(司諫) 이육(李稑)과 집의(執義) 한승안(韓承顔)에게 말했다.

"죄가 사직에 관계된 것이 아닌데, 너희들은 어찌 다시 말하는가?
대저 삼성이 죄를 청하는 것은 죄가 종사에 관계된 뒤에야 할 수 있
다. 지금 박자청은 의흥부(義興府) 당상관이고, 이중위는 군사(軍士)다.
비록 그 무례한 것을 다스렸다 하더라도 무슨 죄가 있겠는가?"

당상관이란 문신은 정3품 통정대부(通政大夫) 이상, 무신은 절충장
군(折衝將軍) 이상을 뜻하는데, 대청(堂)에 올라 의자에 앉아 주요 정사
를 논할 수 있는 고위직이다. 그 이하는 당하관(堂下官)이라고 한다. 박
자청의 혐의가 설혹 사실이더라도 상급자가 무례한 하급자를 구타한
작은 사건이었다. 사직에 관계된 국사범을 다스려야 할 삼성에서 함
께 나설 일은 아니었다.

"이런 작은 일을 모두 법으로 결단하면 일국의 신민이 어찌 안심할
날이 있겠는가? 사직에 관계된 것이 아니면 용서하는 것이 옳다."

다른 사건과 달리 삼성이 모두 나서서 박자청을 처벌하자고 주청한
것은 그의 출신이 미천하기 때문이었다. 《세종실록》 5년(1423) 11월 9
일자의 〈박자청졸기〉는 이렇게 말한다.

황희석(黃希碩)의 가인(家人)으로 내시로 출사했다가 낭장에 올랐다.

가인이란 집안 사람이란 뜻으로도 쓰이지만 여기에서는 노비 출신
이란 뜻이다. 또한 내시로 출사했다는 말은 환관이 아니라 임금의 호
위무사 출신이란 뜻이다.

박자청이 처음 출세한 것은 태조 이성계 때였다. 황희석은 고려 말

무관 출신인데, 한때 승려로 출가했다가 우왕 때 벼슬에 나왔다. 황희석은 우왕 14년(1388) 요동정벌군에 참전했다가 위화도 회군에 찬성해 공양왕 1년(1389) 회군공신에 책봉된 인물이다. 박자청이 중군도총제(中軍都摠制)로 제수 받은 태종 7년(1407), 사관은 "박자청은 황희석의 보종(步從: 수행원) 출신이다"라고 기록했다. 이는 박자청이 황희석을 따라 이성계의 막하에서 종군했음을 말해준다. 박자청은 1392년 조선이 개창한 뒤 중랑장으로 승진했다. 황희석을 따라다니다가 조선이 개창하는 데 공을 세워 신분이 상승한 것이다.

조선이 건국한 직후의 일로, 박자청의 성격을 보여주는 일화가 있다. 조선이 개국한 이듬해인 태조 2년(1393), 박자청이 입직군사로 궁문을 지키고 있을 때였다. 이성계의 이복동생이자 개국 1등공신인 의안대군 이화가 입궐하려 했다. 이화는 이성계의 동생이자 개국 1등공신인 자신은 언제든 대궐에 출입할 수 있다고 생각했다. 그러나 박자청은 태조의 소명(召命)이 없다는 이유로 이화의 입궐을 저지했다. 화가 난 이화가 얼굴을 발로 차서 상처가 났지만 박자청은 끝까지 이화의 입궐을 저지했다. 이성계는 뒤늦게 이 사실을 알고 이화를 불러서 꾸짖었다.

"옛날에 주아부(周亞夫)의 세류영(細柳營)에서는 다만 장군의 명령만 듣고 천자의 조서도 통하지 않았다고 하는데, 지금 박자청이 대군을 받아들이지 않은 것은 진실로 옳은 일이고, 너의 소위는 잘한 것이 못 된다."

주아부는 한나라 개국공신 주발(周勃)의 아들이다. 한 문제 때 주아부는 군영인 세류영을 책임지고 있었는데, 문제가 세류영을 위문하기 위해 직접 방문했다. 천자 행렬의 선두가 세류영에 이르자 어가를 선도하는 자가 크게 외쳤다.

"천자께서 이르셨다."

그러자 세류영의 군문 도위(都尉)가 말했다.

"장군께서 '군중에서는 장군의 명령만 듣고 천자의 명령을 듣지 않는다'고 이르셨습니다."

그제야 문제는 절부를 가지고 장군에게 조서를 내려 "내가 들어가서 군사들을 위문하고자 한다"라고 알리자 절부를 보고야 들어오게 했다. 천자를 만날 때도 "갑옷 입은 사(士)는 절을 하지 않는 법이니 군례(軍禮)로써 뵙기를 청합니다"라고 말했다. 예를 마치고 문제가 떠나자 모든 신하가 크게 놀랐는데, 문제가 말했다.

"아! 이 사람이 진정한 장군이다."

얼마 후 문제는 주아부를 도성을 지키는 중위(中尉)로 임명했다.《사기(史記)》〈강후주발세가(絳侯周勃世家)〉 등에 나오는 이야기다.

이성계는 자신의 동생이자 개국 1등공신 이화의 대궐 출입을 저지한 박자청을 주아부에 비유해 칭찬했다. 한 문제가 주아부를 중위로 승진시킨 것처럼 이성계도 박자청을 정4품 호군(護軍)으로 승진시키고 은대(銀帶)를 하사했다. 이런 비유를 들 정도로 이성계는 역사에 해박했다.

개국 초의 태조에게는 박자청 같은 호위무사가 꼭 필요했다. 고려 왕실을 추종하는 세력이 여기저기 남아 있었기 때문이다. 이성계는 박자청을 국왕 호위부대인 내상직(內上直: 훗날의 내금위)에 임명해 유악(帷幄: 궁중의 기름 천막) 밖에서 숙직하게 했는데, 박자청은 초저녁부터 새벽까지 잠자리에 들지 않고 계속 순찰을 돌면서 이성계를 호위했다. 태조는 재위 4년(1395) 박자청에게 원종공신의 녹권을 주었다. 노비 출신으로 공신의 반열에 오른 것이다.

박자청은 이런 군사적 강직함 이외에도 탁월한 능력이 하나 더 있었다. 토목과 건축 공사에 남다른 재능을 갖고 있었던 것이다. 태종은 삼성에서 박자청의 처벌을 집요하게 요청하자 이렇게 말했다.

"나라 사람들이 박자청을 미워하는 것은 토목 역사 때문이다."

태종은 박자청이 완성했거나 현재 맡고 있는 토목 공사 명칭을 열거했다.

"박자청이 만든 송도(松都: 개경)의 경덕궁(敬德宮)과 신도(新都: 한양)의 창덕궁(昌德宮)은 내가 거처하는 곳이요, 모화루(慕華樓)와 경회루(慶會樓)는 사신을 위한 곳이요, 개경사(開慶寺)와 연경사(衍慶寺)는 세상을 떠난 내 어머니를 위한 곳이다. 성균관을 짓고 행랑을 세우는 것 또한 국가에서 그만둘 수 있는 일이겠느냐?"

태종은 삼성에서 박자청을 굳이 처벌하려고 드는 것을 개탄했다.

"박자청은 부지런하고 삼가서 게을리하지 않는데, 도리어 남에게 미움을 받으니 불가한 일이 아니냐?"

조선 수도의 설계도를 그린 인물이 정도전이라면 그 설계도를 현실에 구현한 인물은 박자청이라 해도 과언이 아닐 정도로, 한양이 새 왕조의 새 도읍다운 모습을 갖추게 된 데는 박자청의 공이 절대적으로 컸다. 게다가 태종 이방원은 신분보다 능력을 높이 사는 인물이었다. 그 역시 자신의 힘으로 왕위를 쟁취한 인물이기 때문에 능력의 중요함을 잘 알고 있었다.

**경회루. 문화재청.**
경복궁에 위치한 누각으로 초기에 작은 누각이었던 것을 태종 12년(1412) 박자청을 시켜 연못을 확장하고 크게 중건하게 했다. 임진왜란 때 불탔다가 고종 4년(1867)에 재건됐다. 국보 제224호.

태조가 발탁한 천인 박자청을 정2품 판서로까지 끌어올린 군왕이 바로 태종이다. 또한 관노 출신 장영실을 직접 발탁한 군왕도 태종이다. 세종은 재위 15년(1433) 영의정 황희와 좌의정 맹사성에게 이렇게 말했다.

"행사직(行司直) 장영실은 그 아버지가 본래 원나라 소주, 항주 사람이다. 어머니는 기생이었는데, 공교(工巧)한 솜씨가 보통 사람보다 뛰어나므로 태종께서 보호하셨고, 나도 그를 아낀다."《세종실록》15년 9월 16일)

《세종실록》16년 조에 따르면 장영실은 동래현의 관노(官奴), 즉 공노비였는데 태종이 발탁하고, 세종도 계속 중용해 벼슬이 종3품 대호군(大護軍)에 이르렀다. 이처럼 태종은 능력이 있다면 신분의 고하를 가리지 않았다. 신분보다는 능력에 따라 출세하는 것이 사회가 발전하는 데 도움이 된다고 생각했기 때문이다. 임금 아래 양반 사대부가 있어서 백성을 지배하는 신분제 사회보다 임금 아래 모든 백성이 평등한 '일군만민(一君萬民)' 사회가 힘없는 백성들에게 좋은 제도임은 분명하다. 그러나 양반 사대부들은 박자청이나 장영실처럼 일부의 예외도 인정하기를 거부했다. 이들은 자신이 백성 위에 있는 특권층이라는 의식이 확고했다. 세상은 임금 혼자 다스리는 것이 아니라 임금과 자신들 사대부가 함께 다스리는 것이란 특권 의식이 강했다. 그런 특권 의식이 적나라하게 표현된 것이 바로 노비의 존재였다. 그러나 태종은 그렇게 생각하지 않았다. 비록 양반 사대부의 존재 자체를 부인하지는 않았지만 이들을 법 위의 특권층으로 인정하지도 않았다. 노비 제도 자체를 부인하지는 않았지만, 노비 출신을 정2품 판서까지 승진시켰다. 태종은 노비 숫자는 적으면 적을수록 좋다고 생각했다. 특히 개인 소유의 사노비는 적으면 적을수록 좋다고 생각했다. 그래야 국가에 정상적으로 세금을 내고 병역의 의무를 수행하는 양인들이 많아지기 때문이다. 태종은 노비 숫자를 근본적으로 줄이는 방안을 모색했다. 다만 그 작업이 양반 사대부들의 격렬한 반발을 부를 수도 있기에 아무리 강력한 왕권을 가진 태종이라도 쉽게 단행할 수 있는 일이 아니었다.

한 개인이 가진 노비 수가 많으면 사회는 불안해질 수밖에 없다. 한 사람이 수백 명의 노비를 갖고 있을 경우, 외적이라도 쳐들어오면 그

**창경궁 자격루. ⓒGapo**

세종 때 만들어진 물시계. 세종 15년(1433) 장영실 등에 의해 처음으로 제작되었다. 장영실은 동래현의
관노 출신으로 태종 때 발탁되었다. 세종 때 활약하여 정3품 상호군의 지위에까지 올랐으나, 세종 24년
(1442) 어가가 부서지는 사건으로 파직과 태형을 받은 뒤 역사에서 자취를 감추었다.

사회는 급격히 붕괴할 수 있다. 홍건적의 침략 때 공민왕이 남쪽 복주까지 도주해야 했던 이유 중 하나 역시 수많은 노비의 존재였다. 외적이 쳐들어오면 노비들은 외적의 편을 들 가능성이 높다. 그래서 이 문제는 고려 말기의 토지 문제처럼 단안을 내려야 했다. 태종은 깊은 고민에 빠졌다.

## 끊 이 지  않 는  노 비  소 송

태종 5년(1405) 8월 박상문(朴尙文) 등이 태종의 대가 앞에서 억울함을 호소했다. 태종이 소장을 보니 자신들은 양인인데 권세가가 천인으로 떨어뜨렸다고 호소하는 내용이었다. 호소문 중에 이름이 적지 않았는데, 두 사람의 국구(國舅: 임금의 장인)가 관련되어 있다는 말이 있었다. 한 사람은 여흥부원군 민제가 분명했지만 다른 한 사람은 누군지 알 수 없었던 태종이 대언(代言: 승지) 황희에게 물었다.

"국구 한 사람은 누구를 말하는 것인가?"

"반드시 권홍일 것입니다."

태종이 후궁으로 들이고 정의궁주로 임명한 권씨의 부친 전 성균악정 권홍이라는 말이었다. 민제뿐만 아니라 권홍도 양인들을 힘으로 눌러 천인으로 삼았다는 뜻이었다. 태종은 탄식했다.

"지난번 온 나라가 오래 가물었는데 그 까닭을 알지 못했다. 원망을 부르고 화기(和氣)를 상하게 하는 것은 이 같은 것이 없다."

양인을 억눌러 천인으로 만드는 것을 '압량위천(壓良爲賤)'이라고 하는데, 이에 따른 백성들의 원망이 하늘을 움직여 재해가 왔다는 것이다. 태종은 또 이렇게 말했다.

"옛 사람이 '대신은 작은 일을 직접 하지 않는다'라고 말했는데, 하물며 임금은 말해 무엇하겠느냐? 《서전(書傳)》에 '임금이 작은 일에 관여하면 신하들이 게을러진다'고 했으니, 이것은 임금이 크게 경계할 일이다. 그러나 권세가의 일을 내가 아니면 누가 능히 따져 정하겠느냐?"

'임금이 작은 일에 관여하면 신하들이 게을러진다'는 것은 《서경(書經: 서전)》〈익직(益稷)〉에 나오는 말로, 고요(皐陶)가 순 임금에게 화답한 노래의 한 구절이다. 임금이 노비 문제 같은 작은 일까지 직접 나서서 처리하면 신하들이 게을러져서 국사가 제대로 돌아가지 않을 수도 있지만, 민제와 권홍 같은 권세가들이 개입된 문제이니만큼 자신이 나서지 않으면 누가 나서겠느냐고 지적한 것이다. 태종은 노비 소송 문제와 관련, 대언사(代言司: 승정원)에서 문건을 상고해서 아뢰게 하고 사헌부와 형조를 불러 이렇게 일렀다.

"내가 이미 시비를 분명히 알고 있으니, 교좌(交坐: 함께 조사함)하여 실정을 알아내 아뢰라."

자신이 모든 내막을 알고 있으니 권세가의 눈치를 보지 말고 법대로 처리하라는 뜻이다. 이에 따라 사헌부와 형조에서 박상문 등의 문권을 조사했는데, 양인인지 천인인지 분명하게 결론을 내릴 수 없었다. 그래서 태종은 이들을 신량역천해 사재감에 붙였다. 몸은 양인인데 하는 일은 천인인 공노비가 된 것이다. 그나마 사노비로 있을 때보다는 형편이 나아졌다.

이런 시비가 불거질 경우, 국법이 있기 때문에 임금이라고 해도 무조건 양인으로 판정할 수는 없었다. 정3품 검교전서(檢校典書) 김귀진(金貴珍)이란 인물이 있었다. 원래는 노비 문제를 다루는 도관(都官)의 종이었는데, 음식을 잘 만드는 숙수(熟手)여서 이성계의 총애를 받아 태종이 정3품까지 올린 인물로 추측된다. 그런데 도관에서 그의 어머니를 잡다가 뿌리를 캐어물으니 원래 도관의 종이었다고 자백했다. 그래서 태종 4년(1404) 5월 도관에서 김귀진을 천인으로 떨어뜨렸다. 정3품 고위관직에 있다가 다시 도관의 종으로 떨어졌으니 당연히 불만스러울 수밖에 없었다. 이에 김귀진은 사헌부에 자신이 양민이라고 호소했는데, 사헌부의 지평(持平) 한옹(韓雍)이 다시 천인이라고 판단 내렸다. 태종이 한옹을 불러서 물었다.

"무슨 까닭으로 김귀진을 천인으로 판정했는가?"

"김귀진의 어미가 일찍이 도관에 진술했기 때문에 천인으로 결정했습니다."

태종은 도관에서 김귀진의 어미를 고문해 강제로 자백을 받은 것으로 의심했다. 그러나 임금이 노비 문제에 직접 개입한다는 인상을 줄 수는 없으므로 바로 나서지 않고, 다만 대언에게 이렇게 말했다.

"너희들이 말하는 것처럼 사헌부 수장을 불러서 '사헌부의 관원은 마땅히 자세하게 살핀 후에 결정해야 한다'고 말하라."

임금이 직접 이 문제에 관여할 수 없으니 대언사에서 대신 유감을 표명하라는 뜻이었다. 태종의 뜻을 눈치챈 사간원은 한옹을 탄핵해 물러나게 했다. 태종은 재위 4년(1404) 5월 1일 지신사(도승지) 박석명에게 말했다.

"김귀진은 부왕 때부터 음식 만드는 일을 맡았다. 내가 정안군으로 있을 때는 매번 내게 걸신(乞身:벼슬을 빎)했는데 내가 즉위한 뒤에는 걸신하는 것을 듣지 못했다. 내가 이 때문에 불쌍하게 여긴다."

태종은 사간원에 김귀진의 양천(良賤) 변정 문제를 맡겼다. 그러나 사간원은 양천 변정은 자신들의 임무가 아니라 형조로 이관하겠다고 상소했다. 태종은 받아들일 수밖에 없었다. 그는 한홍을 탄핵한 사간원에서 김귀진을 양민으로 판정해주기를 바랐지만, 사간원 역시 양반이 포진해 있는 부서였다. 사간원은 비록 김귀진의 양천 변정 문제를 형조로 떠넘겼지만 사헌부의 업무 처리에 문제가 있다고 상소했다.

김귀진의 어머니를 잡아다가 조사할 때 사헌부 대사헌 최유경의 아들 최사위(崔士威)가 도관좌랑이었다. 따라서 김귀진이 사헌부에 양인이라고 상소했을 때 최유경은 아들 최사위가 판정한 사건이므로 상피(相避)했어야 하는데, 그러지 않고 소송에 관여했다고 지적한 것이다. 고려 선종 9년(1092) 만들어진 상피법은 서로 친족 관계에 있는 벼슬아치들은 비슷한 업무에 종사할 수 없게 한 법이다. 특히 재판에서는 상피법을 엄격하게 지켜서 공정에 만전을 기했다. 요즘처럼 같은 집안이나 같은 학과 출신들이 검찰이나 법원에 포진해 사법을 사유화함으로써 국민의 불신을 사는 일 따위는 상상도 할 수 없게 만든 제도다. 이때 사헌부 집의 이지직도 최사위와 함께 도관좌랑이었고, 사헌부 장령 민설도 도관의 겸의랑(兼議郎)으로 있으면서 김귀진의 양천 변정 문제에 관여했다며 탄핵했다. 태종은 사헌부 대사헌 최유경과 집의 이이직, 장령 민설 등을 모두 파면시켰다. 지금으로 치면 검찰총장과 검찰청 주요 보직자들을 모두 파면시킨 것이다.

이 사건 이후 양인이라고 호소하는 사람을 쉽게 천인으로 판정하지 못하는 분위기가 형성되었다. 그럼에도 노비 문제는 여전히 뜨거운 현안이었다. 자신을 양인이라고 호소하는 천인들의 문제뿐만 아니라 같은 노비를 두고 서로 주인이라고 소송하는 경우도 빈발했다.

태종이 재위 13년(1413: 계사년) 9월 1일 노비중분법으로 개정한 이후에도 문제는 계속되었다. 노비 상속 문서가 있는 상속자가 노비를 모두 차지하는 노비전득법을 소송 제기자와 반씩 나눠서 갖게 하는 노비중분법으로 개정하고 이 법이 실시된 이후 1년여 동안 제기된 소송만 2500여 건에 달했다.

노비중분법의 문제 중에는 공노비도 대상이 된다는 것도 있었다. 노비중분법에 따라 소송이 벌어지면 두 사람이 노비를 나누어 갖는데, 이는 공노비에게도 적용되므로 누군가 공노비 열 명이 자신의 노비라고 주장하면 그중 다섯 명을 가질 수 있었다. 실제로 이런 일이 빈발해서 공노비 숫자가 크게 줄어들었다. 태종 13년(1413) 12월 22일 사헌부에서 이 문제에 대해 상소했다.

"(노비중분법에 따라)공노비도 중분(中分)하도록 했는데, 만약 사천(私賤)의 예로써 문계(文契)가 있는지 없는지, 진짜인지 가짜인지를 논하지 않고 나눈다면 공노비가 모조리 없어질 것입니다. 하물며 뿌리가 같은 노비들이 있는데, 하나는 공천(公賤)이고 하나는 사천(私賤)이어서 서로 도피한다면 실로 미편합니다. 사천의 문적이 명백하면 그 바른 데 따라서 결정하되 천적(賤籍: 노비 문서)이 분명하지 못하면 비록 문계(文契: 공노비였다는 문서)가 없더라도 그대로 속공(屬公: 관청에 속하게 함)하고 중분(中分)하지 말게 하소서."

누군가 공노비를 자신의 사노비라고 주장하고 나설 경우, 문서를 확실하게 따지지 않고 반으로 나누어준다면 공노비가 마침내 모두 사라지고 말 것이라는 지적이다. 그래서 사노비임이 문서로 명백한 경우 이외에는 공노비를 중분하지 말라는 건의였다. 태종은 사헌부의 건의를 따랐지만 쉽게 해결될 문제는 아니었다.

태종은 재위 14년(1414) 6월 16일 노비변정도감을 부활시켰다. 가뭄이 계속되자 신하들은 기우제를 지내자는 의견을 내놓았지만, 태종은 기우제를 지내 비가 오기를 비는 것은 말절(末節: 마지막 수단)이라고 거부했다. 그보다는 원한이 맺힌 백성들이 많아서 가뭄이 든 것이니 먼저 그 원한을 풀어주어야 한다고 주장했다. 이날 태종은 참찬(參贊) 유정현(柳廷顯)에게 물었다.

"변정도감에 올라온 고소장이 얼마나 되는가?"

"1만 2797장인데, 그중 100장을 보니 물리칠 수 있는 것이 거의 20~30장 정도 됐습니다. 이로써 미루어보면 물리칠 수 있는 것이 거의 3000장에 이르겠지만 수리해야 할 것도 1만 장 아래로 내려가지는 않을 것입니다. 변정도감은 모두 15방(房)인데, 각 방이 한 달에 열 장 정도 판결하니, 이것만으로도 1년 안에 끝마칠 수 없습니다."

태종이 웃으며 말했다.

"이를 어찌할 것인가? 어찌 1만여 장에 이를 정도로 많으리라 생각했겠는가?"

태종은 다시 노비변정도감을 설치해 억울한 일이 없게 하겠다고 천명했다. 그러나 노비변정도감을 다시 설치한다고 해서 해결될 문제가 아니었다. 노비 제도가 존속되는 한 계속될 문제였기 때문이다. 사노비 숫자를 줄이는 것은 새 왕조 조선이 개국한 이래 당면한 현안이기도 했다. 그래서 우선 한 개인이 가질 수 있는 노비 숫자를 줄이는 조치를 취했다.

태종 14년(1414) 윤 9월 27일, 형조에서 개인이 보유할 수 있는 노비의 숫자를 한정해서 보고한 것이 바로 그 조치다. 신분이나 품계에 따라 소유할 수 있는 노비 숫자를 제한했다. 왕실의 종친이나 외척 부마 중에서 1품직은 노(奴) 150구까지 가질 수 있고, 2품은 130구, 3품은 100구, 4품 이하는 90구를 가질 수 있다고 정했다. 문무관 1품은 130구, 2품은 100구, 3품은 90구, …7품 이하는 30구까지 가질 수 있었다. 벼슬 없는 서인의 자손은 10구, 공사천인으로서 벼슬을 제수 받은 자는 10구까지 노비를 가질 수 있었다. 이는 남종만 센 것으로, 여종은 숫자를 제한하지 않았다. 또한 공신이 받은 공신노비나 임금이 하사한 별사(別賜)노비도 제한을 두지 않았다.

태종은 벼슬 직급에 따라서 노비 숫자를 한정하는 것에는 동의했지만, 쉽게 법제화할 수 있는 문제는 아니라고 생각했다.

"이 문제는 내가 상량(商量: 생각)해서 확정한 지 오래된다. 그러나 이 일은 아주 중대해서 갑자기 결정할 수 없다. 또 사람들 가운데 벼슬 품계는 낮아도 노비는 많은 자가 있는데 만약 벼슬에만 얽매인다면 어찌 원망이 적겠느냐?"

이조판서 한상경(韓尙敬)은 개인이 가진 노비가 적은 것이 아니라 다만 공노비가 적은 것이 걱정이라고 말했다. 주인집 일을 하는 사노비는 계속 늘어나지만 국가 일을 하는 공노비가 점점 적어진다는 지적이었다. 호조판서 박신(朴信)도 공노비 문제를 우려했다.

"이렇게 결정한다면 공가(公家: 국가)에는 이익이 없으니 직급에 따라 소유할 수 있는 노비의 숫자를 결정하지 않는 것이 좋겠습니다."

태종도 공노비는 계속 줄고 사노비만 계속 늘어날 것을 우려해 이 방안을 시행하지 않도록 했다.

노비 문제 때문에 국사가 계속 시끄러워지자 태종 14년(1414) 10월 15일 사헌부는 노비변정도감을 혁파하자고 상소했다. 그런데 이 무렵 크게 천둥과 번개가 쳤다. 이에 태종은 이렇게 말했다.

"겨울인데도 천둥이 치고 번개가 쳐서 하늘이 재이(災異)를 보이니, 깊이 두려워할 일이다."

노비 문제 때문에 하늘에서 재이를 보인 것이라는 해석이었다.

양인과 천인을 가리는 문제뿐만 아니라 사노비와 공노비를 가리는 문제도 있었다. 개인 소유의 사노비보다는 국가 소속의 공노비가 처우가 더 좋았기 때문에 노비들은 양민이 되지 못할 바에야 차라리 공노비가 되기를 원했다. 그래서 스스로 공노비라고 속공(屬公)하는 노비들이 적지 않았다. 국가는 공노비가 늘어나는 것을 선호했지만 양반 사대부들은 자기 재산이 줄어들 것이기에 질색했다. 그래서 태종 14년(1414) 윤 9월 27일 우부대언(右副代言: 우부승지) 조말생(趙末生)이 스스로 공노비로 투속한 노비들을 개인들에게 돌려주자는 계본(啓本)을 청해 올렸다. 태종은 조말생의 계본에 대해 이렇게 말했다.

"사처(私處) 노비가 본 주인을 배반하려고 공가에 투속하는 폐단은 이미 오래되었다. 그래서 내가 특별히 명령해서 문서만 있으면 모두 사처에 돌려주게 했다. 그런데 요즘 보니 사인(私人)들은 소송할 때 힘을 다해 따지는데 관리는 즐겨 그 마음을 다하지 않으니, 나는 많은 공노비들이 개인에게 돌아갈까 두렵다."

사인들은 관청 소속의 노비를 자기 것이라고 온갖 수단을 다 해서 주장하는데, 이들이 실제 공노비인지 사노비인지 따져야 할 벼슬아치들은 최선을 다하지 않고 사노비로 판정하기 일쑤였다. 그래서 많은 공노비가 사노비로 전락할까 우려된다고 지적한 것이다.

태종은 한마디 한마디 근거를 갖고 말하는 임금이었다. 형조판서 성발도가 얼른 잘못을 시인했다.

"판결에 임해서 감히 자세히 고찰하지 못했습니다."

"내가 이런 계본을 모두 보지 않는다고 해서 소홀히 하지 마라."

그러나 태종이 아무리 엄명을 내려도 소용없었다. 노비 소유권은 곧 돈과 관련된 문제였기 때문이다. 심지어 노비변정도감의 책임자인 제조와 부사가 서로 짜고 노비를 가로채는 사건까지 발생했다. 태종 14년(1414) 8월 12일 전 판충주목사(判忠州牧事) 권진이 파면됐다. 권진은 노비변정도감의 제조(提調)였는데, 도감의 부사(副使) 윤처성(尹處誠)과 짜고 소송 내용을 변조해 그 아들에게 고소하게 했다가 발각된 것이다. 태종은 권진은 장(杖) 100대를 치고, 윤처성은 태(笞) 40대를 치게 했다. 이런 일련의 사건을 겪으면서 태종은 노비 문제를 해결하기 위한 근본 대책이 필요하다고 생각하게 됐다. 노비 제도 자체를 폐지하지는 못하더라도 거의 폐지에 준하는 조치를 취해야겠다고 생각한 것이다.

## 태종의 노비 해방 선언, 종부법

　태종은 재위 14년(1414) 6월 1일, 정숙택주(靜淑宅主) 권씨에게 노비 세 명을 내려주었다. 권씨 집안의 여종 파독(波獨)이 궁중에 들어와 시녀가 되었는데, 태종의 눈에 띄어 사랑을 받았다. 태종은 파독을 취하는 대신 권씨 집에 노비 세 명을 보내 후하게 보상하려 한 것이다. 권씨의 아들이 이조판서 한상경, 우대언(右代言: 우승지) 한상덕이었는데, 집안의 여종을 왕이 취하는 대신 노비 셋을 받는 일이 몹시 불편했다. 그래서 노비 받기를 사양했다.

　"신 등의 집에는 노비가 넉넉합니다. 파독은 물론 그 형제 3구도 모두 바치고 감히 바꾸어 받지 않겠습니다."

　마치 임금과 거래하는 형국이 되니 불편할 수밖에 없었다. 그렇다고 태종이 사가의 노비를 그냥 가질 수는 없었다.

　"경들 모자의 뜻이야 어찌 그렇지 않겠는가? 다만 내가 미안한 뜻이 있어서 우리 조종(祖宗)으로부터 전해 오던 노비를 주는 것이니, 굳게 사양하지 마라."

　태종은 자신이 취한 시비 대신 노비 셋을 권씨 집에 보냈다. 노비로 노비의 값을 치른 셈이다. 태종이 권씨 집 여종을 취한 데서 알 수 있는 것처럼 때로는 임금도 노비를 취할 수 있었다.

　노비 문제의 근본적인 원인은 노비를 바라보는 시각에 있었다. 사람으로 보느냐, 짐승처럼 재산의 일종으로 보느냐 하는 문제였다. 고대에는 전쟁 포로들이나 중범죄를 지은 죄인들이 노비가 되었지만 신분이 세습되다 보니 나중에는 왜 자신이 노비가 되어야 하는지 모르는 이들이 대다수였다. 먼 조상 때 일로 자손들까지 계속해서 노비가 되어야 하는 현실에 당사자들이 불만을 갖는 것은 당연했다.

중국 청나라 말기의 지식인들은 선언적 의미로 "진한(秦漢) 이래 노비는 없다"고 말해왔다. 한나라는 전한과 후한을 합쳐 기원전 202년~기원후 220년까지 지속됐는데, 이때 이후로는 노예가 없다는 선언이다. 물론 실제 역사적으로 진한 이래 노비가 없었던 것은 아니다. 전쟁 포로나 중범죄를 지은 죄인은 관노가 되어 관청에서 일하거나 왕실의 정원인 상림원(上林苑)에서 복역했다. 사노비는 주로 파산한 농민이 호족의 집으로 팔려가서 노비가 된 경우인데, 이때 주인은 노비에게 새로운 이름을 지어주고 자신의 소유로 삼았다. 새 이름을 지어준 것은 노비들이 이름을 지어준 주인에게 굴종하는 마음을 갖게 하기 위해서였다.

고려시대와 같은 시기에 존재했던 송나라 때부터 노비 제도가 점차 사라지고 삯을 주고 고용하는 고용제로 바뀌어갔다. 먹고살 것이 없기 때문에 호족의 집에 들어가 노비로 사는 하층민들은 있었지만, 고려나 조선처럼 법률로 세습되는 노비 제도는 사라지고 있었다. 일본도 고대에는 노비 제도가 있었지만 900년대 이후에는 노비 제도가 점차 사라졌다. 농노제나 부락민 형태의 천민 집단은 있었지만 고려나 조선처럼 법률로 세습되는 노비는 없었던 것이다. 고려와 조선의 노비 제도는 중국이나 일본보다 훨씬 가혹한 비인간적인 제도였다.

국가 차원에서 볼 때는 공노비보다는 사노비가 훨씬 문제였다. 공노비는 소속된 관청에 법으로 규정된 만큼의 노동력인 신공(身貢)을 제공하고, 사노비는 이를 주인집에 제공했다. 국가로선 세금을 받을 수 없는 신민들이 광범위하게 존재하는 것이니 사노비가 늘어날수록 국력은 약해질 수밖에 없었다.

노비 제도의 가장 큰 문제는 신분이 세습된다는 점이다. 세습 노비는 사회에 강한 반감을 갖고 있게 마련이기에, 그만큼 사회 불안 요소였다.

고려와 조선의 노비 제도의 또 다른 문제점은 신분이 다른 남녀가 자식을 낳을 경우, 그 자식에게 가장 불리한 법이 적용되었다는 것이다. 부모의 신분이 서로 다른 것, 즉 양인과 천인이 혼인하는 것을 '양천교혼(良賤交婚)'이라고 한다. 부모의 신분이 서로 다른 경우, 둘 사이에서 태어난 자식의 신분은 무엇이 되어야 할까? 양천교혼은 아버지의 신분이 양인인 사례가 많았다. 조선은 1처 1첩을 허용했기 때문에 처는 같은 신분에서 얻고 첩은 여종을 얻는 경우가 많았기 때문이다. 이때 아버지의 신분을 따르는 것을 종부법(從父法)이라고 하고, 어머니의 신분을 따르는 것을 종모법(從母法) 또는 수모법(隨母法)이라고 하는데, 조선은 보통 종모법을 따랐다. 어머니가 양인이고 아버지가 천인인 경우는 극히 드물었는데, 이 경우에는 또 아버지의 신분을 따라 노비로 만들었다. 즉, 아버지가 양반이나 양인이고 어머니가 천인이면 어머니의 신분을 따랐다. 그 자식은 종모법에 따라 무조건 천인이 됐다. 그런데 아버지가 천인이고 어머니가 양인일 경우에는 종모종부법에 의해 아버지의 신분을 따랐다. 즉, 법에 따르면 부모 중 한쪽이 천인이면 자식은 무조건 천인이 되게 한 것이다. 그나마 부친이 양반 사대부이고 모친이 비첩인 경우는 사역이 면제되기도 했지만, 이 경우도 몸은 양인이지만 천인의 일을 하는 신량역천에 종사해야 했다.

태종 1년(1401) 7월 27일, 예천부원군(醴泉府院君) 권중화의 상소에는
고려 · 조선 시대 노비 제도의 실체가 잘 드러나 있다.

우리나라에서 노비의 소생은 종모종부법(從母從父法)을 따른 지 오래되
었습니다. 흉포한 천구(賤口: 천인)들이 양녀(良女)를 얻어서 낳은 소생은
모두 사천(私賤)이 되니, 이 때문에 천구는 날로 늘고 양민은 날로 줄어서

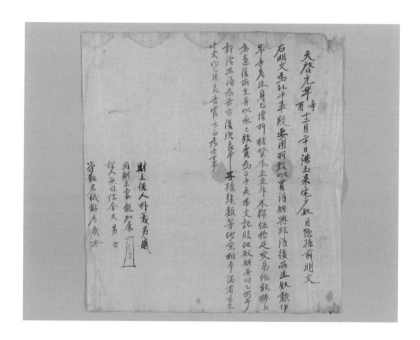

**노비 매매 문서. 국립민속박물관.**
조선시대까지 노비는 합법적으로 사람이 아닌 물건처럼 거래되었다. 노비 제도는 순조 1년(1801) 공노비
해방이 공표된 데 이어, 고종 31년(1894) 갑오개혁 때 이르러서야 완전히 폐지된다.

나라 일에 이바지할 자가 크게 감소했습니다. 지금부터는 천구가 양인과 서로 혼인하지 못하게 하고, 양녀로서 이미 천구의 아내가 된 자도 또한 이혼시키고, 혹 영을 어기는 자가 있으면 그 죄를 종의 주인(奴主)까지 미치게 하소서.

고려와 조선의 노비법은 단순한 종모법이 아니고 조건부 종모종부법(從母從父法)이었다. 아버지나 어머니 중 한쪽이 천인이면 그 자식은 무조건 천인이 되어야 하니 악법 중 악법이라 할 수 있다. 그러나 양반 사대부들은 종모종부법을 고수했다. 저절로 재산이 불어나는 방법이기 때문이었다. 자신의 여종이 양인 남자를 만나 자식을 낳으면 자신의 소유가 되었다. 자신의 남종이 다른 양인 여자를 만나 자식을 낳아도 역시 자신의 소유가 되었다. 소수의 양반 사대부에게만 절대적으로 유리한 법이었다.

태종은 조선의 노비 제도를 해결하는 방법은 종모종부법을 종부법으로 바꾸는 것이라고 생각했다. 양천교혼으로 생긴 자식의 신분은 무조건 아버지의 신분을 따르게 하는 것이다. 이 법에 따르면 아버지가 양인이면 자식도 양인이 된다. 양천교혼은 대부분의 경우 아버지가 양인이니 종부법을 실시하면 노비의 숫자는 대폭 줄고 양인의 숫자는 대폭 늘어날 터였다. 그렇다 보니 양반 사대부들이 극력 반대할 것이 명약관화했다. 태종이 측근 중 측근인 이숙번에게 논의하니 안 된다고 거세게 반대했다. 다른 것은 모두 태종의 말을 따라도 노비 문제만큼은 종부법을 따를 수 없다는 것이었다. 태종은 다른 사람도 아닌 이숙번이 반대하는 데 크게 실망했다.

태종이 상의한 모든 신하들이 종모종부법을 종부법으로 바꾸는 데 반대했다. 예조판서 황희만 달랐다. 그래서 태종은 황희에게 종부법으로 개정하는 문제를 연구해 보고하라고 지시했다. 태종 14년(1414) 6월 27일, 황희가 종부법에 대해 아뢰었다.

"천첩 소생을 역(役)에서 놓아주는 것은 다른 의논이 있을 수 없고, 아버지가 양인이면 자식도 양인이 되어야 하니 종부법이 옳습니다."

종모법을 종부법으로 개정해야 한다는 보고였다.

태종이 답했다.

"경의 말이 아주 옳다. 이렇게 한다면 비록 방역(放役: 역에서 놓아주는 것)의 법이 없더라도 자연히 역이 없어질 것이다. 재상의 골육을 종모법에 따라 일을 시키는 것은 아주 미편(未便)하다."

종모종부법에 따르면 부친은 재상임에도 불구하고 모친이 비첩이라는 이유로 천역에 종사하는 이들도 적지 않았다. 그렇다면 이러한 자식을 가진 재상들이 앞장서 종부법으로의 개청을 주청해야 했다. 그러나 조선의 양반 사대부들은 그렇게 하지 않았다. 비첩 소생 자식의 신분을 상승시키는 것보다 자신의 수많은 여종과 남종이 낳은 자식들로 재산이 저절로 불어나는 것을 더욱 중시한 것이다. 오직 태종과 예조판서 황희만 달리 생각했다.

태종은 민씨 형제와 이거이 집안 등 외척을 숙청하는 과정을 통해 강력한 왕권을 구축했다. 그래서 이제 종부법을 단행해도 될 정도로 왕권이 안정되었다고 판단했다. 태종은 단안을 내렸다. 황희의 보고를 들은 재위 14년 6월 27일 곧바로 종부법으로의 개정을 선포한 것이다.

**황희 초상화. 국립중앙박물관.**

조선 초의 명재상으로 세종 때 무려 18년간 영의정에 재임했다. 친인척이 연루된 권력형 비리 사건으로
탄핵되었을 때도 있었으나, 왕의 신임을 받아 번번이 다시 중용되었다.

하늘이 백성을 낼 때는 본래 천구(賤口: 천인)가 없었다. 전조인 고려의 노비법은 양인과 천인이 서로 혼인하면 천한 것을 우선해 어미를 따라 천인으로 삼았으므로 천인의 숫자는 날로 증가하고 양민의 숫자는 날로 감소했다. 이날 이후에는 공사 여종이 양인에게 시집가서 낳은 소생은 모두 종부법에 의거해 양인을 만들라.

태종은 의정부의 의논을 따르는 형식을 취해 이 교지를 발표했다. 의정부의 대신들은 종부법에 반대했지만 태종의 뜻이 워낙 완강해서 종부법으로의 개정을 주청할 수밖에 없었다.

부친이 양인인데도 모친의 신분 때문에 노비로 전락해 물건처럼 사고 팔리던 노비들에게 태종의 교서는 하늘의 음성과 같았다. 모친의 신분 때문에 눈물 흘려야 했던 수많은 노비들이 양인으로 신분 상승한 것은 물론, 양인의 숫자가 대폭 증가해 국가 재정도 튼튼해졌다. "하늘이 백성을 낼 때는 본래 천인이 없었다"는 태종의 윤음이야말로 태종이 천명에 따라 정치를 하려 했던 군주임을 여실히 보여주는 것이다.

비록 노비 제도 자체를 폐지하지는 못했지만 종부법으로 전환함에 따라 노비 숫자가 대폭 줄어들 것은 분명했다. 이성계와 정도전이 토지 개혁으로 경제의 불평등을 완화시켰다면 태종은 종부법으로 신분의 불평등을 완화시켰다. 조선 개창의 개국 이념이 태종의 종부법으로 비로소 완성된 것이다. 조선은 경제의 불평등이 대폭 완화되어 민생이 안정되고, 종부법으로 양민이 대폭 늘어나 사회가 안정되는 길에 접어들었다.

태종 때는 황희석의 가인(家人) 출신인 박자청이 정2품 판서의 자리까지 오르고, 관노 출신인 장영실이 종3품 대호군의 자리까지 오르는 역동성이 있었다. 그 사람의 타고난 신분보다는 능력을 중시하는 건전한 사회 기풍이 조성되고 있었던 것이다. 이런 역동성이야말로 바로 태종이 주도한 사회 변화였다. 한 군주의 강력한 의지로 조선이란 나라는 역동적으로 흘러가고 있었다.

# 사대와 자주 사이

## 명나라 내전과 만산군

태종 2년(1402) 8월 1일, 사은사 박돈지가 명나라 수도 남경으로 가다가 길이 막혀서 되돌아왔다. 한 달 반 전인 6월 17일, 연왕 주체가 내전에서 승리해 즉위식을 치르고, 영락제(永樂帝)의 시대를 열었지만 내전의 여진은 계속되고 있었다. 더욱이 황제 혜제가 행방불명인 상태였다. 영락제는 사활을 걸고 조카 혜제 주윤문의 행방을 찾았지만 오리무중이었다. 하늘로 솟았는지 땅으로 꺼졌는지 알 수 없었다. 혜제의 시신을 찾지 못했으므로 아직 승부가 난 것은 아니었다. 게다가 혜제의 충신 방효유 등은 십족이 죽임을 당하면서까지 영락제에게 저항하고 있는 상황이었다. 명 태조 주원장으로부터 황위를 물려받은 장본인은 손자 주윤문이지 아들 주체가 아니었다. 혜제 주윤문의 행방이 묘연하다는 것은 영락제 정권의 불안 요소였다.

조선의 사은사 박돈지는 황제의 조서를 베껴서 돌아왔다.

짐이 황조(皇祖: 주원장)의 보명(寶命)을 공경히 받들어서 하늘의 천신(天神)과 땅의 지기(地祇: 땅의 신)를 이어 받들었는데, 연나라 사람이 부도하여 마음대로 군사를 움직여 만백성에게 포악하게 하므로 내가 여러 번 큰 군사를 일으켜 토벌했다.

주윤문이 내린 황제의 조서로, 숙부 주체를 '연나라 사람'이라고 호칭했다. 연왕 주체의 군사가 강소성 회수를 건너 남경을 포위하자 다급히 작성한 조서였다.

너희들 사방의 도사(都司), 포정사(布政司), 안찰사(按察使)와 여러 부위(府衛)의 문무신하는 나라의 급변이 있음을 들었으니 각각 충성과 용기를 분발하고, 의(義)를 사모하는 사(士)들과 썩썩하고 용감한 사람들을 이끌고 대궐에 이르러 임금에게 충성을 다해서 도적들의 난을 평정하고 사직을 붙들어 지탱하게 하라.

남경이 포위당해 위기에 빠진 혜제 주윤문이 사방의 문무신하들과 의사들에게 거병을 촉구하는 격문이었다. 그만큼 혜제는 절박했다.

슬프다! 짐이 덕이 없어 도적을 불렀음은 진실로 말할 것도 없다. 그러나 나의 신자(臣子)들이 기꺼이 짐을 버리고 돌아보지 않겠는가? 각각 마음을 다해서 난을 평정한다면 상을 내리는 법전에 의해 공을 시행하는 것을 아끼지 않겠다.

이미 전세가 기울어지고 열세에 놓여 있어서인지 격문은 다급한 호소로 가득차 있었다. 태종은 박돈지가 베껴 온 혜제의 격문을 보면서 영락제를 떠올렸다. 그는 8년 전인 태조 3년(1394), 사신으로 명나라에 갔을 때 연왕 주체를 두 번 만난 적이 있었다. 수도 남경으로 가면서 지금의 북경 지역의 연왕부를 지났는데, 연왕 주체는 술과 안주를 내어 조선의 왕자를 환대했다. 시위하는 군사를 흩어지게 하고 한 사람만 남아 시중 들게 할 정도로 방원을 극진히 접대했다.

두 왕자는 서로 뜻이 통했다. 처지가 비슷했기 때문이다. 명 태조 주원장은 홍무 25년(1392) 맏아들인 태자 주표가 사망하자 맏손자 주윤문을 황태손으로 책봉했다. 같은 해 태조 이성계도 막내 아들 방석을 세자로 책봉했다. 임금 자리에 뜻이 있었던 연왕 주체와 정안군 이방원은 어린 조카와 막내 이복동생이 다음 임금의 자리를 꿰차는 것을 지켜봐야 하는 신세였다.

주체의 환대를 받은 방원은 연왕부를 떠나 남경으로 먼저 출발했다. 뒤이어 주체도 빠른 말이 끄는 연(輦: 수레)을 타고 남경으로 향했다. 자신을 앞지른 수레가 연왕 주체의 것임을 안 방원이 말에서 내려 인사하자 주체도 수레를 멈추고는 휘장을 열고 오랫동안 대화를 나누었다.

그랬던 주체가 지금은 내전에서 승리해 영락제 시대를 연 것이다.

방원 역시 두 차례의 내전에서 승리해 조선의 임금이 되었으니 이들은 공통점이 많았다. 혜제의 행방이 오리무중인 가운데 그가 쓴 격문이 아직 돌아다닐 정도로 천하는 혼란스러웠지만, 방원은 주체가 승리했다고 받아들였다. 태종은 재빨리 상상(上相: 영의정)을 남경으로 보내 영락제의 승리를 축하했다. 여러모로 비슷한 점도 많고 인연도 겹쳐서인지 영락제는 태종을 후대했다. 태종은 재위 3년(1403) 11월 2일 태평관에 가서 명나라 사신 황엄을 위해 잔치를 베풀면서 황엄에게 물었다.

"황제께서 왜 내게 이렇게 지극하게 후하게 하시는가?"

황엄이 대답했다.

"황제께서 새로 보위에 오르신 후 천하 제후 중에 와서 조회하는 이가 없었는데, 유독 조선만 상상을 보내 진하하셨기 때문에 그 충성을 아름답게 여기셔서 후하게 하시는 것입니다."

영락제가 태종을 우대한 것은 개인적인 친분 때문만은 아니었다. 연왕 주체가 연왕부의 군사를 남하시키면서 혜제의 군사 못지않게 우려한 것이 조선의 동태였다. 이 틈을 타서 조선이 북벌에 나선다면 자칫 명나라가 망할 수도 있는 큰 위기에 놓일 것이라 우려한 것이다. 게다가 요동의 정료군(定遼軍)에 소속되어 있던 조선 출신 군사 1만 명 이상이 남하를 거부하고 조선으로 도주했다. 조선에서 북벌에 나서면 얼씨구나 하고 조선 편에 설 군사들이었다. 만약 그렇게 된다면 싸워보지도 못하고 요동을 조선에 내줄 것이 불을 보듯 빤했다.

연왕 주체가 남하하자 정료군에서 조선으로 도주하는 행렬이 길게 이어졌다. 태종 2년(1402) 2월 4일, 서북면 경차관(敬差官) 정혼(鄭渾)이 이들에 대한 처리 방침을 보고했다.

"본국의 인민 중 요양으로 도망갔던 자들이 근래 굶주림과 정역(征役: 정벌하는 역사)에 시달리다 보니 처자를 이끌고 다시 강을 건너는 경우가 많습니다. 강가의 주군(州郡)에 두면 뒷날 요양 등에 풍년이 들고 전쟁이 그칠 때 다시 우리 인구(人口)를 꾀고 소와 말을 도둑질해 강을 건너 달아날 것이 틀림없습니다."

정혼은 이들을 국경에서 멀리 떨어진 충청 · 전라 · 경상 하삼도(下三道)로 이주시켜 역리(驛吏)나 관노로 삼자고 제의했다. 의정부에서 정혼의 말대로 하자고 보고했다.

"하삼도에 안치하고, 처음에 먹을 양곡 및 곡식 종자와 토지를 주고 극진하게 보호하라."

요동에서 도망친 조선 출신 명나라 군사들을 만산군(漫散軍)이라고 불렀다. 병역이나 부역을 피해서 도망친 군사들이라는 뜻이다. 태종 2년(1402) 3월 26일, 만산군 2000여 명이 강계에 이르렀다. 같은 해 9월 17일 만산군과 그 가족들을 하삼도에 안치했는데, 경상도에 1297명, 충청도에 854명, 좌 · 우도(左右道)에 488명, 전라도에 1585명으로, 모두 4224명이나 되었다. 요동 전체가 무주공산이 된 것이나 다름없었다. 태종이 태조나 정도전처럼 고조선과 고구려의 고토 회복을 꿈꿨다면 천재일우의 기회였을 것이다.

조선 출신 군사들만 도주한 것이 아니라 여진족도 반기를 들었다. 태종 2년 4월 동녕위 천호 임팔라실리가 3000여 호를 이끌고 명나라에 반기를 들었다. 명나라의 하지휘(河指揮), 요천호(姚千戶) 등이 1500여 명의 군사를 이끌고 추격했지만 되레 죽임을 당해 길거리에 목이

**항해조천도, 국립중앙박물관.**

명나라로 보내는 사신을 조천사(朝天使)라고 한다. 정례사행과 임시사행으로 나뉘는데, 태조 때는 56회,
태종 때는 무려 137회나 이루어졌다. 인조 2년(1624) 명나라에 파견된 이덕형 일행을 그린 그림이다.

매달렸다. 임팔라실리는 심양위와 개원위의 군마를 다수 살상하고 포주강을 건너와 의주 천호 함영언(咸英彦)에게 말했다.

"조선에 귀부하려고 합니다. 만약 입국을 허가하지 않으면 이 땅에서 농사나 지으면서 살겠습니다."

명나라로선 최악의 상황이었고, 조선으로선 최고 기회였다. 다급해진 태종은 태상왕 이성계에게 이 사실을 보고하고, 의주 천호 함영언을 불러 상황을 물었다.

"도망한 군사들에게 물어보니 임팔라실리에게 죽임을 당한 군사의 시신이 들에 가득 찼고, 활과 창, 갑옷과 투구도 버려둔 것이 헤아릴 수 없다고 했습니다."

"팔라실리 등의 무리가 얼마나 되는가?"

"1만여 명은 될 것으로 생각합니다."

전략의 천재 이성계는 하늘이 준 기회를 놓쳤다고 한탄했다. 태종이 4년 전 무인난을 일으키지 않았더라면 요동을 그냥 되찾을 수 있는 호기였다. 그러나 무인난 이후 친명 사대주의를 외교노선으로 선언한 태종은 하늘이 준 기회를 살리지 못했다. 조선이 만산군을 처리하는 데 급급한 사이 영락제 주체는 내전에서 승리했다.

태종 3년(1403) 1월 13일, 영락제는 요동 천호 왕득명(王得名) 등을 조선에 보내 칙서를 전하게 했다. 태종은 서교에 나가 사신을 맞이하고는 대궐에 이르러 칙서를 읽게 했다. 칙서는 동녕위에서 도망친 명나라 관원과 군민들에게 전하는 내용이었다.

지금은 천하가 태평해졌는데 나는 다만 태조 황제(주원장)의 법도를 좇아서 너희들을 편안하게 기를 것이다. 너희들은 모두 돌아와 동녕위 안에 거주하라. 예전에 벼슬하던 사람은 그대로 벼슬하고, 군인들은 그대로 군인으로 있고, 백성은 그대로 백성으로 있으면서 사냥하고 농사짓고 생업에 종사하라. 편한 대로 하고 두려워하고 놀라 의심하지 마라. 만일 끝내 고집하고 흩어져 도망해서 돌아오지 않으면 오랜 뒤에 뉘우쳐도 때가 늦을 것이다.

　전쟁을 피해 조선으로 도주한 만산군 및 그 가족들에게 명나라로 돌아오라는 회유문이었다. 태종은 이 칙서가 조선에 보낸 글이 아니라 명나라에서 도망친 사람들에게 보낸 것이라는 이유로 조서를 맞는 영조례(迎詔禮)를 행하지 않았다. 그러자 왕득명 등이 얼굴에 불만을 나타냈다. 내전이 끝나가자 태도가 달라진 것이다. 태종은 보름 후인 1월 27일, 남녀 3649명을 먼저 돌려보냈다. 같은 해 3월 22일에는 명나라에 국서를 보내 조선으로 도망한 만산군의 숫자를 전달했다. 군사 1만 3641명, 그들의 가족 1만 920명, 아직도 도망 중인 군사 2205명이었다. 그사이 병으로 496명이 사망했다. 이 숫자만 해도 2만 7262명이다.

　명나라는 이 숫자에 만족하지 않았다. 명나라는 같은 해 4월 19일 사신 황엄 등을 통해 "전자수(全者遂) 등 4940명이 풍해도(황해도) 등에 숨어 살고 있다"는 문서를 전하면서 송환을 요구했다. 황엄 등이 벽제역에 도착했을 때 태종은 황엄 등이 가져온 것이 조서가 아니기 때문에 면복(冕服: 의식복)이 아니라 시복(時服: 평상복) 차림으로 맞이하겠다고 전했고, 황엄은 화를 냈다. 조선의 예조좌랑 권선(權繕)이 명나라에서 만든 《홍무예제(洪武禮制)》를 가지고 벽제역에 가서 설명하자 황엄이 말했다.

"그렇다면 시복 차림으로 맞는 것이 옳다."

명나라의 내전이 영락제 주체의 승리로 끝나면서 사신들의 태도는 이처럼 달라졌다. 이들은 고압적인 자세로 만산군을 송환할 것을 계속 요구했다. 만산군을 색출해서 보내고 난 후에도 남아 있던 만산군을 '만산군여(漫散軍餘)'라고 했는데, 명나라의 요구가 있을 때마다 조선은 풍해도와 동북면, 서북면에 다시 사람을 파견해 남아 있는 이들을 찾아 명나라로 보내야 했다. 선조들의 강역을 되찾을 수 있는 호기를 스스로 날리고 사대를 제일의 외교로 삼았던 태종 시대의 어두운 단면이다.


## 조선 출신 명나라 환관과 후궁


태종 5년(1405) 4월 6일, 명나라의 내사(內史: 환관) 정승(鄭昇), 김각(金角), 김보(金甫) 등이 예부(禮部)의 자문(咨文: 문서)을 가지고 왔다. 명나라 예부에서 작성한 문서는 다른 문서들과 달랐다. 명나라 영락제가 예부에 내린 명령이 담겨 있었다.

지금 내사 정승, 김각, 김보 등이 조선국으로 돌아가니, 너희 예부는 즉시 문서를 보내 조선 국왕이 알게 하라. 정밀하고 세밀해서 쓰기에 알맞은 화자(火者: 환관)가 있으면 많이 뽑아서 보내게 하라. 병든 내사 김보는 의약으로 치료해서 나으면 돌려보내고, 내사 정승은 잣나무 묘목을 구하게 하고, 김각은 모친상을 마친 뒤에 들어오게 하라.

예부의 자문은 사신으로 조선에 온 환관들에 대한 내용이었다. 특히 이 환관들이 조선국으로 "돌아간다(回去)"라는 표현을 썼다. 이들은 애초에 조선에서 명나라에 보낸 환관들이기 때문이다. 게다가 명나라는 환관으로 쓸 조선 사람들을 본격적으로 요구했다. 이들을 화자라고 칭한 것은 성기에서 고환을 제거해 정자가 생기지 못하게 했기 때문이다. 이처럼 궁중에서 숙식하는 남성들은 수술을 받아야 했는데, 고려 출신 환관들이 똑똑하고 일을 잘한다는 소문이 원나라 조정에 파다했기 때문에 명나라도 조선 화자를 요구한 것이다.

고려와 조선은 사대부의 권력이 강했지만, 중국은 전통적으로 환관의 권력이 강한 나라였다. 중국의 역대 왕조는 100년에서 200년 정도밖에 가지 못했지만 황제권이 막강했다. 따라서 황제와 가깝게 지내는 환관들의 권력 또한 막강했다. 진시황이 병사하자 진나라 환관 조고(趙高)가 승상 이사(李斯)와 조서를 위조해 시황제의 맏아들 부소(扶蘇)와 장군 몽염(蒙恬)을 자결하게 하고 막내 호해(胡亥)를 즉위시킨 것처럼, 중국사에서 환관들의 발호는 그 뿌리가 오래되었고 극심했다. 이에 따라 환관들의 발호에 대한 경계가 끊이지 않았는데, 환관 세력을 억제하는 방편의 하나로 조선 출신 화자를 요구한 것이다. 외국 출신 환관은 대신들에게 맞서 세력을 형성하기가 쉽지 않을 것이라는 생각 때문이었다.

명나라에서 조선 출신 화자를 요구한 또 다른 이유는 조선의 기를 꺾기 위한 것이었다. 주원장은 조선 출신 환관들을 자주 사신으로 임명해 조선에 보냈는데, 조선 국왕은 이들을 극진하게 대우할 수밖에 없었다. 그런데 이런 환관들은 대부분 가난한 평민 출신이었다. 양반들이 치욕스럽고 고통스럽고 죽을지도 모르는 고환 제거 수술을 받을 리 없었기 때문이다. 화자가 되어 명나라로 들어간 조선 출신 환관이 황제의 조서를 갖고 오면 조선 국왕으로선 극도의 예를 다해 대접하지 않을 수 없었다. 얼마 전까지만 해도 가난하고 천하던 일개 백성이 황제의 위세를 업고 조선 임금과 거의 동렬에 서게 되는 것이다. 명나라는 바로 이런 효과를 위해서라도 조선 출신 화자를 요구했다.

조선이 건국한 1392년, 명 태조 주원장이 화자를 요구하자 이성계는 수십 명의 화자를 보냈다. 주원장은 그중 대부분을 돌려보냈지만 영흥 출신인 신귀생(申貴生)이란 환관만은 끼고 돌았다. 무인난(1차 왕자의 난)이 발생하기 직전인 태조 7년(1398) 6월 24일, 주원장은 신귀생을 조선으로 보내며 그를 후대하라는 예조의 자문을 내렸다. 또한 신귀생이 몇 년 동안 일을 잘 처리했다면서 상으로 대은(大銀)과 비단과 저폐(楮幣: 종이돈) 등을 내려주었다. 그렇게 의주에 도착한 신귀생은 중국말만 썼기 때문에 모두 중국인인 줄 알았다. 그는 영락제가 내린 물건을 가리키면서 이렇게 말했다.

"사여(賜輿)한 것이다."

영접사(迎接使) 유운(柳雲)은 황제가 조선 임금에게 전하는 물건이라는 뜻으로 알아들었다. 신귀생은 이 물건들을 탁자 위에 높이 두고, 앉을 때는 칼을 뽑아 들고 지켰다. 행차할 때는 이 물건들을 실은 말을 먼저 달리게 하고는 칼을 차고 뒤따라갔다.

나중에야 이 물건들이 주원장이 조선 국왕에게 전하는 것이 아니라 신귀생 자신이 받은 물건이란 사실이 알려졌다. 신귀생은 대궐에 도착해 예부의 자문을 읽고 이성계와 돈수례(頓首禮)를 행했다. 신귀생이 조선 출신인 것을 안 이성계는 자신이 직접 그를 위로하지 않고 찬성사 우인열(禹仁烈)과 영접사 유운에게 위로하게 했다. 신귀생은 불쾌한 표정을 지으며 술도 마시지 않았다. 신귀생은 또한 이성계가 개최하는 연회에서 술에 취해 칼을 뽑으려고 했는데, 환관 조순이 즉시 말려 큰 사건으로 번지지는 않았다. 이에 좌정승 조준과 봉화백 정도전이 조순을 남은의 집으로 초청해 위로하고 말 한 필을 선물로 주었다. 무인난이 일어나기 한 달 반 전의 일이다. 이런 사건들은 태조와 정도전의 북벌 의지를 더욱 굳게 했다. 그러나 무인난으로 북벌 기도는 좌절되고 사대는 더욱 심해졌다.

한편, 내전에서 승리한 영락제 주체는 후궁으로 들일 조선 출신 처녀들까지 요구했다. 주체는 태종 8년(1408) 4월 16일 사신 황엄을 보내 조선 처녀를 요구했다.

"너는 조선국에 가서 국왕에게 말해 잘생긴 여자들이 있으면 몇 명을 가려 데리고 오라."

황엄으로부터 주체의 요구를 들은 태종은 진헌색(進獻色)을 설치하고, 각 지방에 사람을 보내 처녀를 간택하게 했다. 관청과 개인 소유의 여종을 제외하고 열세 살 이상 스물다섯 살 이하의 양가 처녀를 간택해 명나라에 보내기 위한 것이었다. 금혼령이 내려지고 경차관(敬差官)

이 파견되어 처녀를 간택하자 사방에서 소동이 일었다. 어린 딸을 명나라에 보내고 싶은 부모가 있을 턱이 없었다. 금혼령을 어기고 몰래 혼인하는 집안이 속출했다. 딸을 감추고 신고하지 않으면 지방관에게 죄를 묻겠다고 했지만, 자식을 먼 타국으로 보내기 싫어서 감추거나 몰래 혼인시켰다고 해서 처벌할 수는 없었다. 그런데 풍해도 순찰사 여칭(呂稱)이 황엄에게 지평주사(知平州事) 권문의(權文毅)에게 감춰둔 딸이 있다고 알리면서 사건이 발생했다.

"지평주사 권문의의 딸이 공조전서(工曹典書) 권집중(權執中) 딸 못지 않은 절색입니다."

황엄이 권문의의 딸을 만나겠다고 나섰지만 권문의는 병이 났다고 말하며 보내지 않았다. 의정부에서 지인(知印) 양영발(楊榮發)을 보내 딸을 보내라고 재촉하자 권문의는 딸을 치장하는 척 시간을 끌다가 양영발이 돌아가자 보내지 않았다. 황엄이 화가 나서 말했다.

"저런 미관(微官: 낮은 관직)도 국왕이 제어하지 못하니 하물며 거가 (巨家)나 대실(大室)에 미색이 있다 한들 어찌 내놓겠는가?"

태종은 할 수 없이 8월 28일 권문의를 순금사 옥에 가두었다. 권문의는 옥에 갇혀서도 딸을 내놓지 않았다. 그 여파는 황엄에게 권문의의 딸이 미색이라고 말한 풍해도 순찰사 여칭에게 미쳤다. 일주일이 지나도 권문의의 딸이 한양에 도착하지 않자 황엄 등은 더욱 화를 냈고, 태종은 여칭을 순금사에 가두었다. 황엄에게 잘 보이기 위해 남의 딸을 넘기려다가 그 자신이 옥에 갇히는 신세가 된 것이다. 권문의와 여칭이 갇힌 순금사는 태종이 처벌은 해야 하지만 처벌하는 시늉만 내는 사람들을 가두는 곳이었다. 태종 자신도 "순금사는 내가 사정을 봐주는 곳이다"라고 말할 정도였다.

태종은 10월 6일 권문의를 석방했다. 한창 기세를 떨치는 명나라와 대적할 수도 없지만 딸을 지키려는 부정도 처벌하기는 어려웠다. 이런 소동 끝에 다섯 명의 처녀가 선발되었다. 공조전서 권집중(權執中)의 열여덟 살짜리 딸과 좌사윤(左司尹) 임첨년(任添年)의 열일곱 살짜리 딸, 공안부 판관(恭安府判官) 이문명(李文命)의 열일곱 살짜리 딸, 선략장군(宣略將軍) 여귀진(呂貴眞)의 열여섯 살짜리 딸, 중군 부사정(中軍副司正) 최득비(崔得霏)의 열네 살짜리 딸이었다. 태종은 그해 10월 명나라 사신 황엄과 함께 소녀들의 간택에 참석하고 돌아와 대언(代言)들에게 말했다.

"황엄이 뽑은 처녀들의 높고 낮음과 등수가 틀렸다. 임씨는 곧 관음(觀音)의 상이어서 애교하는 마음씨가 없고, 여씨는 입술이 두껍고 이마가 좁으니 이것이 무슨 인물이냐?"

태종은 이들을 명나라에 보내면서 처녀들을 진헌하는 사신이라고 이름 붙이지 않았다. 대신 대제학 이문화를 보내면서 종이 진헌사라고 이름 붙였다. 이때 조선의 질 좋은 순백의 후지(厚紙) 6000장도 같이 가져갔는데 처녀를 진헌한다는 이름을 남기기 싫어서 종이 진헌사라고 이름 붙인 것이다. 종이 진헌사 이문화는 딸을 보내는 판관 이문명의 형으로 특별히 진헌사로 파견한 것이다. 처녀들의 아버지인 이문명, 여귀진, 최득비와 권집중의 아들 권영균(權永均)도 진헌사 편에 명나라까지 따라가게 했다. 병이 난 임첨년을 제외하고 가족들을 함께 보낸 것이다.

비록 궁녀가 아니라 후궁으로 가는 것이지만 스물도 안 된 어린 딸을 타국으로 보내는 부모의 가슴은 찢어졌다. 출발하기 전인 11월 3일 다섯 명의 처녀가 궁중에 나와 정비(靜妃: 원경왕후 민씨)에게 하직했다. 왕비는 먼 이국으로 떠나는 어린 처녀들을 후하게 위로했다.

태종 8년(1408) 11월 12일, 황엄과 이문화가 처녀들을 데리고 떠나는 날이었다. 부모 친척들의 울음소리가 길에 끊어지지 않았다. 권근이 처녀들을 위해서 시를 지었다.

부모와 이별하는 말을 마치기 어렵고
눈물을 참지만 씻으면 도로 떨어진다
슬프고도 섭섭하게 서로 떠나는 곳
여러 산들이 꿈속에 들어와 푸르겠지.

이듬해인 태종 9년(1409) 2월 9일, 영락제 주체는 북경까지 거둥해서 조선에서 온 처녀들을 직접 만났다. 그가 도읍을 남경에서 북경으로 옮긴 것은 그로부터 12년 후인 1421년이다. 달단(韃靼: 몽골) 정벌을 위해 북경까지 온 김에 조선 처녀들을 만난 것이다. 주체는 권집중의 딸 권씨를 현인비(顯仁妃)로 봉하고, 그 오빠 권영균을 3품 광록시경(光祿寺卿)에 제수하고, 채단(綵段) 60필, 채견(綵絹) 300필, 금(錦) 10필, 황금 2정(錠), 백은(白銀) 10정, 말 5필, 말 안장 2개, 옷 2벌, 초(鈔: 저화) 3000장이란 막대한 물품을 내렸다. 다른 처녀들은 비(妃)보다 낮은 미인(美人) 등의 후궁으로 봉하고, 그 부친 임첨년은 홍려경(鴻臚卿), 이문명, 여귀진은 광록소경(光祿少卿)에 제수했는데 모두 4품이었다. 최득비는 5품 홍려소경에 제수했다. 이들에게도 권영균과 약간 차이나지만 막대한 물품을 내려주었다.

영락제는 현인비 권씨에게 푹 빠졌다. 명나라 개국공신 서달(徐達)의 딸인 인효문황후(仁孝文皇后) 서씨가 2년 전(1407) 세상을 떠난 이후 현인비 권씨를 사실상 황후로 대접했다. 태종 9년 유정현이 북경에 사신으로 갔는데, 현인비 권씨와 친척이라는 말을 듣고 황엄을 시켜 권씨가 본가에 전하는 말을 대신 전하게 하고 채단 2필, 견(絹) 10필, 초(鈔) 500장, 안마를 선물로 내려줄 정도였다. 태종도 마찬가지였다. 태종은 재위 10년(1410) 11월 6일 광록시경 권영균이 누이동생을 만나러 남경으로 가자 홍저포(紅苧布) 10필과 흑마포(黑麻布) 10필을 주어 현인비에게 전하게 했다. 영락제가 사실상 황후처럼 대하는 권비의 존재는 조선에 큰 힘이 되었다.

## 조선 출신 후궁들의 비극, 어여의 변

태종이 내려준 선물을 갖고 명나라에 간 권영균은 충격적인 소식을 들었다. 그가 출발하기 며칠 전인 10월 24일, 누이 권비가 제남로에서 세상을 떠났다는 소식이었다. 제남로는 지금의 산동성 지역으로, 주원장이 개칭한 이름이다. 느닷없이 누이가 사망했다는 소식을 들은 권영균의 충격은 컸다. 태종 11년(1411) 3월 29일, 권영균은 귀국해서 태종에게 보고했다.

"현인비 권씨가 제남로에서 병으로 돌아가셔서 그곳에 빈장(殯葬)하고는 제남(濟南: 산동) 백성들에게 역사(役事)를 면제시켜서 지키게 하고 있습니다. 앞으로 이를 옮겨서 노황후(老皇后)와 합장하려 합니다."

권비의 갑작스러운 죽음은 태종에게도 충격이었다. 제남로에서 죽은 것은 달단 토벌에 권비를 데려갔기 때문이었다. 노황후는 영락제의 황후인 인효문황후 서씨로, 명나라 개국공신 서달의 딸이다. 여러 개국공신이 대부분 주원장에게 죽임을 당했지만 서달은 주원장이 '서형(徐兄)'이라고 높였는데도 더욱 공손하게 처신해 살아남았다.

주원장은 서달이 사망하자 중산왕(中山王)을 추증하고 그의 세 딸을 모두 며느리로 삼았다. 첫째 딸은 연왕 주체와 혼인해 인효문황후가 되었고, 둘째 딸은 대왕(代王) 주계(朱桂)에게, 셋째 딸은 안왕 주영에게

**인효문황후 초상화. 대만 국립고궁박물관.**
명나라 3대 황제인 영락제 주체의 부인으로 명나라 개국공신 서달의 장녀. 주체는 그녀의 사후 따로 황후를 두지 않았지만, 조선 출신 후궁들을 둘러싸고 어여의 변이라는 참상을 치르게 된다.

시집갔다. 영락 5년(1407) 황후 서씨가 사망했는데 영락제는 다시 황후를 세우지 않았다. 황후 다음의 비(妃)로 봉한 인물도 둘밖에 없다. 한 명은 영락 7년(1409) 소용(昭容)으로 봉해 후궁이 된 소헌귀비(昭献贵妃) 왕씨다. 그다음이 공헌현비(恭献贤妃)라고도 불린 조선 출신의 현인비 권씨다. 《명사(明史)》 〈후비(后妃) 열전〉에 영락제의 후비로 황후 서씨와 왕귀비, 권현비 세 명만 실려 있는데 《명사》는 조선 사람 권현비에 대해 "자질이 꽃나무가 무성하듯 아름다우면서도 순수하고 옥통소를 잘 불어 황제가 사랑하면서도 가엾게 여겼다"고 극찬했다. 아름다우면서도 옥통소를 잘 불었던 권비는 예인(藝人)의 기질을 갖고 있었다. 황후 서씨가 죽은 후 영락제는 권비에게 육궁(六宮: 황후의 궁정)의 모든 일을 맡아보게 하는 등 사실상 황후의 역할을 맡겼다. 영리한 권비가 금세 중국어를 익히자 육궁의 일까지 맡아보게 했던 것이다.

태종 10년(1410) 급사한 권비의 사인은 4년 뒤인 태종 14년(1414) 9월 19일 커다란 사건으로 번진다. 영락제가 조선 사신 윤자당(尹子當)에게 권비가 사망한 것이 조선 출신 후궁들 사이의 다툼 때문이라면서 그 가족들의 처벌을 요구한 것이다. 같은 조선 출신 여씨가 권비를 독살했다며 문제 삼은 것이다.

황후 서씨가 죽은 후 영락제가 권비에게 궁중의 일을 모두 맡기자 권비와 사이가 좋지 않았던 여미인(呂美人)이 권비를 질시했다.

"자식이 있는 황후가 세상을 떠났는데, 네가 궁중을 관리하는 것이 몇 달이나 가겠느냐?"

미인은 후궁의 벼슬 중 하나로 비(妃)보다 한 단계 낮은 빈(嬪)의 품계다.

영락제는 이 사건에 후궁들뿐만 아니라 조선 출신 내관들도 관련되어 있다고 보았다. 명나라 출신 내관 두 명과 조선 출신 내관 김득(金得), 김양(金良) 등이 서로 형제처럼 지냈는데, 이들 중 한 명이 은장이 집에서 독약인 비상을 가져다가 여씨에게 주었다. 영락 8년(1410) 영락제가 달단 정벌을 마치고 남경으로 돌아가던 중 양향에 도착했을 때 여씨가 호도차(胡桃茶)에 비상 가루를 타서 권비를 독살했다. 영락제는 이런 사실을 몰랐다가 나중 권비와 여미인의 노비가 서로 싸울 때 권비의 노비가 여미인의 노비에게 "네 주인이 약을 먹여 우리 비자(妃子: 권비)를 죽였다"라고 말해서 알게 되었다. 영락제가 사건의 경위를 조사해보니 모두 사실이므로 관련된 내관들과 은장이를 모두 죽이고, 여씨에게는 낙형(烙刑)을 가해 1개월 만에 죽게 했다.

영락제가 이런 사실을 태종에게 전한 것은 조선에 있는 여씨의 가족들을 모두 죽이라는 뜻이었다. 태종은 일단 여씨의 친족들을 가둔 뒤 하륜, 남재, 이직 등 정승과 판서를 불러 이 사건을 의논했다.

"권씨가 비가 되고 여씨가 미인이 되었으니 비록 존비(尊卑)의 차이는 있지만 적첩(嫡妾)의 구분이 있는 것은 아니다. 또한 짐독(鴆毒)으로 독살했다는 것은 애매한데, 멀리서 황제가 노했다는 말을 듣고 갑자기 여씨의 친족을 베는 짓은 차마 할 수 없다."

태종의 말대로 이 사건에는 애매한 구석이 있었다. 명나라로 갈 당시 권씨는 열여덟, 여씨는 열여섯으로 두 살 차이가 났다. 머나먼 이국에서 같은 조선 출신으로 서로 의지하면서 언니, 동생처럼 지냈을 두 소녀가 서로 질투해서 독살했다는 말은 믿기 어려웠다. 게다가 독살했다는 증언이 당사자인 여씨 쪽에서 한 자백이 아니고 독살 당했다는 권씨 쪽 노비의 일방적 주장이라 더욱 믿음이 가지 않았다. 그러나 하륜은 영락제의 뜻대로 해야 한다고 주장했다.

"위로는 천자의 노여움을 사고 아래로는 본국에 수치를 끼쳤습니다."

하륜은 여씨의 가족들을 모두 베어야 한다고 주청했다. 그러나 남재와 이숙번 등이 반대했다.

"한쪽 말만 듣고 여씨의 가족들을 죽이는 것은 옳지 않습니다."

둘은 권영균이 돌아온 후 영락제의 뜻을 자세히 안 다음에 처리해도 늦지 않다고 말했다. 태종은 여씨의 어머니 장씨만 가둬두고 나머지 친족들은 모두 석방시켰다.

이 사건은 세종 6년(1424) 10월에야 진상이 드러났다. 중국 상인의 딸 여씨가 황궁에 들어왔는데, 조선에서 온 미인 여씨와 같은 성씨라서 가깝게 지내려고 했다. 그런데 미인 여씨가 사귐을 허락하지 않자 권비를 독살했다고 무고한 것이다. 그후 상인의 딸 여씨는 궁인 어씨와 함께 환관들과 간통하다가 들통 나자 목 매어 죽었다. 화가 난 성조 영락제가 여씨의 시비를 국문하다 권비 사건의 진상까지 드러났다. 중국인 여씨가 조선 출신 여미인을 무고한 것이라고 자백한 것이다. 심지어 간통 사실이 드러나자 황제를 시역(弑逆)하려 했다고까지 자백했는데, 앞서 미인 여씨를 무고한 사건과 결부되면서 사건이 크게 확대되었다. 명나라 조정은 궁중에서 사건이 발생하면 몇백 명, 몇천 명 죽는 것도 그리 드문 일이 아니었다. 연일 사람이 죽어 나가자 연루되어 죽게 된 사람 중 하나가 영락제를 직접 꾸짖었다.

"자신의 양기(陽氣:정력)가 쇠해서 후궁이 어린 환관들과 사사롭게 간통한 것인데, 누구에게 허물이 있다고 하는가?"

이 사건을 기록한 《세종실록》은 이 일에 연좌된 자가 2800여 명에 이르는데, 영락제가 직접 나서서 모두 죽였다고 전할 정도다. 그런데 이 사건은 권비와 여미인을 명나라로 데려간 환관 황엄에게까지 여파가 미쳤다. 황엄 역시 이 사건과 관련 있다는 이유로 이미 죽은 그의 관을 가르고 아내와 노비를 모두 관청의 노비로 만들었다. 명나라 사신이라는 위세를 등에 업고 조선에 와서 숱한 처녀들을 간택했던 황엄은 바로 그 때문에 죽은 후 관이 갈라지고 시신이 쪼개지는 불운을 겪었다.

이 사건을 어여(魚呂)의 변, 또는 어여의 난이라고 한다. 이 사건은 무인난으로 정권을 잡은 이방원이 친명사대를 조선 외교의 제일의 방책으로 삼은 데서 빚어진 비극이기도 했다. 이때 살아남았다고 해서 좋아할 것은 없었다. 명나라는 황제가 죽으면 살아 있는 후궁도 죽여 함께 매장하는 순장(殉葬)을 실시하던 나라였다. 살아남은 조선 출신 후궁들도 영락제 주체가 세상을 떠나자 강제로 죽임을 당해 함께 묻혔다. 자주적 북벌 의지를 꺾고 소국을 자처한 사대주의가 조선의 어린 소녀들을 비극의 길로 몰아넣은 것이다.

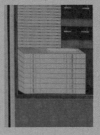

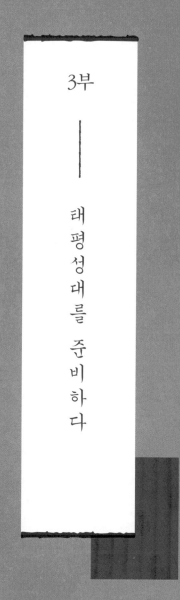

3부

---

태평성대를 준비하다

혼일강리역대국도지도, 일본 류코쿠대학 도서관.

우리나라 최초의 세계지도로 태종 2년(1402) 김사형과 이무 등이 조선과 중국, 일본 등 각국의 여러 지도
를 참고하여 완성하였다. 우리나라의 강역은 물론 중국과 일본, 아라비아, 유럽, 아프리카까지 자세하게
그려 넣은 것이 특징이다. 현재 원본은 남아 있지 않고 여러 개의 사본이 우리나라와 일본에 보관되어 있
는데, 가장 대표적인 것이 류코쿠대학 도서관에 보관된 판본이다.

# 세자교체를 결행하다

## 명나라 공주와 국혼을 추진하다

태종 3년(1403) 4월 8일, 명나라 도지휘(都指揮) 고득(高得)과 환관 태감(宦官太監) 황엄 등이 영락제가 내린 고명(誥命), 인장(印章), 칙서를 가지고 한양을 찾았다. 태종은 면복 차림으로 군신을 거느리고 서교에서 맞아들이고, 대궐에 이르자 예를 행하고 고명과 인장을 받았다. 태종 이방원을 조선 국왕으로 인정한다는 고명이었다. 즉위한 지 3년이 다 되어서야 고명과 인장을 내린 것은 그때까지 명나라 내전이 완전히 정리되지 않았기 때문이었다.

이때 조선 대신들은 세자(양녕대군) 이제와 영락제의 공주 간의 혼인을 추진하자고 태종에게 건의했다.

"황엄은 황제의 총애를 받는 환관이니, 그를 통해 황제께 청해서 세자를 황제의 딸과 혼인시키면 우리나라에 크게 이로울 것입니다."

태종은 좋은 방안이라고 생각했다. 일단 형식적으로라도 명나라에 사대하기로 한 이상, 두 나라의 왕자와 공주를 국혼시키는 것만큼 나라의 안정을 보장할 수단이 없다고 생각한 것이다. 이런 뜻을 전했더니 황엄도 크게 기뻐했다.

"그렇게 된다면 얼마나 다행이겠습니까?"

그러나 명나라로 돌아갔다 다시 돌아온 황엄은 이 문제에 대해 일언반구도 없었다. 태종은 잘못 말을 꺼냈다고 크게 후회하고 세자를 전 총제 김한로의 딸과 정혼시켰다. 태종 7년(1407) 6월 황엄이 다시 사신으로 왔을 때는 김한로의 딸과 혼례를 앞두고 있었다. 태종은 황엄에게 세자가 장성해서 이미 장가들었다면서 명나라에 보내 조현(朝見: 황제를 보는 것)하려고 한다고 말했다. 황엄은 반색했다.

"아주 좋습니다."

조선의 세자가 직접 금릉(남경)에 와서 조현하면 내전으로 추락한 명 왕실의 권위를 살릴 수 있다고 본 것이다. 우군동지총제(右軍同知摠制)를 역임한 공부가 이 소식을 듣고 이현(李玄)에게 다시 세자를 황제의 딸과 혼인시키자는 안을 제시했다. 이현은 원나라 출신 백안(伯顏)의 증손으로, 중국어에 능통해서 통사(通事: 통역관)로 명나라에 여러 차례 다녀온 중국통이었다. 이현은 황제에게 혼인하지 않은 딸이 두셋 있으니 황제 집안과 혼인한다면 북쪽의 여진족이나 서쪽의 왕구아(王狗兒)나 모두 문제될 것이 없을 것이라면서 국혼을 다시 추진하자고 말했다. 몇 사람의 의견을 물으니 모두 찬성했다. 그래서 여흥부원군 민제를 찾아가 의논했는데 민제는 선뜻 응하지 않았다. 그러자 하륜이 나서 민제를 설득했다.

"만일 대국의 원조를 얻는다면 동성(同姓: 이씨)이고 이성(異姓)이고 누가 감히 난을 일으키며, 난신적자가 어떻게 생기겠습니까? 전조 고려 때 대원의 공주가 시집와서 100년 동안 안팎에 근심이 없었으니 이것은 지난날의 경험입니다."

요동을 정벌하려다 무인난으로 좌절된 지 불과 10년 만에 고려 왕실이 원나라 공주와 혼인한 것을 마치 본받아야 할 정책처럼 보게 된 것이다. 이미 정혼한 세자를 명나라 공주와 혼인시키려는 계획은 민제의 사위 조박을 통해 하륜에게 전달되고, 다시 영의정 성석린과 우정승 조영무에게 전달되었다가 이숙번을 통해 태종에게도 전해졌다. 태종은 화를 내면서 관련자들을 국문했다.

"중국과 혼인 관계를 맺는 것은 내 소원이기도 하지만 부부가 서로 화합하는 것은 인정(人情)의 어려운 일이다. 또한 중국 사신들이 끊임없이 왔다 갔다 하면서 도리어 우리 백성들을 소란하게 할 것이다. 옛날 기씨가 황후가 되었지만 지금은 그 일문이 모두 살육당하고 남은 자가 없으니 어찌 보존했다는 말인가? 군신이 하나된 후에야 나라가 편안하게 다스려지는 것이다."

이런 큰일을 의논하면서 자신에게는 감췄으니 "내가 누구와 더불어 다스리겠는가?"라면서 태종이 눈물을 흘리자 이숙번 등도 모두 바닥에 엎드려서 울었다. 이 문제는 이로써 없던 일로 정리되었다.

태종은 황엄 등이 돌아간 뒤인 재위 7년(1407) 7월 13일, 세자를 전총제 김한로의 집에 보내 친영(親迎: 신부의 집에 가서 신부를 맞이해 오는 것)

하는 날이었다. 그런데 공교롭게도 비가 내렸다. 원래는 임금이 근정전 계단까지 나와서 장가드는 세자에게 "가서 너의 배필을 맞아들여 우리 종사를 계승하고 궁인을 엄격하게 거느리도록 하라"라고 타이르고 경계하는 임헌초계(臨軒醮戒) 의식을 시행해야 하는데, 비 때문에 생략됐다. 내리는 빗속에서 세자는 김한로의 집으로 가 신부를 맞아들였다.

몇 명의 처녀가 물망에 올랐을 때 태종은 의안대군 이화와 지신사(도승지) 황희를 종묘에 보내 시책(蓍策)을 뽑아 한 처녀를 선택하게 했다. 새 도성을 정할 때도 점칠 때 쓰는 시초(蓍草)를 뽑아서 한양으로 결정한 것처럼 세자빈도 시초로 결정한 것이다. 그렇게 뽑힌 인물이 김한로의 딸 김씨였다. 그러나 불안한 출발이었다. 혼례날 내린 비 때문이 아니라 다른 동생들, 특히 충녕대군이 영특해서 다른 대신들의 마음을 샀기 때문이었다.

2년 전인 태종 5년의 일이다. 창덕궁이 만들어진 것을 기념해 태종이 작은 술자리를 열어 감독관들을 위로했다. 그때 태종이 종이 한 장을 돌렸는데, 아홉 살 충녕이 쓴 글씨였다. 민무구는 얼른 신극례에게 눈짓을 해서 술 취한 것처럼 행동해 분위기를 바꾸었다. 민씨 외삼촌들은 처음부터 양녕에게 모든 기대를 걸고 있었기 때문에 충녕이 부각되는 것을 원치 않았다.

세자의 혼례가 치러지기 불과 사흘 전인 7월 10일, 태종의 숙부이기도 한 영의정 부사 이화 등이 민무구·무질 등의 죄를 청하는 상소문을 올린 배경이 무엇인지는 분명하지 않지만 태종의 사주가 있었던 것은 분명하다. 태종이 이 시점에 두 처남을 제거하려 든 것은 세자와 민씨 형제를 단절시키려는 목적이 있었는지도 모른다. 세자가 혼인한 직후 태종은 세자가 외가와 왕래하는 것을 막았다. 세자의 외조부모인 민제 부부는 마음이 상해서 우는 날이 많았다. 이 소식을 들은 태종은 9월 18일 민무휼·무회을 불러서 사정을 설명했다.

"세자는 원래 부원군 부처(夫妻: 민제와 그의 부인 송씨)가 안아서 키운 것이다."

또한 세자의 외가 출입을 막은 이유에 대해서도 설명했다.

"너희 두 형이 죄를 얻어 외방에 있는데, 그 마음으로는 반드시 '내가 어찌 불충한 마음이 있었겠는가?'라고 생각할 것이고, 너희들도 또한 '우리 형에게 무슨 불충한 죄가 있었겠는가?'라고 말할 것이고, 너희 부모의 마음 또한 그러할 것이다. 지금 내가 그 까닭을 자세히 말할 것이니, 너희들은 마땅히 가서 부모에게 고하라. 무릇 불충은 한 가지가 아니다. 옛 사람이 '임금의 지친(至親)에게는 장(將: 미래)이 없다'라고 했는데, 장차가 있으면 이것이 바로 불충이다."

태종의 말은 민무구·무질 형제가 자신이 아닌 세자에게 뜻을 두었기에 문제 삼았다는 것이었다. 사실 이화를 시켜 민무구 형제를 제거한 것도 이 때문이었다.

태종은 또한 민무구·무질 형제가 종지(宗支)를 제거하려 했다는 것도 불충의 사례로 들었다. 종지란 효령·충녕 등 다른 왕자들을 뜻하는데, 민씨 형제가 이들을 없애려 했다는 것이다. 이 같은 시도는 역으로 민무구·무질 형제가 맏조카에 대한 애정이 그만큼 컸다는 것을 증명한다. 모두 다 같은 조카들인데 이상하게도 민씨 가문은 세자를 즉위시키는 일에 사활을 걸었다. 세자에 대한 집착이 효령 등 다른 왕자를 제거하려는 기도로 이어지면서 수많은 문제가 생겼던 것이다. 이런 문제 때문에 세자와 다른 왕자들 사이가 서먹해지기도 했다. 그래서 태종은 재위 9년(1409) 5월 19일 세자와 효령, 충녕 등 왕자들을 불러 형제들끼리 사이좋게 지내라고 타이른 후 눈물을 흘렸다. 사관은 이 눈물에 대해 이렇게 설명했다.

민씨(민무구·무질)가 일찍이 전제(剪除: 세자 이외의 다른 아들을 잘라 없앰)할 뜻을 가졌던 데 마음이 상했기 때문이다.

이날 태종은 황희에게 일렀다.
"너는 구신(舊臣: 옛 신하)이므로 나의 뜻을 미루어 알 것이다."
태종이 울자 세자와 다른 왕자들도 모두 눈물을 흘렸다. 황희가 물러가니, 임금이 세자에게 전문(殿門)까지 전송하게 했다. 이때 황희가 세자에게 말했다.
"오늘 부왕께서 가르쳐주신 뜻을 잊지 않으면 실로 조선 만세(萬世)의 복이 될 것입니다."
황희는 이때 이미 세자 이제에게 드리운 불운의 그림자를 보았는지도 모른다. 이날 태종이 흘린 눈물은 세자가 아니라 다른 왕자들을 위한 것이었다. 그러나 자신이 좋아하는 외삼촌들이 죽음의 위기에 몰린 일이나 태종의 눈물에 드리운 정치적 함의까지 알아차리기에 세자는 너무 어렸다. 그때 세자의 나이는 겨우 열여섯에 불과했다.

## 떠오르는 다른 왕자들

태종이 세자 이외의 다른 아들들, 특히 충녕에게 호감을 갖고 있다는 사실을 알아차리는 것은 그리 어렵지 않은 일이었다. 태종 15년 (1415) 12월 30일, 충녕대군은 개국 1등공신 남재를 위해 잔치를 베풀었다. 충녕대군 이도가 학문을 좋아하는 것을 기뻐한 남재는 사람들이 많은 자리에서 태종이 왕자였던 시절 자신이 학문을 권했던 일화를 전해주었다.

"옛날 주상께서 잠저에 계실 때 제가 학문을 권하자 주상께선 '왕자는 정사에 참여할 수 없는데 학문은 무엇 때문에 하겠소?'라고 답하셨습니다."

남재는 그때 자신이 왕자 방원에게 이렇게 말했다고 덧붙였다.

"제가 그때 '군왕의 아들 중 누군들 임금이 되지 못하겠습니까?'라고 말씀드렸는데, 지금 대군께서 학문을 좋아하는 것이 이와 같으시니 내 마음이 기쁩니다."

이러한 발언은 과거에는 몰라도 지금은 위험한 말이 될 수도 있는 상황이었다. 세자가 아닌 충녕도 왕이 될 수 있다는 뜻이었기 때문이다. 민무구·무질 형제가 세자 이외의 다른 왕자들을 제거하려 했다는 혐의를 받았다면, 남재의 이 말은 거꾸로 세자를 흔드는 말로 해석될 수도 있었다. 태종이 마음먹기에 따라서 남재는 민씨 형제와 같은 처지에 처할 수도 있었다. 그래서인지 누군가 태종에게 남재의 말을 전했다. 그런데 태종의 반응이 뜻밖이었다.

"과감하구나, 그 늙은이!"

태종이 세자를 교체할 뜻이 전혀 없었다면 남재는 세자를 흔들었다는 죄목으로 크게 처벌될 수도 있었다. 세자는 국본이라고 불리는 만큼, 나라의 근본을 흔들었다는 죄목 역시 대역에 버금가는 중죄의 혐의였다. 세자가 이때 태종의 흔들리는 속내를 읽었다면 위기감을 느꼈을 것이다.

태종이 바라는 세자의 모습은 학문을 좋아하는 호학(好學) 군주였다. 태종 이방원은 과거에 급제한 사대부답게 유학 경전에 밝았지만 특히 역사에 해박했다. 이성계도 역사에 밝았다. 역사적 지식을 통해 태종은 왕조가 오래 유지되는 비결은 민심에 있다는 사실을 알고 있었다. 재위 5년(1405) 8월 19일, 태종은 세자에게 물었다.

"고대 은나라의 걸 임금과 주나라의 주 임금이 백성들에게 버림받은 독부(獨夫)가 된 이유를 아느냐?"

'외로운 사내'라는 의미를 가진 독부는 정치를 잘못하다가 쫓겨난 임금을 가리키는 말이다. 《서경(書經)》〈주서(周書) 태계 하(泰誓下)〉에 "옛 사람이 말하기를, '나를 어루만져주면 임금이지만 나를 학대하면 원수다'라고 하였다"는 구절에서 따온 말이다.

맹자는 독부를 일부(一夫)라고 말했다. 제나라 선왕은 맹자에게 하나라 신하였던 탕(湯)이 임금인 걸왕을 쫓아내고 은나라를 세우고, 역시 은나라 신하였던 무(武)가 임금인 주왕을 시해하고 주나라를 세운 것을 어떻게 생각하느냐고 물었다. 맹자는 국왕들에게 항상 탕왕과 무왕을 본받으라고 말해왔는데, 정작 두 사람은 군주를 쫓아내고 시해한 역적이 아니냐는 물음이었다. 맹자의 답은 제 선왕의 예상과 달랐다.《맹자》〈양혜왕 하〉에 이에 대한 이야기가 나온다.

인(仁)을 해친 자를 적(賊)이라 하고, 의(義)를 해친 자를 잔(殘)이라 하며,
잔과 적을 일삼는 자를 일부(一夫)라고 합니다. 나는 일개 필부인 주(紂)
를 죽였다는 말은 들었어도 임금을 죽였다는 말은 들어보지 못했습니다.

맹자의 일부론은 유학 사회의 역성혁명 이론이다. 〈진심(盡心)〉장을
보면 맹자는 또 "백성이 가장 귀하고, 사직은 그다음이며, 임금은 가
장 가볍다"라고도 말했다.

태종 이방원은 500년 고려 사직이 무너지는 현장을 똑똑히 목격한
인물이다. 고려가 무너진 것은 토지 제도가 붕괴되면서 인심을 잃었
기 때문임을 그는 잘 알고 있었다. 태종의 질문에 세자 양녕이 답했다.

"인심을 잃었기 때문입니다."

태종이 기뻐했다.

"걸과 주는 천하의 임금이 되었지만 인심을 잃은 뒤 하루아침에 독
부가 되었다. 하물며 나와 네가 인심을 잃으면 반드시 하루아침도 이
자리에 있지 못할 것이다. 어찌 소홀히 할 수 있겠느냐?"

이때만 해도 세자 양녕은 문제의 핵심을 잘 간파하고 있었다. 사부
들로부터 훌륭한 왕도 교육을 받았기 때문이었다. 어린 세자는 부왕
의 유업을 계승하는 좋은 임금이 되기 위해 노력했다.

양녕은 어릴 때부터 글씨를 잘 썼다. 세자가 자신이 쓴 글씨 40여
자를 내보이자 세자의 스승 성석린이 칭찬했다.

"대단히 좋습니다."

**양녕대군 이제 묘역. 문화재청.**

양녕대군은 태종의 맏아들로 세자 자리에 올랐으나, 방탕한 생활 탓에 폐위되고 말았다. 불교를 신봉한
효령대군과 왕위에 오른 충녕대군을 동생으로 두어, 평소 "나는 살아서는 왕의 형, 죽어서는 부처의 형"
이라고 말하고 다녔다고 한다. 위 사진은 그의 묘역으로 서울시 동작구 상도동에 위치해 있다.

세자는 글씨로는 역대 어느 임금과 비교해도 뒤지지 않을 것이라는
자부심이 있었다. 세자가 물었다.

"예전 제왕 중에서 누가 글씨를 잘 썼습니까?"

"당 태종과 송 휘종을 꼽을 수 있습니다. 그러나 태종은 참덕(慙德:
임금의 허물)이 있고, 휘종은 천하를 잃었으니, 서찰(書札)은 군왕이 중요
하게 여길 것이 못 됩니다."

세자가 스승에게 술자리를 베풀자 성석린이 말했다.

"저희들이 저하에게 술을 권하고 싶지만 술은 마시지 않는 것이 좋
습니다. 우리는 어려서 술 마시는 것을 배웠는데 지금까지 끊지 못했

습니다. 어려서 배우지 않았으면 이런 병통이 없었을 것입니다."

이 말을 듣고 세자가 말했다.

"젊었을 때는 오로지 경서를 배우고 술 마시는 것은 배우지 않는 것이 좋겠습니다."

이때가 태종 5년(1405) 8월, 양녕의 나이 열두 살이었다. 이때만 해도 세자 양녕의 자질은 나쁘지 않았다. 태종 또한 양녕을 훌륭한 후사로 만들기 위해 철저히 왕도 교육을 시켰다. 재위 2년(1402) 아홉 살의 원자 이제를 교육시키기 위해 경승부(敬承府)를 설치하고, 재위 4년(1404) 8월 6일에는 원자를 세자로 책봉하면서 그날 새벽 이전에 발생한 사건들은 모반, 대역 등을 제외하고는 모두 용서하는 대사면령을 내려서 세자 책봉을 천하가 함께 기뻐하게 했다.

이 무렵 태종과 대신들이 조선 왕실이 존속하는 데 절대적인 요소로 생각한 것은 명나라와의 관계였다. 태종은 재위 6년(1406) 윤 7월 명나라에서 사신 박인(朴麟), 김희(金禧) 등이 오자 몸이 편치 않다는 이유로 세자에게 백관을 거느리고 교외에서 두 사신을 맞아들이게 했다. 두 사신은 본래 조선에서 명나라에 바친 환관들이었다. 태종이 일부러 피한 것일 수도 있지만, 환관들은 명 황제에게 직접 보고하는 이들이기 때문에 명나라에 조선의 차기 임금을 선보인 셈이기도 했다.

그런데 불과 두 달 후인 그해 8월 18일, 태종이 세자에게 전위하겠다고 선언하면서 조정에 풍파가 일었다. 명목은 재이가 자주 일어난다는 것이었다. 임금이 양위를 선언하면 온 조정이 극도로 긴장하게 마련이다. 태종이 장인인 여흥부원군 민제와 좌정승 하륜, 우정승 조영무, 안성군 이숙번에게 비밀리에 양위하겠다고 통보하자 모두 안 된다고 극력 반대했다. 이 소식이 전해지자 숙부인 의안대군 이화와 영의정 성석린을 필두로 백관과 기로(耆老: 은퇴한 신하)들이 모두 전정 (殿庭)에 모여서 지신사(知申事: 도승지) 황희에게 안으로 들어가서 아뢰게 했다.

"전하께서 춘추가 한창이시고, 세자의 나이도 아직 성년이 못 되었고, 아무런 변고도 없었는데, 갑자기 전위하신다니 신 등은 그 이유를 알지 못해 두렵고 황공합니다."

태종이 뜻을 꺾지 않자 이조판서 남재가 다시 말렸다.

"나라가 창업한 지 오래되지 못한 것은 물이 처음 얼어 굳지 못한 것과 같아서 나이 어린 임금이 왕위에 오를 때가 아닙니다."

이때 태종의 나이 마흔이었다. 열세 살짜리 세자에게 양위할 때가 아니었다. 백관과 종친들이 모두 전위가 불가하다고 상소하는 와중에 태종이 환관 노희봉을 시켜 국새(國璽)를 세자궁에 보냈다. 세자는 영문도 모른 채 양위 소동의 한복판에 휩쓸린 셈이다. 일단 양위를 선언했으니 거두어들일 명분이 필요했다. 태종은 꿈에 모후 한씨가 나타났다는 것을 명분으로 삼았다. 태종은 비밀리에 이숙번을 불러 이렇게 말했다.

"밤마다 꿈에 모후(母后: 신의왕후 한씨)께서 나와 우시면서 내게 '너는 나를 굶기려 하느냐?'라고 말씀하시는데, 나는 아직도 이것이 무슨 뜻인지 알지 못하겠다."

물론 태종이 몰라서 이숙번에게 물은 것은 아니었다.

"전하께서 만약 어리고 약한 세자에게 전위하시면 종사가 보전되지 못하여 모후께서 굶으실 것입니다. 이는 실로 모후께서 정녕 '전위하는 것은 불가하다'고 하신 것입니다. 이 어찌 신인(神人)이 모두 싫어하는 바가 아니겠습니까? 원컨대 세 번 더 생각하소서."

태종은 이날(8월 26일) 이렇게 말했다.

"내가 자식에게 전하는 것인데 어찌 이러한가?"

태종은 중요한 결정을 점에 의지하는 군주이기도 했다. 이번에도 신의왕후 한씨를 모신 인소전(仁昭殿)에 가서 말했다.

"생(栍: 점의 뜻)을 알아본 뒤에 계책을 정하겠다."

태종이 비로소 전위의 명을 거둘 뜻을 표하자 세자는 군신들과 네 번 절하고 천세(千歲)를 세 번 부르고, 다시 네 번 절하고 나왔다. 이렇게 태종의 전위 소동은 끝났다.

사흘 뒤인 8월 29일, 태종은 백관을 거느리고 인소전에 나가서 직접 제사를 주관하면서 모후의 신어(神御: 어진)를 인소전으로 옮겼다. 다음 날 태종은 덕수궁에 가서 태상왕 이성계에게 그간의 경과를 아뢰었다. 앞서 길창군(吉昌君) 권근, 옥천군(玉川君) 유창(劉敞)이 덕수궁으로 가서 태종이 전위를 선언했다고 알렸을 때 태상왕 이성계의 반응은 시큰둥했다.

"이것은 혹 하늘이 시키는 것인지도 모른다. 내가 어찌 중지시킬 수 있겠는가?"

그만두고 싶으면 그만두라는 뜻이었다. 이성계는 태종의 전위 소동에 조연으로 한몫할 생각이 없었다. 그러나 이날 태종이 직접 와서 전하자 이렇게 말했다.

"나라를 전하는 것은 국가의 대사인데, 왕이 나에게 고하지 아니함이 옳겠는가? 내가 100세가 된 후에는 임의대로 행하게 두겠지만 아직 죽기 전이니 다시는 이런 말을 듣고 싶지 않다."

이는 전위를 말리는 취지의 말이었다. 태종은 태상왕 이성계가 자신의 전위를 말리자 더 없이 기뻤다. 이 사실을 모든 신하들에게 알리고 싶었다.

"신이 혼자 들어와서 곁에서 모시고 있으니, 부왕의 말씀을 누가 알 수 있겠습니까?"

다른 신하를 불러올 테니 다시 말해달라는 뜻이었다. 이성계가 허락하자 태종은 지신사 황희를 불러 태상왕의 말을 모두 전했다. 이성계가 황희에게 말했다.

"너의 큰 잔으로 너의 주상에게 술을 부어라."

그러자 태종은 자리를 피해 엎드려 황희가 태상왕에게 먼저 드리게 했다.

"그래. 비록 너의 벌주 잔이지만 내가 먼저 마시겠다."

태종은 이날 몹시 취해서 환궁했다. 그는 무척 기뻤다. 이성계가 자신의 양위를 꾸짖은 것을 자신의 왕위를 인정한다는 뜻으로 받아들였기 때문이다. 이 양위 소동에서 세자는 없으면 안 되는 조연이었다. 백관들은 모두 태종이 실제로 양위하지 않을 것이란 사실을 잘 알고 있었다. 이는 일종의 연극이었다. 이 양위 소동은 연극이었지만 어떻게 진행되느냐에 따라 피비린내 나는 결말로 이어질 수도 있었다. 실제로 민무구·무질 형제는 이때 진실로 슬퍼하는 낯빛을 띠지 않았다는 죄목으로 이듬해 7월 영의정부사 이화 등에게 "금장(今將)의 마음을 품고", "기뻐하는 빛을 얼굴에 나타냈다"고 공격을 당하고 유배형에 처해졌다가 끝내 목숨을 잃었다. 민무구·무질 형제가 제거된 것은 세자에게 큰 타격이었다. 그러나 세자는 이런 복잡한 정치 구도를 읽지 못했고, 크게 신경 쓰지도 않았다. 다만 부왕의 적장자인 것만 믿고 있었다.

세자 양녕은 동생 충녕과도 사이가 나쁘지 않았다. 경쟁자가 아니라고 보았기 때문이다. 게다가 형제 사이에 죽고 죽이는 권력 투쟁을 벌이는 것은 양녕의 성정에 맞는 일도 아니었다. 태종 13년(1413) 12월 30일, 세자와 여러 대군·공주들이 부왕에게 헌수하고 노래와 시를 아뢰었다. 충녕대군이 태종에게 시의 뜻을 묻는데 질문이 아주 자세했다. 태종이 가상하게 여겨서 세자에게 일렀다.

"장차 너를 도와서 큰일을 결단할 자다."

세자가 대답했다.

"충녕은 참으로 현명합니다."

태종은 충녕의 재질을 아깝게 생각했지만 왕위는 장남에게 주어야 한다는 생각을 아직은 바꾸지 않았다. 그래서 충녕에게 똑똑한 왕자가 처신하는 방법을 가르쳐주었다.

"너는 할 일이 없으니 편안히 즐기면 그뿐이다."

충녕은 부왕의 말뜻을 잘 파악했다. 그래서 정사에 뜻을 두지 않고 여러 잡기에 취미를 두었다. 충녕은 정사를 멀리하고 서화(書畫: 글씨와 그림), 화석(花石), 금슬(琴瑟: 거문고와 비파) 등 여러 예술 분야에 몰두해 높은 경지에 다다랐다. 세자 또한 예술 쪽에 관심이 많았다. 특히 거문고와 비파에 흥미가 있어서 충녕에게 비파를 배우기도 했다. 태종은 세자가 충녕을 시기하지 않고 서로 잘 지내는 것을 보고 크게 가상하게 여겼다.

# 그치지 않는 세자의 일탈

태종은 충녕에게는 잡기를 금하지 않았지만 세자에게는 경전과 역사 공부에 힘쓰기를 바랐다. 이것이 바로 치국의 요체이기 때문이다. 그러나 세자는 경사(經史: 경전과 역사)보다는 잡기에 깊이 빠져 있었다. 세자는 부왕이 보는 곳에서는 효령, 충녕과 경사(經史)를 강론했지만 부왕의 눈길이 미치지 않는 곳에서는 사냥을 즐겼다. 그러나 꼼꼼한 성격의 태종은 세자가 무슨 일을 하는지 모두 살피고 있었다. 태종은 재위 14년(1414) 9월 세자전의 환관 신덕해(辛德海), 정징(鄭澄) 등을 불러와 대언사(代言司: 승정원)를 통해 이렇게 물었다.

"얼마 전 세자가 사람을 보내 남편 없는 여자 집에서 강아지를 구해 왔다는데 그러한가?"

두 사람이 모른다고 하자 태종은 돌아가서 세자에게 사유를 묻고 보냈다. 세자전의 두 환관이 돌아와서 복명했다.

"이달 초 3일 세자가 상호군 황상(黃象)을 불러서 매와 개와 궁시(弓矢: 활과 화살)가 있는 곳을 묻자 황상이, '대호군 권초(權軺)의 집에 좋은 개가 있습니다'라고 말했습니다. 그러자 세자가 즉시 사람을 보내서 가져왔습니다."

남편 없는 부인 집에 가서 가져온 것은 아니지만 대호군 권초의 집에 있는 개를 가져온 것은 사실이란 뜻이었다. 태종은 승정원에 전지해서 황상을 꾸짖게 하고 자신도 직접 황상에게 전지해서 꾸짖었다.

"너는 개국공신의 아들이므로 내가 장차 크게 쓰려고 했는데 이렇게 했다면 진실로 소인이다."

황상은 위화도 회군의 공신이자 개국 2등공신으로, 이성계가 크게 신임하던 황희석의 아들이다. 세자는 태종이 자신의 개 탈취 사건을 조사했다는 말을 듣고, "전일 황상의 말을 들은 것은 나의 죄다"라며 잘못을 시인했다. 그러나 그뿐, 부왕이 자신의 비행을 조사한다는 말을 듣고도 그리 심각하게 여기지 않았다.

그러다 기생 초궁장(楚宮粧) 사건으로 태종은 세자 이제의 행실을 큰 문제로 여기기 시작했다. 태종 14년(1414) 10월, 태종의 장녀 정순공주의 남편인 이백강의 집에서 여러 대군들이 모여 연회를 베풀었다. 백강의 부친 이거이의 상이 끝났으므로 대군들이 연회를 열어서 위로한 것이다. 태종은 세자도 가서 이백강을 위로하게 했는데, 세자는 기생 초궁장을 끼고 공주 집 대청에서 술을 마셨다. 태종은 이 소식을 듣고 질책했다.

"세자는 여러 동생들과 비교할 것이 아니다. 예만 마치고 돌아왔어야 하는데 어찌 방종하게 즐겼느냐?"

그 후에도 세자는 초궁장과 자주 어울렸다. 초궁장은 황해도 황주 출신으로 직분은 상기(上妓)였다. 상기란 임금이나 명나라 사신이 참석하는 국가급 연회에 정재(呈才: 궁중 아악 등에서 공연하는 기생)하는 기생으로 재예(才藝)뿐만 아니라 미모도 뛰어났기 때문에 조관(朝官)들이 첩으로 선호했다. 때로는 상기를 차지하기 위해서 시가전이 벌어졌을 정도다.

태종 7년(1407) 12월, 상기 가희아(可喜兒)를 둘러싸고 대호군 황상과 총제(摠制) 김우가 서로 종과 금군(禁軍)을 동원해 수진방 동구에서 시가전을 벌였다. 수많은 백성들이 지켜보는 가운데 시내 한복판에서 벌어진 금군과 종들의 난투극은 크게 화제가 되었다. 이처럼 체면을 무릅쓰고 싸움을 벌일 정도로 상기를 둘러싼 경쟁은 치열했다.

태종은 이듬해인 재위 15년(1415) 5월 초궁장을 궁궐에서 내쫓았다. 알고 보니 상왕 정종이 가까이하던 여인이었기 때문이다. 그런데도 세자는 초궁장과 계속 사귀었다. 세자는 죽고 죽이는 정치에 염증을 느꼈는지 공부보다 예술과 유흥 쪽에 점점 깊이 빠져들었다. 경사보다는 서예에 능한 성품도 이를 부추겼다.

세자가 유흥에서 헤어나지 못하자 주변에 온갖 인물들이 꾀었다. 장악원(掌樂院) 소속의 음악가였던 영인(伶人) 이오방(李伍方), 이법화(李法華) 같은 관노들은 물론 벼슬아치였던 순금사(巡禁司) 사직(司直) 구종수(具宗秀) 등이 모여들었다. 구종수는 민무질과 관련되어 국문을 받은 전 호조참의 구종지의 동생이다. 구종지는 면질(面質: 대질심문) 때 민무질이 "이저가 쫓겨난 후 두려웠는데 병권을 내놓으니 마음이 조금 편하다"고 말했다고 자백했다가 민무질과 다투었던 인물이다.

이오방은 음률(音律)과 회해(詼諧)에 능해서 세자를 즐겁게 해주었다. 세자는 이들과 어울려 강변에서 놀기도 하고 궐 밖에 있는 구종수의 집에 몰래 행차해 즐기기도 했는데, 그때마다 늘 초궁장이 따라다녔다.

이런 사실을 알게 된 태종은 재위 16년(1416) 9월 선공부정(繕工副正) 구종수와 악공(樂工) 이오방 등을 의금부에 가두었다. 그러고는 갑사를 시켜 세자궁의 궁문을 지키게 했다. 잡인들이 세자궁에 들락거리거나 세자가 밤중에 궁궐을 몰래 빠져나가는 것을 막기 위해서였다.

그러나 갑사가 궁문을 지키는데도 이들은 계속 세자궁을 들락거렸고, 세자 또한 궁 밖으로 나가서 이들과 어울려 놀았다. 조사해보니 구종수, 이오방 등이 종묘 문으로 들어와 대나무 사다리(竹橋)를 타고 궁 안으로 잠입한 사실이 드러났다. 세자 역시 이 대나무 사다리를 타고 궁을 몰래 빠져나가 이들과 어울렸다.

세자의 비행을 더 이상 묵과할 수 없다고 판단한 태종은 이조판서 황희에게 이 문제를 상의했다. 재위 16년(1416) 9월 25일, 세자를 어떻게 해야 할지, 구종수와 이오방을 어떻게 처벌해야 할지 의논했다. 태종은 황희가 당연히 세자의 행태를 비판하고, 구종수 등의 목을 베어야 한다고 주창할 것으로 예상했다. 그런데 황희의 반응은 달랐다.

"구종수가 한 짓은 응견(鷹犬: 매와 개)의 일에 불과할 따름입니다. 세자는 아직 어립니다."

황희는 이때 이미 세자를 갈아치우려는 태종의 속마음을 간파했는지도 모른다. 황희는 태종이 자신에게 원하는 반응이 무엇인지 늘 잘 알았다. 박석명과 황희만큼 태종의 속마음을 잘 아는 신하는 찾기 힘들었다. 그러나 황희는 이번에는 태종의 뜻을 정면에서 거슬렀다. 그는 훗날 이 일 때문에 큰 곤욕을 치르게 된다.

황희에게 실망한 태종은 하륜을 불렀다. 입궐하기 전, 하륜은 이미 구종수 사건에 대해 알고 있었다. 하륜이 입궐하자 내전에서 인견했는데, 태종이 이야기를 꺼내기도 전에 하륜이 눈물을 흘리면서 먼저 말했다.

"세자는 장차 종사를 주관해야 하는데, 지금 거칠고 음란함이 이 지경에 이르렀으니, 어찌하겠습니까? 마땅히 구종수를 베어 뒤에 올 것들을 경계하고 방금(防禁: 막아서 금하는 것)을 더하여 난의 근원을 자르소서."

이것이 바로 태종이 원하는 말이었다. 태종은 황희의 말에 불쾌했다가 하륜의 말에 감동했다. 의금부는 구종수가 궁성을 넘은 죄는 교형(絞刑: 교수형)에 해당한다고 아뢰었다. 태종이 의정부, 육조, 대간에 전지를 내려 물어보았다.

"이 사람도 삼복(三覆)을 기다린 뒤에 형을 집행해야 하는가?"

삼복이란 사형 판결을 받은 죄인에 대해 사건을 세 번 재조사해서 최종판결을 내리는 사죄삼복법(死罪三覆法)을 뜻한다. 만에 하나 억울한 죽음이 발생하는 것을 방지하기 위한 조치였다. 형조판서 안등(安騰)이 아뢰었다.

"옥(獄)의 의심이 있는 것은 진실로 삼복을 기다려야 하지만 궁성을 넘어 들어간 것보다 더 큰 죄가 없으니 무엇 때문에 삼복을 기다리겠습니까?"

여러 대신들이 모두 형조판서 안등의 말이 옳다고 동의했다. 그래서 태종도 삼복할 것 없이 빠른 시일 내 목을 매달라고 명령했다. 그런데 잠시 후 사헌부 대사헌 김여지(金汝知)와 사간원 좌사간(左司諫) 박수기(朴竪基) 등이 다른 의견을 제시했다.

"구종수의 죄는 다시 의논할 것이 없지만 궁성을 넘어 들어간 것은 반드시 까닭이 있을 것이니 먼저 국문해 그 까닭을 알아낸 후에 죽이기를 청합니다."

사헌부와 사간원의 주청은 사리에 맞았다. 사대부가 궁성을 넘었다면 이유가 있을 텐데 궁성을 넘은 이유도 묻지 않고 죽일 수는 없었다. 태종은 대간의 주청이 타당하면 거부하지 않는 열린 임금이었다. 그래서 의금부에서 조사했는데, 말이 세자에게 미쳤다. 세자가 관련된 사실이 드러나자 의금부는 더 이상 조사할 수 없었다.

이런 와중에 구종수의 어머니가 사형을 면하게 해달라고 빌자 태종은 사형을 감해서 장 100대, 도(徒) 3년에 처한 뒤 경성으로 귀양 보냈다. 공주의 관노였던 이오방은 장 100대를 때려서 다시 공주 관노로 보냈다. 초궁장도 황주로 돌려보냈다. 구종수와 이오방은 죽음의 문턱에서 간신히 살아났다. 구종수와 이오방의 죄는 사형에 해당하지만 세자가 문제의 근원이므로 세자를 처벌하지 않고서는 다른 사람들의 목을 벨 수 없기 때문에 형을 감면해준 것이다.

문제는 이런 소동을 겪고도 세자가 자중하지 않았다는 것이다. 초궁장과 어울린 것보다 더 큰일은 전 중추(中樞) 곽선(郭璇)의 첩 어리(於里)를 납치한 것이었다. 조선의 사대부는 1처 1첩을 둘 수 있었는데, 첩도 엄연히 유부녀였다. 어리는 곽선이 사는 전라도 적성(積城: 순창) 현에서 친족을 만나러 상경했다가 곽선의 양자인 전 판관(判官) 이승(李昇)의 집에 머물고 있었다. 여기서 양자는 사위라는 뜻이다.

세자가 반성하지 않으니 이오방 등도 마찬가지였다. 이오방은 공주에서 몰래 한양으로 다시 올라왔다. 아마도 세자가 불렀을 것이다. 이오방은 몰래 세자가 거처하는 동궁에 들어가 세자에게 말했다.

"전 중추 곽선의 첩 어리가 인물이 빼어나고 재예(才藝)도 뛰어나다고 합니다."

세자는 이오방에게 즉시 어리를 데려오라고 명령했다. 관노 신분에서 벗어나는 것이 소원이었던 이오방은 세자에게 목숨을 걸고 있었기에 물불을 가리지 않았다. 태종 17년(1417) 2월 이오방은 홍만(洪萬)과 함께 곽선의 생질녀의 남편인 권보(權堡)에게 도와달라고 청했다. 권보는 정4품 소윤(少尹)을 역임한 사대부다. 아내 삼촌의 첩을 세자에게 바치게 도와달라는 말에 권보는 이렇게 답했다.

"곽선은 나와 인친(姻親)의 은혜가 있으니 속일 수 없다. 그러나 감히 세자의 명을 따르지 않을 수 있겠느냐?"

권보도 세자와 연을 맺어 출세하려는 생각을 품은 것이다. 권보는 첩 계지(桂枝)를 시켜 어리를 회유하라고 권했다. 계지는 어리를 찾아가 처음에는 달리 말했다.

"효령대군이 그대를 보고자 합니다."

어리는 당연히 효령대군이 자신을 어떻게 아는 것인지 궁금했다. 그래서 효령대군이 자신을 어떻게 아는지 알 수 없다고 거부하자 계지가 실토했다.

"사실은 세자가 보고자 하는 것입니다."

더욱 놀란 어리는 굳게 거절했다.

"나는 본래 병이 있고 얼굴도 예쁘지 않은 데다 더욱이 지금은 남편이 있는데 그것이 무슨 말인가?"

어리는 이승에게 이 사실을 전했다. 화가 난 이승은 여종을 시켜 권보의 집에 가서 계지가 한 일을 아는지 물었다.

"계지는 며칠 전에 나갔는데 아직 돌아오지 않아서 그 행방을 모릅니다."

권보는 자신과 관계 없는 일처럼 둘러댔다. 세자의 부름을 거절한 어리는 계속 이승의 집에 머무르고 있었다.

악공 이법화가 세자에게 다른 방법을 권했다.

"신물(信物)을 보내는 것이 좋겠습니다."

물량공세를 펴라는 뜻이었다. 세자는 즉시 어린 환관을 시켜 금은 보화가 가득한 수낭(繡囊: 장식한 주머니)을 보냈다. 곽선의 첩 어리는 절개가 있어서 수낭 받는 것을 거부했다. 어린 환관은 세자에게 꾸중 들을 것이 두려워서 억지로 수낭을 두고 돌아왔다. 어리는 이 일을 이승에게 알리고 그대로 그 집에 머물렀다. 이때 이승이 어리를 다른 곳으로 빼돌렸더라면 사건은 이대로 마무리되었을 것이다. 이법화는 이런 소동이 벌어진 후에도 어리가 그대로 이승의 집에 머물고 있다는 사실을 알고 세자에게 달려갔다.

"이 기회를 놓쳐서는 안 됩니다."

납치라도 하자는 이야기였다. 세자는 젊은 환관 김기(金奇)를 거느리고 대궐 담을 넘은 뒤 걸어서 이오방의 집으로 갔다. 관노의 집에 세자가 들락거린 것이다. 세자는 이오방을 데리고 이승의 집으로 갔다. 이미 날이 저물었는데 환관이 이승의 집 문을 두드렸다. 이승이 종을 시켜 나가보게 했는데, 환관 김기가 놀라운 사실을 전했다.

"세자께서도 오셨다."

깜짝 놀란 이승은 황급하게 의관을 갖춰 입고 엎드렸다. 세자가 말했다.

"빨리 어리를 데려오라."

아무리 세자라 해도 한밤중에 갑자기 나타나 양부의 첩을 달라는데 그냥 줄 수는 없었다. 이승이 거절하자 세자는 협박했다. 두려워진 이승은 어리를 부를 수밖에 없었다. 법 위의 존재인 일국의 세자가 가자는데 어리도 더 이상 거부할 수 없었다. 어리를 손에 넣은 세자는 이 법화의 집으로 데려가서 밤을 지샌 후 궁중으로 데려왔다.

다음 날 세자는 이승에게 활을 보냈다. 그의 입을 막기 위한 것이었다. 어리도 이왕 이렇게 된 것 세자의 여인이 되는 것이 낫겠다고 생각했는지 이승의 처에게 비단을 보냈다. 이승의 처에게 비단을 보낸 것은 사실상 자신을 단념해달라는 의사 표시였다. 이미 세자와 밤을 보냈으므로 절개를 잃은 터였다. 이승은 세자가 보낸 활만 받고 어리가 보낸 비단은 받지 않았다.

한편 이승은 진퇴양난의 처지에 빠졌다. 자신의 집에 머물던 양아버지 곽선의 첩을 빼앗긴 것이니, 곽선에게 할 말이 없었다. 고민하던 이승은 이 사실을 사법기관에 신고하고자 마음먹었다. 그런데 이 소식을 들은 세자가 사람을 보내 이승을 힐난했다.

"내가 한 일을 사헌부에 고할 것인가, 형조에 고할 것인가? 어느 곳에 고할 것인가?"

세자의 말이 맞았다. 의금부에서 구종수가 궁궐 담을 넘은 이유를 조사하다가 말이 세자에게 미치자 그만 덮고 만 것처럼, 사헌부나 형조도 이 사건을 철저하게 조사할 수 없었다. 마지막 수단은 신문고를 치는 것이지만 신문고를 쳐서 "세자가 양아버지의 첩을 납치했다"고 떠들 수도 없었다. 잘못되면 목숨이 열 개라도 부족할 것이기 때문이었다. 곽선의 생질녀의 남편 권보도 이승을 말렸다.

"당신이 계달하려고 하는 것은 속담에 '누이 주고 형에게 호소한다'는 것과 같은 것이오."

이승은 사법기관을 통해 태종에게 아뢰려는 계획을 포기했다. 이렇게 사건은 어리가 세자의 숨은 여인이 되는 것으로 묻힐 뻔했다. 그런데 엉뚱한 곳에서 사건이 불거졌다.

태종 17년(1417) 2월 15일, 세자의 장인 김한로의 가노였던 소근동(小斤同)이 대궐에서 임금과 왕족들의 명령을 전달하거나 안내하는 전별감(殿別監)이 되었다. 소근동은 궁녀들에게 물을 길어 바치는 수사비(水賜婢: 무수리)와 서로 눈이 맞았는데, 김한로는 이것이 궐내 기강과 관련 있는 문제라고 생각하고 태종에게 알렸다.

"소근동이 범한 것이 있으니 그 죄를 물으소서."

태종은 내관 최한(崔閑)에게 진상을 조사하게 시켰다. 왕명을 받은 최한이 조사에 나서자 두려워진 소근동은 어리를 끌어들였다. 김한로가 가노의 기강을 잡으려고 시작한 일이 세자의 일로 확대된 것이다. 태종의 성격을 잘 아는 최한은 들은 사실을 그대로 보고할 수밖에 없었다. 크게 화가 난 태종은 이승을 불러서 사실 여부를 물었다. 어리 납치 사건이 사실로 드러나자 태종은 큰 충격을 받았다. 사대부의 첩을 납치한 사건은 개를 가져온 것과는 성격이 달랐다. 유교 국가 조선의 기강이 달려 있는 문제였다.

게다가 세자가 사건을 대하는 태도가 사건을 더욱 크게 확대시켰다. 세자는 자신의 허물을 바로잡겠다는 명목으로 드러나지 않은 사람들의 이름까지 스스로 고해 바쳤다. 권보, 이오방, 이법화, 이승과 구종수·종지·종유 형제 등과 어울린 사정을 소상히 자백했던 것이다. 구종수의 형이 형조참판 구종지였으니, 태종은 놀라지 않을 수 없었다.

태종은 비로소 세자가 잡인들과 어울려 어떻게 놀고 다녔는지 자세히 알게 되었다. 한 해 전인 태종 16년(1416) 대나무 사다리를 타고 대궐 담을 넘어 구종수의 집에 가서 질펀하게 논 사실이 다시 주목받았다. 세자가 자신의 집으로 올 것이라는 사실을 미리 통보받은 구종수는 세자가 좋아할 만한 사람들을 잔뜩 불러 모았다. 세자 역시 이런 사람들과 어울리는 것이 경사 공부보다 즐겁기 때문에 기꺼이 대나무 사다리를 타고 궁궐 담을 넘었다. 세자는 이오방을 앞세우고 구종수의 집으로 가서 악공이자 광대인 이법화와 박혁인(博奕人: 바둑인) 방복생(方福生) 등과 즐기면서 놀았다. 세자가 좋아하는 여자들도 빠지지 않았다. 초궁장, 승목단(勝牧丹) 등 상기들도 와서 질펀하게 놀았다. 구종수는 이날 모임을 집안이 다시 일어나는 계기로 삼기로 마음먹었다. 그래서 형조참판으로 있는 형 구종지와 구종유(具宗猷)까지 불러 모았다. 형조참판 구종지는 감격했다.

"오늘 일이 꿈만 같습니다."

구종지는 비파를 타면서 아우 구종유와 함께 춤을 추었다. 삼형제는 확실한 미래 권력을 잡았다고 생각했다. 민무질 사건에 관련되었다가 빠져나온 구종지는 이조참의와 경기도 관찰사를 지냈고 한 해 전에 형조참판에 임명된 중신이었다. 이날 밤 구종지는 세자에게 머리를 조아리면서 말했다.

"세자께서는 특히 저희 형제를 대우해주소서."

세 형제는 모두 갓을 벗고 나란히 서서 절하면서 이렇게 말했다.

"저하께서 길이 저희를 사반(私伴: 사적 수하)으로 삼아주소서."

세자는 이를 허락하고 옷을 벗어 구종수에게 주었다. 구종수는 또 아내를 불러 세자에게 술을 올리게 했는데, 아무리 세자라 해도 사대부가 부인이 외간 남자에게 술을 치는 것은 법도에 크게 어긋나는 일이었다.

사건의 진상이 드러나자 태종은 난감했다. 세자의 비행이 공개되는 것은 그 자체로 왕실에 큰 타격이었다. 태종은 영의정 유정현에게 상의했다.

"이승은 비록 장인 곽선의 첩을 동궁에게 바쳤지만 '동궁이 음란하게 논 일을 누설할 수 없습니다'라고 했다. 나도 이를 비밀로 삼아 발설하지 않고 곧 지신사에게 명하여 이승을 채찍질하고 그 직첩을 거두게 하였다."

사건을 드러내지 말고 조용히 처리하고 싶다는 뜻이었다. 그러나 유정현의 생각은 달랐다.

"임금께서 하시는 것은 일식이나 월식 같아서 사람들이 모두 우러러보므로 감추고 발설하지 않을 수 없습니다."

감추어도 곧 드러날 거라는 뜻이었다. 태종은 유정현의 말을 옳게 여겼다.

태종 17년(1417) 3월 5일, 의금부에서 관련자들을 모두 모반대역(謀反大逆)의 율로 조율해 사지를 찢어 죽이는 능지처사에 처해야 한다고 보고했다. 조선의 형법인 대명률(大明律)에 따르면 모반은 국가 전복을 기도한 내란죄이고, 대역은 임금이나 아버지를 죽이거나 종묘와 임금의 능을 파헤치는 것으로, 혹 목숨을 건지더라도 대사면령 때 사면도 받지 못하는 중죄다.

태종은 구종수 삼형제와 이오방을 능지처사에서 한 등급 감해 목을 베는 처참(處斬)에 처하게 했다. 어리 납치 사건은 여러 명이 사형당하고 귀양을 가는 큰 비극으로 끝났다. 하지만 문제의 근원은 세자의 처신이었다. 그러나 세자는 자신의 행동을 고칠 생각을 하지 않았고 주위 사람들을 보호할 생각도 하지 않았다. 오히려 주위 사람들을 죽음으로 몰고 가는 것을 꺼리지 않았다.

태종 15년(1415) 6월, 굳이 민무휼 · 무회의 발언을 공개해 두 외삼촌을 죽음으로 몰고 갈 필요는 없었다. 게다가 그 자리는 두 외삼촌의 누이인 왕비가 아파서 문병차 방문한 자리였다. 친동생으로서 두 형이 억울하게 죽었다고 생각할 개연성은 충분했다. 그러나 세자는 두 외삼촌의 입장에서 사건을 바라보는 시각을 갖지 못했다.

어리 사건 때 자신이 반성하는 것을 보여주기 위해서라며 드러나지 않은 인물들에 대해서까지 자백한 것도 마찬가지 맥락이다. 자신의 허물을 통렬하게 반성하면서 다른 관련자들은 자신이 끌어들인 것이니 모두 용서해달라고 하는 것이 일국의 세자다운 처신이다. 그러나 세자는 드러나지도 않은 관련자들의 이름을 대는 것을 반성의 증거로 삼아 여러 사람을 죽음으로 몰고 갔다.

어리 납치 사건의 전모가 밝혀지자 사대부는 물론 백성들도 큰 충격에 빠졌다. 사대부가 몰래 집을 빠져나와 악공이나 기생들과 놀러 다녔어도 큰 사건인데, 이런 일을 벌인 사람이 다름 아닌 일국의 세자였다. 이 사건을 보며 사람들이 이런 말을 만들어 풍자했다.

"임오방, 구오방이 이른바 십방이다(任伍方 具伍方 謂之十方)."

임오방은 대호군(大護軍) 임군례(任君禮)를 가리키는데, 그 역시 세도가에게 붙어서 비루한 짓을 한다고 비판 받던 인물이다. 구오방은 사대부 구종수를 가리킨다. 임군례가 임오방이고 구종수가 구오방이니 합하면 십방이라는 것이다. 임군례, 구종수 두 사대부가 행한 일을 성교와 관련된 십방이라는 은어로 풍자한 것이다. 세자에 대한 이야기가 회자된 것은 물론이다. 당연히 왕실의 권위는 땅에 떨어졌다.


## 세자, 부왕에게 도전하다


태종 15년(1415) 세자가 두 외삼촌 민무휼 · 무회을 공격하고 나선 것은 자신의 무덤을 판 행동이나 다름없다. 민무구 · 무질이 공격당한 이유가 세자 이외의 다른 왕자들, 즉 효령과 충령대군을 제거하려 했다는 것이었기 때문이다. 사실 외가의 자리에서 볼 때 세자 이제나 효령 · 충령대군은 다를 게 없었다. 누가 왕이 돼도 왕비 민씨 소생이기 때문이다. 그런데도 불구하고 민무구 · 무질은 세자 이제에게 모든 것을 걸었다가 사형 당했다. 그런데 남은 두 외삼촌마저 죽음으로 몬 사람이 그 누구도 아닌 바로 세자 자신이었다. 자신의 가장 중요한 우군을 스스로 제거한 셈이다.

더 큰 문제는 이렇게 큰 일을 겪은 뒤에도 전혀 반성하지 않았다는 점이다. 자신 때문에 사대부인 구종수 삼형제가 사형당하고 여러 재인(才人)들이 죽었지만 세자는 비행을 그치지 않았다. 더구나 사건의 핵심인 어리를 포기하지도 않았다. 문제가 생기면 반성한다는 평계로 다른 사람들을 죽음으로 몰아서 빠져나가고 잠잠해지면 다시 반복하는 식이었다. 문제의 근원이 그대로 남아 있으니 비슷한 사건이 재현되는 것은 당연한 결과였다.

태종 18년(1418) 3월 6일, 태종의 장녀 정순공주와 차녀 경정공주가 대궐에 들어와 모후 민씨를 만난 것도 이 사건의 연장선이다. 두 딸이 왔다는 소식을 들은 태종은 모녀가 만나는 내전을 찾았다. 부왕이 들어오자 경정공주가 말했다.

"세자전에서 유모를 구해 부득이 구해 보냈습니다."

왕비 민씨가 놀라서 물었다. 유모를 구했다는 것은 갓난아이가 있다는 뜻이기 때문이다.

"세자전에 있는 갓난아이가 어떤 아이냐?"

"어리가 낳은 아이입니다."

태종은 또 다시 충격을 받았다. 자신이 내쫓은 어리가 다시 세자궁에 들어와 있었기 때문이다. 태종이 어리를 쫓아내자 세자는 장인 김한로에게 다시 데려와달라고 부탁했다. 김한로는 부인 전씨를 시켜서 어리를 세자전에 데려가게 했다. 전씨가 세자빈 숙빈(淑嬪) 김씨를 만나러 궐에 들어갈 때 어리를 여종이라고 속이고 세자전에 들인 것이다. 태종은 조말생에게 이 사실을 비밀리에 알리면서 탄식했다.

"역대 임금 가운데 사사로운 뜻을 가지고 태자를 바꾼 자가 있었고, 참언(讒言: 남을 헐뜯는 말)을 듣고 세자를 폐한 자도 있었다. 내가 일찍이 이를 거울 삼아 이런 짓을 하지 않겠다고 맹세했지만 세자의 행동이 이에 이르렀으니 어찌하겠는가? 태조께서 관인(寬仁)하신 큰 그릇으로 개국하신 지 오래되지 않았는데 그 손자에 이르러 이미 이 같은 자가 있으니, 장차 어찌하겠는가?"

태종은 회한에 젖어 눈물을 줄줄 흘렸다. 조말생이 김한로를 처벌하자고 청하자 태종은 반대했다.

"세자가 불의하기 때문에 죄를 받은 자가 한둘이 아니니, 내가 실로 부끄럽다. 우선 세자를 가르쳐서 스스로 새사람이 되기를 기다릴 것이니 이 일을 마땅히 누설하지 마라."

태종은 같은 날 영의정 유정현과 좌의정 박은에게도 이 사실을 알리면서 누설하지 말라고 당부했다.

"만약 세자가 끝내 잘못을 고치지 않는다면 이것은 그가 자초한 것이니, 그 끝이 어찌 되겠는가? 좌의정은 나보다 나이가 적으나 영의정은 이미 나이가 많다."

여차하면 세자를 갈아치우겠다는 뜻을 표시한 것이다.

세자는 막다른 골목까지 몰렸다. 세자가 살 길은 진심으로 뉘우치고 부왕의 마음에 드는 세자로 거듭나는 것뿐이었다. 태종은 일을 세자에게만 맡겨두지 않았다. 태종은 문무백관이 임금에게 국사를 아뢰는 조계(朝啓)에 세자를 참여시켜 국사를 배우게 했다. 또한 교외로 나갈 때 따르게 하거나 매일 함께 활을 쏘는 것으로 답답함을 풀어주려고 노력했다. 그러나 태종의 이런 노력은 별 효과가 없었다.

어리가 출산까지 한 것을 확인한 태종은 재위 18년(1418) 5월 10일 세자를 구전(舊殿)으로 쫓아냈다. 이날 태종은 좌의정 박은, 세자 빈사(賓師) 변계량, 찬성 이원 등을 불러 세자 문제를 의논했다. 이날 태종은 이례적으로 신하들 앞에서 세자비인 숙빈 김씨를 비판했다.

"부인은 지아비의 부모를 중하게 여겨야 한다. 숙빈은 비록 지아비의 뜻을 따랐으나 나의 뜻은 어찌 알지 못하였겠는가? 어리를 몰래

들인 것을 내가 심히 미워한다."

태종은 숙빈 김씨에게 전교를 내려 직접 꾸짖었다.

"부인은 지아비의 집을 내조해야 하는데, 너는 지난해 사건 때도 내게 고하지 않았다. 내가 책망하자 너는 '분명히 죄가 있습니다. 이후로는 마땅히 고쳐 행동하겠습니다'라고 말했다. 그러나 너는 이 사건 역시 내게 고하지 않았으니 이미 나를 속인 것이다. 또한 네 지아비가 부덕하기 때문에 내보낸다."

태종은 맏딸과 맏아들은 세자전에 머무르게 하고 막내딸만 데려가게 허용했다. 태종은 김한로를 불러 세자가 어리를 다시 세자궁에 들여서 아이까지 낳은 사실을 알고 있었는지 물었다. 김한로는 어리가 쫓겨나자 세자가 심히 괴로워하면서 "그녀의 인생이 가엾다"고 하기에 세자의 정을 가련하게 여겨서 연지동 집에 와서 한 달가량 살게 했다고 답했다. 또한 세자가 "주상께 아뢰 어리를 다시 세자궁에 들여달라"고 청했는데, 틈을 얻지 못해 아뢰지 못했다고 말했다. 그후 어리가 세자전에 다시 들어갔는지는 알지 못한다고 대답했다. 태종이 힐난했다.

"경은 알지 못한다고 말하면 그만이지만, 국론이나 나의 마음을 경이 실로 알지 못했다고 생각할 수 있는가?"

태종은 김한로를 꾸짖었다.

"나는 세자에게 마치 새끼를 키우는 호랑이와 같이 엄하게 하고자 노력하였다. 경은 사위를 사랑해서 어리와 살도록 허락하고 양식과 간장까지 주었으니, 경은 과연 덕이 있다."

김한로를 비꼰 것이다. 자신은 덕이 없어서 세자에게 엄하게 대했겠느냐는 뜻이다.

"용렬한 자질을 지닌 내가 나라의 임금이 되어 외척(外戚: 민무구·무질 형제 등)에게 변고가 있었고, 골육(骨肉: 형제)을 상하게 하여 부왕에게 죄를 지은 것을 심히 부끄러워한다. 그러나 그것은 모두 나의 소치가 아니었다. 어찌 내가 또 아들의 처가 친척들에게 감히 착하지 못한 일을 행하겠는가? 나와 경은 어릴 때부터 교제가 두터웠고, 또 한 집안을 이루었다. 경의 나이가 61세이니 나와 경 중 누가 먼저 죽을지 알지 못하는데, 세자를 어질게 만들어야 경 또한 그 부귀를 평안히 누릴 것이다. 그런데 경은 어버이에게 효도하고 형제에게 우애하는 것을 가르치지 않고 세자로 하여금 불의한 짓을 하게 하였으니, 이씨의 사직이 어찌 되겠느냐?"

김한로는 이방원과 같은 해 과거에 급제한 동방(同榜)이다. 이것이 김한로를 사돈으로 삼은 중요한 이유 중 하나였기에 태종의 실망은 컸다. 그러나 세자에게는 아직도 기회가 있었다. 그는 장남이고, 태종은 여전히 장남에게 자리를 전해서 더 이상 왕위를 둘러싼 혼란이 생기지 않도록 하고 싶어 했다. 이날 태종은 찬성 이원에게 세자를 구전에 거처하게 하는 것은 종사 만세(萬世)를 위한 계책이라면서 이렇게 말했다.

"장자나 장손에게 나라를 전하는 것은 고금의 상전(常典: 늘 있는 법칙)이니, 다시 다른 마음이 없다. 여기에 의심이 있다면 천감(天鑑: 하늘에 비춰보는 것)에 합하지 않는 것이다. 마땅히 이 말을 의정(議政)에 고하라."

세자를 바꾸지 않겠다는 뜻이다. 다만 김한로는 전라도 나주에 부처해 어리를 들인 죄를 물었다. 이렇게 사태는 마무리되어가는 듯했다. 그런데 그 누구도 생각하지 못한 변수가 발생했다. 세자 이제가 돌연 태종에게 반발하고 나선 것이다. 세자는 태종 18년(1418) 5월 30일 직접 편지를 써 보내 부왕에게 정면으로 맞섰다.

전하의 시녀는 다 궁중에 들이는데, 어찌 다 중하게 생각해 이를 받아들입니까? 가이(加伊: 어리)를 내보내고자 하시나… 이 첩 하나를 금하다가 잃는 것이 많을 것이요, 얻는 것이 적을 것입니다.

태종은 남의 첩을 궁중에 들인 적이 없다. 그것도 본인이 동의하지 않는데 납치까지 해가면서 들인 적은 더더욱 없다. 세자의 후궁을 양제(良娣)라 하는데, 태종이 후궁을 들이지 말라고 한 적은 없다. 다만 남의 첩을 납치하는 불법을 저질러서는 안 된다는 것이었다.

이에 세자는 조사의의 난 때 태상왕 이성계를 동북면까지 모셔갔던 신효창과 장인 김한로와 비교하면서 격하게 항의했다.

왕자는 사(私)가 없어야 합니다. 그런데 신효창은 태조를 불의에 빠뜨린 죄가 무거운데 이를 용서하였고, 김한로는 오로지 신의 마음을 기쁘게 하기 위해서 일한 것뿐인데 포의지교(布衣之交: 벼슬하기 전의 사귐)를 잊고 폭로하시니, 공신이 이로부터 위험해질 것입니다. 숙빈(淑嬪: 부인 김씨)이 아이를 가졌는데 죽도 마시지 않으니, 하루아침에 변고라도 생긴다면 보통 일이 아닙니다. 원컨대 이제부터 스스로 새롭게 되어서 털끝만큼도 마음이 움직이지 않을 것입니다.

신효창과 김한로에 대한 처사를 비교한 말은 태종을 격분시켰다. 태상왕 이성계를 모시고 조사의에게 갔던 신효창은 태종으로서도 어찌할 수 없는 문제였다. 그것은 하늘이 만든 모순이라 해도 과언이 아니다. 신효창을 처벌하려면 그 여파가 태상왕 이성계에게 미칠 수밖에 없었다. 이런 신효창과 사위에게 다른 사람의 첩을 넣어준 김한로의 행위를 비교할 순 없었다. 게다가 이는 태종이 자신의 팔을 자르는 심정으로 제거한 외척을 공개적으로 부활시키려는 행위였다. 태종이 죽고 세자가 즉위하면 외척의 세상이 되리라는 것을 천명한 것이나 마찬가지였다. 태종이 육대언(六代言: 여섯 승지)과 변계량에게 세자의 편지를 내보이며 말했다.

"이 말은 모두 나를 욕하는 것이니, 이른바 '아버지의 행위도 바른 데서 나오지는 않았다'는 말이다. 내가 만약 부끄러움이 있다면 어찌 감히 이 글을 너희들에게 보이겠느냐? 모두 망령된 일을 가지고 말한 것이니 내가 변명하고자 한다."

태종이 변계량에게 답서를 짓게 하자 변계량이 말했다.

"이 일은 모두 망령된 것인데, 어찌 답할 필요가 있겠습니까? 다만 대신들에게 의(義)를 들어 꾸짖는 것이 좋겠습니다."

태종이 답했다.

"옳다. 세자는 착해야 한다고 꾸짖으면 싫어한다. 옛날에 아들을 바꾸어서 가르쳤으니, 금후로는 대신이 세자를 가르치고 나는 관대하게 대할 것이다."

'아버지의 행위도 바른 데서 나오지는 않았다(夫子未出於正)'는 말은 《맹자》〈이루(離婁) 상〉에 나오는 말이다. 공손추(公孫丑)가 "군자가 직접 자식을 가르치지 않는 것은 무슨 이유입니까?"라고 묻자 맹자가 답했다. "형편상 행할 수 없기 때문이다. 가르치는 사람은 반드시 바른 길을 가르친다. 바른 길을 가르치는데 행하지 않으면 화가 나게 되고, 화가 나는 것이 뒤따르면 거꾸로 해치게 된다. 아버지께서 나에게 바른 길을 가르치시지만 아버지의 행위도 바른 길에서 나오지 않았다(夫子未出於正)고 하면 이는 부자가 서로 해치는 것이니 나쁜 것이다. 이런 까닭에 옛날에는 서로 자식을 바꿔서 가르쳤다."

태종은 맹자의 예를 들어 대신들에게 세자를 가르치게 하겠다고 말했지만, 이 또한 부질없는 일인 것을 잘 알고 있었다. 세자는 진작부터 사부들이 가르쳤기 때문이다. 자신을 직접 비난하고 외척까지 옹호하는 것을 본 태종은 더 이상 물러설 자리가 없다고 판단했다. 남은 수단은 하나밖에 없었다. 바로 세자를 바꾸는 것이었다. 태종은 정승들을 불러 세자가 직접 쓴 편지를 보여주었다.

"세자가 여러 날 동안 불효하였으나 집안의 부끄러움을 바깥에 드러낼 수 없어서 항상 그 잘못을 덮어두면서 오직 그 잘못을 스스로 깨달아 뉘우치기만을 바랐는데, 이제 도리어 원망하며 싫어함이 이 지경에 이르렀으니 내가 어찌 감히 숨기겠는가?"

일이 막다른 지경에 이른 것이다. 태종은 다음 날인 6월 1일 어리 사건에 관련된 인물들을 처리했다.

"권보는 이오당의 당(黨)인데 지금까지도 살아 있다."

태종은 의금부 지사 신경원을 유배지인 경상도 인동(仁同: 지금의 구미)에 보내 목을 베고 가산을 적몰했다. 같은 날 태종은 최한을 불러 세자에게 하교하는 글을 가지고 가서 전하게 했다. 세자를 가르치는 서연관들과 함께 들으라는 명령이었다. 그러나 세자는 윤덕인(尹德仁)을 보내 서연(書筵)에 나오지 않겠다고 거부했다.

"지난밤에 벼락이 치고 천둥이 쳐서 잠을 잘 수 없었다. 또 귓가의 태양혈(太陽穴: 귀 위쪽)이 심히 아파서 서연에 나아가지 못하겠다."

예전 같으면 몰라도 이날은 빈객들도 그대로 물러설 수 없었다.

"그저께는 '내일 서연에 나가겠다'라고 말씀하시고 나오지 않으셨고, 어제는 또 '내일 서연에 나가겠다'라고 말씀하였는데, 금일 또 병이라면서 사양하시니, 저하를 위해서 간절한 마음으로 애석하게 여깁니다. 편찮으시다면 서연을 억지로 열 수는 없습니다만, 잠시라도 나와서 저희들을 접견하소서."

세자와 서연관 사이에 나와라, 못 나가겠다는 실랑이가 계속되었다. 최한은 태종의 전지를 전하지 않을 수 없었다. 그래서 세자전에 이르러서 서연청에 들어가 세자 빈객, 서연관, 대간에게 함께 전지를 듣게 하고 세자가 태종에게 직접 써서 올린 편지를 내보였다. 그러자 세자가 말했다.

"내가 심히 부끄러운데, 어찌 반드시 모두 함께 들어야겠는가? 빈객과 서연관 한두 사람만 들어도 충분할 것이다."

세자는 10여 차례나 나오라는 청을 받은 후에야 서연청에 나왔다. 최한이 태종의 교서를 읽게 했다.

"너는 옛날 지아비가 있는 여자를 담장을 넘어 끌어들이고, 혹은 한밤중에 이르러 담장을 넘어 밖으로 나갔는데, 악공의 집에서 모르는 것이 하나도 없었다. 이 때문에 복주(伏誅: 죽임을 당함)된 자가 몇 사람이고, 죄를 입은 자가 몇 사람인가? …서연은 네가 원하면 할 수 있고,

원하지 않으면 할 수 없다. 날마다 빈객을 접대해서 착한 말을 구해 듣도록 하라."

빈객과 보덕(輔德: 종3품) 등 세자시강원 관료들은 태종의 교서를 보았다. 다른 서연관들이 보려고 하자 세자가 막으며 보지 못하게 했다. 그래서 필선(弼善: 정4품) 이하의 서연관 관리들은 밖에 나가서 이를 보았다. 서연관들은 모두 보라는 태종의 명이 있었기 때문이다.

사실 칼자루는 태종이 쥐고 있었다. 세자가 잡고 있는 것은 칼날이었다. 세자의 무기는 장남이라는 것뿐이었다. 장남에게 왕위를 물려주고 싶은 태종의 염원이 세자의 유일한 무기였는데, 그 마음이 떠나가고 있었다. 세자로서는 무모한 저항이었다. 그 저항은 자폭을 향해 달려가고 있었다.

6월 2일, 의정부와 삼공신, 육조, 삼군 도총제부 및 대간이 조계청(朝啓廳)에 나왔다. 의정부 대신들과 개국·정사·좌명의 삼공신, 이·호·예·병·형·공조의 육조, 군권을 쥔 삼군, 간쟁과 탄핵권이 있는 대간이 한자리에 모인 것이다. 태종은 대언(代言: 승지) 조말생과 이명덕을 통해 이들에게 전지를 내렸다.

"세자 이제가 간신의 말을 듣고 함부로 여색을 탐해 혼란스럽게 했으며 불의를 자행했다. 훗날 생살여탈의 권력을 마음대로 하게 된다면 형세를 예측하기 어려우니, 여러 재상들은 이를 살피고 극복해서 마땅히 바르게 시행해야 할 것이다."

세자를 폐위시키겠다는 말이었다. 태종이 폐위 의사를 밝히자 의정부와 삼공신을 비롯한 대부분의 신료가 즉각 동조 상소를 올렸다.

"엎드려 바라기를 전하께서는 태조께서 처음 창업하실 때의 어려움을 생각하시고, 종사 만세의 큰 계획을 생각하시고, 대소신료의 소망을 굽어 따르셔서 대의로써 결단하소서. 세자를 폐하여 외방으로 내치도록 허락하시면 공도(公道)에 심히 다행이며, 종사에 심히 다행이겠습니다."

사헌부도 마찬가지 뜻을 내비쳤다.

"인심이 돌아가는 것으로 천명을 알 수 있으니 엎드려 바라건대 전하께서는 대의로 결단하셔서 세자를 폐출해 외방으로 내치소서."

세자의 편은 없었다. 그나마 사간원에서 조금 여지가 있는 상소를 올렸다.

"엎드려 전하께 바라건대 세자로 하여금 허물을 뉘우치고 스스로 새사람이 된 뒤에야 그 지위를 회복하게 하여서 종묘사직의 근본을 튼튼하게 하고 신민의 소망을 위로하소서."

사간원은 세자가 반성한다는 것을 전제로 세자 자리를 되돌려줄 것을 주청했다. 이때의 분위기로 볼 때 사간원의 상소는 용기 있는 말이었다. 그만큼 세자의 편은 찾기 어려웠다. 그간 세자의 비행이 문제가 된 게 한두 번이 아니었기 때문이다. 세자의 비행은 '매와 개를 좋아한 문제에 지나지 않는다'고 옹호한 황희 등 아주 소수의 신하만이 세자의 편이었다.

이렇게 세자 이제를 폐하는 것은 기정사실이 되었다. 문제는 누구를 세우느냐 하는 것이었다.

# 천명을 완성할 아들, 충녕

## 충녕의 가장 큰 무기, 독서

세자 이제의 폐위는 결정된 것이나 마찬가지였다. 문제는 후사였다. 여기에는 두 가지 선택지가 있었다. 세자 이제의 맏아들을 세우는 것과 세자의 동생들 가운데 하나를 세우는 것이었다. 처음에 태종은 맏손자를 염두에 두고 있었다. 바로 장손이기 때문이었다. 장자 대신 장손을 선택하고 싶었던 것이다. 그만큼 태종은 장자라는 명분에 집착했다.

세자 폐위를 결정한 다음 날인 태종 18년(1418) 6월 3일, 태종은 승지 조말생을 대신들에게 보내 자신의 뜻을 전하고 의견을 듣게 했다.

"이제(양녕)는 두 아들이 있는데, 장자는 나이가 다섯 살이고 차자는 나이가 세 살이다. 나는 제의 아들로 대신하려고 한다. 세자의 장자에게 유고(有故)가 있으면 그 동생을 세워 후사로 삼을 것이니, 왕세손(王世孫)이라 부를지, 왕태손(王太孫)이라 부를지 고제(古制: 옛 제도)를 상고해서 의논해 아뢰라."

이제의 아들로 대신하겠다는 태종의 뜻은 강력했다. 이에 우의정 한상경 이하 여러 신하들이 이제의 아들을 세우는 것에 동의했지만 영의정 유정현은 완곡하게 반대 의사를 표시했다.

"신은 배우지 못해서 고사를 알지 못합니다. 그러나 일에는 권도(權道)와 상경(常經)이 있으니, 어진 사람을 고르는 것이 마땅합니다."

상경은 상도(常道)를 뜻하는 말로 정상적인 방법을 뜻하는 것이고, 권도(權道)는 비상적인 방법을 뜻하는 것이다. 유정현이 굳이 권도와 상경을 이야기한 것은 세자의 아들을 세우는 상도보다 어진 이를 세우는 권도를 생각하라는 뜻이었다. '어진 이'란 다름 아닌 세자의 동생들을 가리키는 말이었다. 유정현이 물꼬를 트자 세자의 아들을 세우는 것에 대한 반대가 봇물처럼 쏟아졌다.

좌의정 박은이 가세했다.

"아버지를 폐하고 아들을 세우는 것이 고제에 있다면 가합니다만, 없다면 어진 사람을 골라야 합니다."

한평군(漢平君) 조연(趙涓), 지돈녕부사 김구덕(金九德), 공조판서이자 충녕대군의 장인인 심온(沈溫) 등이 일제히 어진 사람 중에서 세자를 고르라고 주청했다.

이조판서 이원이 절충안을 제시했다.

"옛 사람은 큰 일이 있으면 반드시 거북점(龜占)이나 시초점(筮占)을 쳤으니, 점을 쳐서 정하시기를 청합니다."

한양 천도를 정할 때도 점을 쳤으니 이번에도 점을 쳐서 결정하자는 건의였다. 조말생이 내전으로 들어오자 태종은 좌우를 물리치고 대신들의 견해가 무엇인지 물었다. 조말생은 '어진 이'를 택하자는 것으로 뜻이 모아졌다면서 점을 치자는 의견도 있었다고 보고했다. 확신이 없었던 태종은 점으로 결정하려고 마음먹었다. 조말생이 다시 대신들에게 가서 점으로 결정하자는 이원의 뜻을 따르려고 한다고 전지했다. 그사이 태종은 원경왕후 민씨에게 어진 이를 고르자는 대신들의 뜻을 전했다. 그런데 민씨는 뜻밖에도 세자의 동생을 세우자는 의견에 반대했다.

"형을 폐하고 아우를 세우는 것은 화란의 근본이 됩니다."

이제가 두 동생 무휼·무회를 죽음으로 몰고 갔던 것을 생각하면 뜻밖의 반대였다. 그만큼 민씨는 나라 전체를 바라보는 시각을 갖고 있었다. 태종은 민씨의 견해를 옳게 여겨 이제의 아들을 세우려고 하다가 한참 만에 생각을 바꾸어 말했다.

"오늘 일은 어진 사람을 고르는 것이 마땅하다."

그러나 조말생이 이미 점을 쳐서 결정하기로 했다고 대신들에게 말한 이후였다. 웬만하면 한 번 한 결정을 바꾸지 않는 태종이지만 이 경우는 달랐다. 폐세자 이제의 장남이 선택된다면 그 뒤로도 무수히 많은 문제가 발생할 게 분명했다. 세손의 부친이 살아 있는 것이고, 그 세손이 즉위한다면 국왕의 부친이 살아 있는 것이었다. 태종은 다시 전지를 내렸다.

"나는 제의 아들을 대신 세우려고 했지만 여러 대신들이 모두 불가하다고 말하니 마땅히 어진 사람을 세우겠다."

태종은 신하들에게 "어진 사람을 골라서 아뢰라"고 명을 내렸다. 세자의 동생 중 골라서 아뢰라는 명이었다. 영의정 이하 대신들은 모두 사양했다.

"아들을 알고 신하를 아는 것은 군부(君父) 같은 이가 없습니다."

태종이 결정하라는 것이었다. 이제의 아들을 세워서는 안 된다는 뜻이 관철된 이상, 세자까지 직접 고를 수는 없었다. 이제의 동생인 효령과 충녕 중 누구를 선택할지 태종이 직접 고를 것을 권했다. 이에 태종이 결단을 내렸다.

> 효령대군은 자질이 미약하고 성질이 아주 직선적이어서 자세하게 일을 처리하는 것이 없다. 내 말을 들으면 그저 빙긋 웃기만 할 뿐이어서 나와 중궁은 효령이 늘 웃는 것만 보았다. 충녕대군은 천성이 총명하고 민첩하고 자못 학문을 좋아해서 비록 몹시 추운 때나 몹시 더운 때에도 밤새 글을 읽으므로, 나는 그가 병이 날까 두려워 늘 밤에 글 읽는 것을 금지시켰다. 그러나 내 큰 책을 모두 청해서 가져갔다.

태종이 후사를 결정하는 데 가장 중요한 선택 기준은 학문, 즉 독서를 즐기는가 여부였다. 건국은 말 위에서 하지만 경영은 도서관에서 해야 한다는 사실을 태종은 잘 알고 있었다. 말 위에서 나라를 세우고, 말 위에서 경영한 나라 치고 오래 간 나라가 없다는 역사의 상례를 잘 알고 있었다. 그런데 태종이 충녕을 세자로 선택한 또 하나의 이유는 뜻밖에도 그가 술을 조금 할 줄 알아서 명 사신을 접대할 수 있다는

**효령대군 초상화. 관악산 효령각.**

효령대군 이보는 초상화가 전해지는 몇 안 되는 조선 전기
인물 중 하나다. 사료에 따르면 태종의 아들 삼형제는 서로
얼굴이 닮았는데, 특히 양녕대군과 효령대군은 외모가 거의
비슷했다고 한다. 온화한 성품으로 불교에 심취해 지냈으며
92세까지 장수했다.

것이었다.

> 술을 마시는 것은 비록 무익한 행동이지만, 중국 사신을 만나 주인으로서
> 한 모금도 마실 수 없다면 어찌 손님의 마음이 즐겁도록 권할 수 있겠느
> 냐? 충녕은 비록 술을 잘 마시지는 못하지만 적당히 마시고 그칠 줄 안다.
> 또 그 아들 가운데 큰 애가 있다. 효령대군은 술을 한 모금도 마시지 못하
> 니 이 또한 불가하다. 충녕대군 이도가 대위(大位)를 맡을 만하니 나는 충
> 녕을 세자로 정하겠다.

태종은 명과의 우호 관계를 국체 보존의 핵심 과제로 여겼다. 그러
니 명 사신을 만났을 때 술을 전혀 못 하는 효령은 곤란하다고 본 것
이다. 이는 무인난으로 북벌을 좌절시킨 그 자신의 업보이기도 했지
만, 사실 국체를 보존하기 위한 현실적인 인식이기도 했다. 영락제 주
체는 대내적으로 혜제 주윤문의 신하들을 대거 학살한 냉혹한 군주이
자 대외적으로는 주변 이민족들을 대거 정벌한 강력한 정복군주였다.
태종이 즉위한 1400년, 안남(安南: 베트남)에서는 진조(陳朝: 나 트란,
1225~1397) 왕조가 권신(權臣) 호계리(胡季犛: 호 꾸이 리)에게 무너지고 호
조(胡朝)가 들어섰다. 호계리는 국호를 '대우(大虞)'로 개칭하고 황제를
자칭했다. 호계리는 오래지 않아 태상황으로 물러나고 아들 호한창(胡
漢蒼: 호 한 투옹)에게 제위를 물려주었다. 영락제 주체는 안남의 왕조 교
체에 개입하기 위해 1406년 광서도독(廣西都督) 첨사(僉事) 황중(黃中)
에게 5000명의 병사를 주어 진조의 후손인 진천평(陳天平: 트란 티엠 빈)
과 함께 안남으로 보냈지만 대우의 군사에 대패하고 진천평은 처형당

하고 말았다.

크게 화가 난 영락제는 총병관(總兵官) 주능(朱能)을 정이장군(征夷將軍)으로 삼아 80만 명이라고 자칭한 대군을 남하시켰다. 행군 도중 주능은 병사했지만 부장(副將) 장보(張輔) 등이 대신 맡아 전쟁을 치렀다. 1407년 5월, 호조의 호계리 부자는 20만 대군이라고 자칭한 12만 대군을 이끌고 남하하는 명나라 군사와 맞섰지만 패배하고 도주하다가 끝내 부자가 포로로 잡히고 말았다. 이로써 갓 들어선 호조, 즉 대우는 불과 7년 만에 멸망하고 말았다. 명은 내사(內史) 정승(鄭昇)을 사신으로 보내 조선에 이 사실을 알렸다. 조선도 자칫하면 안남의 호조처럼 멸망할 수 있다는 경고였다.

뿐만 아니라 명나라는 달단 정벌에도 나섰다. 비록 막북(漠北)이라고 불리는 초원으로 퇴각했지만 몽골은 여전히 명에 커다란 위협이었다. 1409년 영락제는 이 문제를 해결하기 위해 기국공(淇国公) 구복(丘福)에게 10만 대군을 주어 달단 정복에 나서게 했다. 구복은 막북으로 쫓겨간 달단 군사를 가볍게 보고 깊숙이 진입했다가 전군이 궤멸되는 대패를 당하고 말았다. 명나라는 큰 위기를 느꼈다. 태종 9년(1409) 11월 6일 통사(通事: 통역관) 공명의(孔明義)가 북경에서 돌아와 보고했다.

"달단 군사가 북경에서 멀지 않아 황도(皇都)가 위태하고 구차하고 군색해졌습니다."

서북면 도순문사도 아뢰었다.

"요동에서 온 사람이, 말하기를, 왕사(王師: 명나라 군사)가 달단을 두려워해 모두 성과 요새로 들어갔다고 했습니다."

명과 몽골 사이에 벌어진 대전의 승패는 불분명했다. 이때 영락제는 조선에 여러 차례 말을 바치라고 재촉했다. 명칭은 진헌마였지만 실제는 대가를 받고 파는 말이었다. 문제는 그 수효가 너무 많다는 것이었다. 그래서 태종 9년(1409) 11월 14일, 사간원에서 이 문제를 직간했다.

"고황제(高皇帝) 때부터 건문(建文: 혜제)에 이르기까지 바친 말이 몇만 필이나 되는지 알지 못하겠습니다. 지금 상국(上國)에서 또 마필을 요구하는데 그 수효가 심히 많아서 유사(有司: 관계 관원)가 기한을 정해 독촉해 비록 말 한 필이 있는 자라도 모두 관에 바치고 있습니다. 이렇게 하면 나라에 장차 말이 없어질 것이니 눈물이 절로 흐릅니다. 당 태종과 수 양제가 모두 이기지 못하고 돌아갔고, 거란 군사와 홍건적이 우리를 침구(侵寇)하다가 먼저 망했는데, 이는 산천이 험하고 장수가 훌륭했기 때문만이 아니라 또한 말이 있었던 까닭입니다."

명나라에서 조선에 말을 요구하는 데는 두 가지 목적이 있었다. 하나는 달단 정벌에 쓸 말을 구하려는 것이고, 다른 하나는 말을 징발해 혹시 조선이 달단과 연합하는 최악의 사태를 막기 위한 것이었다. 사대를 정책으로 정한 태종으로선 명의 말 진헌 요구를 거절할 수 없었다. 같은 해 11월 10일에만 무려 1만 필의 말을 제공했고, 이후에도 500필, 700필 등 조선에서 바친 말의 수효는 셀 수 없었다.

태종 10년(1410) 2월 13일, 말 1만 마리를 가지고 북경에 갔던 유정현은 후대를 받고 돌아왔다. 영락제는 귀국하는 유정현 등에게 돌아가거든 밤낮을 가리지 말고 계속 말을 보내라고 요구할 정도로 위기감을 느꼈다.

유정현이 태종에게 보고한 내용도 급박함을 잘 보여준다.

태평성대를 준비하다

"황제가 2월 15일에 직접 달단을 정벌한다면서 여러 지방에서 군사를 뽑는데, 여러 지방의 성에 남은 장정이 없고, 노약자와 부녀자도 성 밖으로 나오지 못하고 있습니다. 금병(禁兵: 황제 호위병)은 황제를 시위하면서 서서 먹었고, 바깥 군사들은 수레를 끌며 군수물자를 운반하고 있었습니다."

태종이 물었다.

"달단이 먼저 와서 침략한 것이냐, 황제가 먼저 가서 정벌하려고 하는 것이냐?"

"달단이 와서 침략했다는 말을 신들은 듣지 못하였습니다. 다만 듣자니, 기국공(沂國公)이 금병을 거느리고 갔다가 적에게 패했기 때문에 황제가 그 수치를 씻으려고 장차 정벌하려는 것이라고 합니다."

군사를 안다고 자부하던 태종은 달단이 명나라와 일전을 벌일 만큼 다시 성장했다는 사실에 놀라움을 느꼈다. 명나라 내전에 이어 다시 요동을 차지할 호기를 놓친 것이다. 태종은 변명하듯 말했다.

"저들이 와서 나를 침략하면 부득이 응하는 것은 옳다. 그러나 내가 먼저 수고롭게 백성들을 거느리고 궁벽한 황야에 가서 정벌하는 것이 어찌 옳겠는가? 이기지 못하면 반드시 천하의 웃음거리가 될 것이다."

태종이라고 해서 명나라를 상대로 한번 군세를 떨치는 것이 시원할 것이라는 사실을 모르는 것은 아니었다. 그러나 이는 도박이었다. 그는 대명 사대주의가 조선이 취할 최선의 외교책이라고 믿었다. 그래서 자존심이 크게 상하지만 말을 헌납했다. 주체는 자국의 말과 조선의 말들을 가지고 1410년 50만 대군을 모아 직접 달단 정벌에 나섰

다. 주체가 이끄는 명군은 1410년 5월 달단 군주이자 몽골의 23대 대
칸(大汗) 분야시리(本雅失里)와 지금의 몽골과 러시아 국경 부근인 알난
하에서 맞붙어 승리했으나 풍토병이 돌고 물과 식량이 부족해서 회군
할 수밖에 없었다. 이후에도 명나라는 여러 차례 달단 정벌에 나섰고,
영락제는 조선에 계속 말을 요구했다.

　명나라와 우호 관계를 맺는 것이 국체 보존의 급선무라는 태종의
생각은 변하지 않았다. 굳이 전쟁을 벌여 나라를 위험에 빠뜨리는 것
보다는 평화 관계를 맺는 것이 조선에 이익이라고 생각했다. 그래서
명나라 사신을 만났을 때 술 한 잔 못 마시는 효령보다는 적당히 술을
마실 줄 아는 충녕이 적격이라고 생각한 것이다.

　충녕을 후사로 삼겠다는 태종의 말에 유정현 등이 모두 하례했다.

　"신 등이 이른바 어진 이를 골라야 한다는 것도 충녕대군을 가리킨
것이었습니다."

　태종은 통곡하면서 흐느끼다가 목이 메었다. 적장자에게 왕위를 전
해주려던 계획이 수포로 돌아간 데 따른 회한이었다. 하지만 태종은
일단 결심하면 뒤돌아보는 법이 없었다. 승지 조말생을 불렀다.

　"대저 이렇게 큰일은 시간을 끌면 반드시 사람이 상한다. 너는 선지
(宣旨: 임금의 명령)를 내어 빨리 진하(陳賀)하게 하는 것이 마땅하다."

　문무백관이 모두 예궐해서 충녕을 세자로 정한 것을 하례했다. 태
종은 장천군(長川君) 이종무(李從茂)를 경도(京都: 한성부)에 보내 종묘에
이 사실을 고하게 했다. 그리고 폐세자 이제와 그 가족들을 경기도 광
주로 내쳐서 안치하게 했다. 영의정 유정현 등은 춘천에 안치해야 한
다고 주청했는데, 왕비 민씨가 성녕대군이 사망한 후에 매일같이 눈

물을 흘리면서 이제를 가까운 곳에 두기 원한다는 이유로 가까운 광주로 보낸 것이다.

이렇게 태종의 후사는 셋째 아들 충녕대군 이도로 결정되었다.


## 호랑이 등에서 내리다


이것으로 끝난 게 아니었다. 두 달 후인 8월 8일, 태종은 전격적으로 왕위를 물려주었다. 태종은 경회루 아래로 내려와 승지들을 불러 결심을 전했다.

"내가 왕위에 있은 지 이미 18년이다. 비록 덕망은 없으나 의리에 맞지 않는 일은 하지 않았는데, 위로는 하늘의 뜻에 보답하지 못해서 여러 번 수재(水災), 한재(旱災)와 충황(蟲蝗: 벌레)의 재앙이 이르렀다. 또한 묵은 병이 있는데 근래 더욱 심해졌으니 이에 세자에게 전위하려고 한다."

태종은 있는 힘을 다해서 국왕의 임무를 수행했다. 심지어 재위 14년(1414) 6월에는 자신을 모시는 시녀들이 시집을 못 가서 원한이 있을 것을 염려해 출궁시키려 했다. 이숙번 등이 반대했지만 "내 뜻은 이미 결정되었다"면서 10여 명의 시녀를 밖으로 내보냈다.

그러나 하늘은 계속 시련을 주었다. 천인감응설을 믿는 방원은 그 모순을 이해할 수 없었다. 그래서 이렇게 말했다.

"임신(壬申)·무인년(戊寅年)의 일은 경들도 다 아는 바다. 무인년의 일은 죽음을 면하고 살려고 한 일이다. 이제 돌이켜 생각하면 사직을 정하는 것이 어찌 사람의 힘으로 되겠는가? 실로 하늘이 정한 것이다. 내 형상과 용모는 임금의 형상이 아니고, 몸가짐이나 움직임도 모두 임금에 적합하지 않다."

임신년은 방원이 정몽주를 격살해서 조선 개창의 전기를 마련한 해고, 무인년은 1차 왕자의 난이 일어난 해다. 숱한 피를 손에 묻히고 왕이 된 것은 모두 하늘이 시킨 것이라고 스스로를 위로한 것이다. 평생동안 태종을 괴롭힌 무인난도 마찬가지로 생각했다.

"그간에 태조께서 사랑하던 두 아들을 잃고 상심하시던 것을 생각해서 비록 내 몸이 나라 주인의 영화로움을 누리고 있어도 아버지를 뵙지 못했다. 혹 백관들을 거느리고 아버지가 계신 전각에 나아갔다가 들어가 뵙지 못하고 돌아올 때는 왕위를 헌신짝처럼 버리고 필마(匹馬)에 관원 하나만 거느리고 혼정신성(昏定晨省: 조석으로 부모를 모심)해서 내 마음을 표시하고 싶었다."

태종의 인생에서 가장 큰 회한은 아버지 이성계에게 버림받은 것이었다. 왕위를 내놓는 것은 이미 세상을 떠난 이성계에 대한 자기변명이기도 했다. 왕위가 탐나서 동생들을 죽인 것은 아니라는 의사 표시였다.

태종은 이 일에 대해 간쟁하지 말라고 명했다. 하지만 태종 6년(1406) 양녕에게 선위하겠다고 선포했을 때 민무구·무질 형제가 얼굴에 웃는 빛을 띠었다가 사형에 이른 일이 있었던 만큼 신하들은 간쟁하지 않을 수 없었다. 그러나 그때는 양위할 생각이 전혀 없었다면 이번에는 진심이었다. 신하들이 말리자 태종은 자신에게 말하는 것처럼 이렇게 답했다.

"18년 동안 호랑이를 탔으니 또한 이미 족하다."

태종은 왕위를 호랑이 등에 탄 것에 빗댔다. 예나 지금이나 권력자들이 권력을 놓는 순간, 또는 권력의 정점에 있는 순간 비극적 최후를 맞는 경우가 많은 것은 이 사실을 망각하기 때문이다. 태종은 시간을 끌지 않고 이날 바로 왕위를 물려주기로 마음먹었다.

정오에 의관을 정제한 태종은 지팡이를 짚고 보평전(報平殿)으로 가서 승정원에 대보(大寶: 옥새)를 바치라고 명했다. 또한 새 세자 충녕을 보평전으로 불렀다. 소식을 듣고 먼저 달려온 영돈녕(領敦寧) 유정현 및 정부, 육조, 공신들과 삼군총제(三軍摠制), 육대언(六代言) 등이 문을 밀치고 보평전 문밖에 이르러 하늘을 우러러 통곡하면서 양위를 그만두기를 청했다. 이들이 승지들에게 대보를 바치지 못하도록 막자 태종은 큰 소리로 지신사 이명덕을 꾸짖었다.

"임금의 명이 있는데, 신하가 듣지 않는 것이 의리인가?"

이명덕이 마지못해 대보를 바쳤다. 부왕이 왜 부르는지 알지 못한 충녕은 허둥지둥 달려와 서쪽 지게문으로 급히 들어왔다. 태종이 충녕을 보고 말했다.

"애야! 지금 대보를 주겠으니, 이를 받아라."

세자 충녕은 깜짝 놀라 엎드려 일어나지 않았다. 태종은 직접 세자의 소매를 잡아 일으켜 대보를 주고 곧 안으로 들어갔다. 세자가 사양했지만 상황은 이미 끝났다. 파란만장했던 태종 시대가 끝나고, 세종 시대가 열리는 순간이었다.

그러나 태종이 살아 있는 한 세종 시대는 아직 이름뿐이었다. 상왕으로 물러났지만 태종이 여전히 군권을 장악하고 있었기 때문이다. 태종은 간관들이 자신에게 아무리 심한 말을 해도 처벌하지 않았다. 그러나 군사권에 대해 왈가왈부하면 용서하지 않았다.

재위 2년(1402) 9월, 태종이 종기가 나자 약방에서 탕목(湯沐: 온천욕)을 권유한 적이 있다. 태종이 평주 온천에 가려고 하자 사간원에서 "탕목의 이름을 빌렸지만 실상은 유전(遊畋: 사냥하며 노는 것)의 낙(樂)을 즐기려는 것 아닙니까?"라는 상소를 올렸다. 이렇듯 병 치료를 위해서 가는 탕목을 놀러가는 것이라고 비난해도 처벌하지 않았다. 임금에게 쓴소리하는 것이 간관의 임무라고 본 것이다. 그러나 병권, 즉 군권에 관한 문제는 달랐다.

민무구·무질 형제가 공격당하던 태종 9년(1409) 4월 2일, 대간에서 민무구·무질 형제의 사형을 주청하면서 군권에 대해 언급했다.

"평양군(平壤君) 조대림이 갖고 있는 군권을 내놓게 해야 합니다."

이 상소에 태종은 크게 노했다. 조대림은 개국 1등공신 조준의 아들이자 태종의 둘째 딸 경정공주의 남편이다. 태종은 민무질이 갖고 있던 병권을 사위들에게 돌린다는 원칙을 갖고 있었다. 타성바지 사위가 군권을 갖고 있는 것이 그나마 안전하다고 생각한 것이다. 태종은 조대림의 군권에 대해 언급한 상소에 크게 화를 내면서 상소를 올린 사헌부 지평(持平) 조서로(趙瑞老)를 집으로 돌아가게 했다가 이튿날 순금사에 내리고, 사헌부 집의(執義) 유사눌(柳思訥), 장령(掌令) 김사문(金思文) 등을 순금사에 가두었다.

"부마 청평군(清平君: 이백강)은 상당군(上黨君: 이백경)의 동생이라 남에게 꺼림을 받고 있고, 길천군(吉川君: 권규)은 나이가 어리다. 내가 평양군에게 병권을 잡게 한 것은 공실(公室)을 굳건히 하려는 것이다. 헌사(憲司: 사헌부)에서 그 병권을 내놓게 하려는 것은 과연 무슨 뜻인가?"

길천군 권규는 태종의 셋째 딸 경안공주의 남편으로, 권근의 아들이다. 청평군 이백강은 이거이의 아들이라서 남들이 꺼리고, 길천군 권규는 어리기 때문에 조대림에게 군권을 준 것인데 무엇이 문제냐는 지적이었다. 태종이 대간을 고문하려 하자 이조판서 유양이 중재에 나섰다.

"대관(臺官)을 옥에 가두는 것은 사필(史筆)에 아름답지 못합니다. 전하께서 친히 심문하시고 가르치셔서 석방하소서."

"나의 행사가 사필에 아름답지 못하다는 것은 잘 알고 있다. 사필을 어찌 지울 수 있겠느냐? 내가 지나치게 가혹하고 급하다는 것도 잘 알고 있다. 그러나 끝내 고치지는 못하겠다."

군권에 관한 한, 태종은 사필에 불미스럽게 기록되는 것도 마다하지 않았다. 사헌부 관료들은 이 문제 때문에 심문을 받고 모두 지방으로 귀양 가야 했다. 이처럼 군권을 중시한 태종이었기에 왕위를 세종에게 물려주었어도 군권만은 놓을 생각이 없었다. 그래서 양위 당일에도 세종에게 이렇게 말했다.

"왕위를 물려준 뒤에도 내가 마땅히 노상(老相: 원로대신)들과 임금을 도우면서 일을 살필 것이다."

'임금을 도우면서'라고 부드럽게 말했지만 실제 임금은 자신이라는 뜻이었다. 상왕은 양위 후에도 "군국(軍國)의 중요한 일은 내가 친히 청단하겠다"면서 군사권을 보유하고 있었다. 실제로 군권만큼은 세종과 나누지 않고 자신이 계속 잡고 있었던 것이다. 그런데 상왕 태종의 이런 속성을 이해하지 못하는 사람들이 여전히 존재했다. 가혹한 숙청이 재현될 조짐을 보였다.

## 군권을 쥔 상왕의 뜻

태종이 양위한 당일인 재위 18년(1418) 8월 8일, 신하들이 양위를 반대한 명분 중 하나는 세자 교체를 명나라에 통보한 것도 아직 승인받지 못했는데 어찌 이렇게 급히 양위까지 단행하느냐는 것이었다.

조선은 명나라를 사대하면서 국왕과 왕비, 세자 책봉 등에 대해 명나라에 알리고 이해를 구했다. 승인이라는 말을 썼지만, 실제 가부를 결정하는 것이 아니라 형식적 절차에 불과했다. 명나라는 임진왜란이 일어나기 전까지 단 한 번도 조선의 왕위 계승이나 왕비, 세자를 결정하는 문제에 개입한 적이 없다. 조선에서 형식적으로 보고하면 사후에 승인하는 절차를 취했을 뿐이다.

그러나 세자 교체를 통보한 것도 채 결론나지 않았는데, 국왕을 교체하겠다고 통보하는 것은 너무 다급하다는 인상을 줄 수 있었다. 그러나 국왕이 교체되었는데 통보하지 않을 수도 없었다. 태종은 양위한 지 여드레 후인 세종 즉위년(1418) 8월 16일 사은사(謝恩使) 김여지를 국왕 교체를 알리는 청승습 주문사(請承襲奏聞使)로 이름을 고쳤다.

그리고 안원군(安原君) 한장수(韓長壽)를 사은사로 삼았다. 그런데 일주일 후인 23일 상왕 태종은 사은사를 다시 교체했다.

"사은사는 모름지기 친척을 보내야 한다. 한장수가 비록 친척이지만 심온만 못하다. 또한 심온은 황엄과 평소에 알고 지내는 사이이니, 그가 간다면 황엄은 반드시 힘을 다할 것이다."

한장수는 태종의 모후 신의왕후 한씨의 친척이지만, 심온은 세종의 장인이고 심종의 형이다. 심종은 태조 이성계의 둘째 딸 경선공주의 남편이다. 심온의 부친 심덕부는 위화도 회군 직후 책봉한 9공신 중 하나다. 심온은 태종 8년(1408) 우부대언으로 있을 때 딸을 충녕군에게 시집보내 왕실의 인척이 되었는데, 이 때문에 부인 민씨도 변한국대부인(卞韓國大夫人)으로 봉함을 받았다. 태종은 9월 2일 청승습 주문사를 찬성사 박신으로 교체하고 심온에게 내구마를 하사했다.

태종은 심온에게 기대를 걸고 있었다. 양녕 이제의 장인 김한로에게 실망한 것을 심온에게 보상받으려는 심리가 있었다고도 볼 수 있다. 그래서 태종은 그해 9월 2일 심온을 초고속으로 영의정으로 승진시켰다.

"심온은 나라 임금의 장인으로 그 존귀함이 비할 데 없으니 마땅히 영의정이 되어야 할 것이다."

졸지에 국왕의 장인에 영의정 자리까지 한몸에 겸하게 된 것이다. 세종 시대와 함께 심온 시대가 열린 것처럼 보였다. 심온이 사은사로 떠나던 9월 8일, 상왕 태종은 환관 황도(黃稻)를 보내 대궐 문밖까지 전송하게 하고, 세종은 환관 최용(崔龍)을, 왕비 심씨는 환관 한호련(韓瑚璉)을 각각 연서역(延曙驛)까지 보내 심온을 전송하게 했다. 이 날짜

《세종실록》사관은 이렇게 전한다.

> 심온은 임금의 장인으로 나이 50이 못 되어 순서를 뛰어넘어 수상(首相:
> 영의정)에 오르니, 영광과 세도가 혁혁하여 이날 전송 나온 사람으로 장
> 안이 거의 빌 정도였다.

심온의 나이는 불과 44세에 지나지 않았다. 이때만 해도 이 사신길
이 비극의 길이 될 조짐은 전혀 보이지 않았다. 그러나 《연려실기술》
은 이런 비극을 예견한 사람들이 있었음을 보여준다.

> 9월에 영상 심온이 명나라에 사신으로 갈 때 전별하는 벼슬아치들의 거마
> (車馬)가 한양을 덮을 정도로 위세가 당당했다. 심온은 심정(沈泟)의 형이
> 자 세종의 장인이었다. 상왕이 이를 듣고 기뻐하지 않았다.

처남 넷을 죽이고, 사돈 김한로를 유배 보낸 상왕이었다. 마흔넷에
불과한 심온에게 권력이 쏠리는 것을 구경하고 있을 상왕이 아니었
다. 심온이 명나라로 떠나기 보름 전인 8월 25일 발생한 병조참판 강
상인(姜尙仁)의 옥사가 심온을 제거하는 데 이용됐다. 양위한 후에도
군권은 상왕 태종이 보유하고 있었는데, 병조참판 강상인이 이 부분
을 건드렸다. 군사에 관한 일을 세종에게만 보고하고 상왕에게는 보
고하지 않은 것이다. 세종은 즉위 후 장의동 본궁(本宮)에 거주했다. 병
조는 세종이 새 임금이므로 군사에 관한 일을 상왕에게 보고하기 전
에 세종에게 먼저 보고했다. 세종은 그럴 때마다 말했다.

"왜 부왕께 주상하지 않느냐?"

태조 이성계나 정종 방과가 상왕으로 있을 때도 늘 현 왕에게 먼저 보고했으므로 병조는 새 왕에게 먼저 보고하는 것을 관례로 생각했다. 그러나 상왕 태종의 생각은 달랐다. 태조나 정종과 자신은 경우가 다르다고 생각한 것이다. 병조에서 세종에게 먼저 보고한다는 사실을 안 태종은 불쾌하게 생각했다. 그러다가 임금 호위 군사의 배치 상황을 세종에게만 보고하고 태종에게는 보고하지 않는 일이 일어났다. 태종은 그 의도를 알아보기 위해 병조참판 강상인을 불렀다.

"상아패와 오매패는 장차 어디에 쓰려고 한 것인가?"

강상인이 대답했다.

"대신을 부를 때 쓰는 것입니다."

태종은 상아패와 오매패를 강상인에게 주며 말했다.

"그렇다면 여기서는 소용 없으니, 모두 왕궁으로 가져가라."

대신을 부르는 일은 군사에 관한 일이 아니기 때문에 세종에게 갖다 주라는 것이었다. 물론 태종이 상아패와 오매패의 용도를 몰라서 물은 것은 아니었다. 강상인이 상아패와 오매패를 들고 주상전으로 가서 바치자 세종이 물었다.

"이것은 무엇에 쓰는 것이냐?"

"밖에 나가 있는 장수를 부르는 데 쓰는 것입니다."

"그러면 여기에 두어서는 안 된다. 상왕전에 도로 갖다 바쳐라."

장수를 부르는데 쓰는 것이면 군권을 갖고 있는 상왕의 것이라는 뜻이었다. 상아패와 오매패가 돌아오자 태종은 강상인과 병조좌랑(佐郎) 채지지(蔡知止)를 의금부 옥에 가두게 했다. 그리고 우부대언 원숙 등을 불러 세종에게 이렇게 말을 전하게 했다.

"내 일찍이 교서를 내려 군국의 중요한 일은 내가 직접 청단하겠다고 말했다."

8월 25일, 태종은 의금부에 최한을 보내 이렇게 일렀다.

"처음에 내가 주상에게 이르기를, '너는 장차 나의 근심을 물려받게 될 것인데, 내 비록 덕은 없지만 왕위에 오래 있어서 아는 사람이 많으니, 군국의 중요한 일은 내가 친히 청단하겠다'고 말했다. 이제 병조가 궁정에 가까이 있으면서 순찰에 관한 일만 아뢰고, 그 밖의 일은 모두 아뢰지 않았으니, 내가 군사에 대해 듣는 것이 사직에 무엇이 나쁘겠느냐."

태종은 강상인 등의 행위를 자신의 군권을 빼앗아 세종에게 돌리기 위한 것이라고 의심했다. 태종은 병조판서 박습(朴習)도 의금부에 가두었다. 태종은 쿠데타를 막기 위해 군사 지휘권을 여러 군데로 분산시켜놓았다. 군병은 도총부에서 주관하고, 임금 호위부대인 금위 병사는 병조참판과 병조좌랑이 주관하고, 병조판서는 여기에 관여하지 못했다. 그러나 이 사건은 병조 전체에 책임을 돌려 판서, 참판, 정랑, 좌랑 등을 모두 의금부에 하옥했다.

이 사건이 명나라에 가게 될 심온과 연관 있게 된 것은 임금의 경호부대를 관할하는 동지총제(同知摠制) 심정이 심온의 동생이기 때문이었다.

병조참판 강상인이나 판서 박습이 모두 군권을 세종에게 돌리려는 것이 아니라 깊이 생각하지 못했기 때문에 빚어진 일이라고 변명했고, 이 변명이 설득력을 얻으면서 사건은 수습되는 듯했다. 태종은 원종공신(原從功臣)이라는 이유로 박습과 강상인을 고향으로 돌려보내는 선에서 사건을 일단락 짓고 나머지는 벌금형으로 끝내려고 했다. 그러나 삼사에서 강하게 처벌해야 한다고 요구하자 강상인을 함경도 단천의 관노로 떨어뜨리고, 박습은 경상도 사천으로 귀양 보냈다. 이때가 세종 즉위년 9월 14일, 심온이 명나라 사신으로 떠난 지 며칠 뒤의 일이다.

그런데 그해 11월 2일, 상왕 태종이 강상인 사건을 다시 거론하고 나섰다. 《연려실기술》은 강상인, 심정과 사이가 좋지 않은 병조좌랑 안헌오(安憲伍)가 상왕이 심온을 꺼리는 것을 눈치채고 고자질했기 때문이라고 설명했다.

"심정이 박습, 강상인과 사사로운 말로 '이제 호령이 두 곳(상왕, 세종)에서 나오니, 한 곳(세종)에서 나오는 것만 못 하다'고 했습니다."

이 말을 들은 태종은 이들이 자신의 군권을 빼앗으려고 하는 것이 아닌가 의심한 것이 일견 타당하다고 생각하게 되었다. 태종은 11월 3일 편전에 나가 이 사건을 재조사할 것을 명했다.

"다시 국문하여 반역할 마음이 없었는데 죄를 주었다면 실로 원통하고 억울한 일이니 마땅히 용서해야겠지만, 만약에 진실로 반역할 마음이 있었다면 신하가 강상인만 있는 것도 아니고, 임금도 지금만 있는 것이 아니니 어찌 왕법으로 이를 다스리지 않겠는가."

임금도 지금만 있는 것은 아니라는 말은 지금 임금인 세종도 갈아치울 수 있다는 뜻으로 해석할 수 있다. 강상인과 박습 등은 다시 붙잡혀 심문을 받았다. 강상인은 네 번이나 압슬(壓膝: 무릎 아래 사금파리를 놓고 널빤지로 무릎을 누르는 형)을 받았으나 울부짖으며 외쳤다.

"그렇다면 내가 주상을 배반한 것이다."

"내가 새 임금의 덕을 입기를 바란 것이다."

강상인은 당여(黨與)를 대라는 말에 불복했지만 끝내 고문을 이기지 못하고 11월 22일 드디어 심정의 이름을 댔다.

"주상께서 본궁에 계실 때 동지총제(同知摠制) 심정을 궁문 밖의 장막에서 만났는데, 그가 '내금(內禁: 임금이 거하는 곳) 안에 시위(侍衛)하는 사람의 결원이 많아서 시위가 허술한데 어째서 보충하지 않느냐'고 물었습니다. '군사가 만약 한곳에 모인다면 허술하지는 않을 것이다' 라고 했더니, 심정이 '만약 한곳에 모인다면 어찌 많고 적은 것을 의논할 것이 있으랴'라고 말했습니다."

상왕과 현왕 둘을 호위해야 하기 때문에 군사가 부족하다고 불평했다는 말이었다. 새 왕만 호위한다면 어찌 군사가 부족하겠느냐는 말로 해석될 수 있었다. 심정은 곧 끌려와 심문을 받았다.

"저는 시위가 허술한 것만 의논했을 뿐, '군사가 두 곳으로 갈라져 있다'고 한 적은 없습니다."

사건은 종착역인 심온을 향해서 달려가고 있었다. 강상인이 심온까지 언급한 것이다.

"날짜는 기억하지 못하지만 영의정 심온을 상왕전 문밖에서 보고, '군사를 나누어 소속시키는데 갑사(甲士)는 수효가 적으니, 마땅히 3000명으로 늘려야 되겠다'고 의논하자 심온도 옳다고 했으며, 그 후에 또 의논할 일이 있어 날이 저물 무렵 심온의 집에 가서 '군사는 마땅히 한곳으로 돌아가야 된다'고 하였더니, 심온도 또한 '옳다'고 했습니다."

심온과 강상인이 말하는 '한곳'은 태종이 아닌 세종을 가리키는 것이었다. 함께 신문 받던 조흡(曹恰)은 '군사는 반드시 상왕이 주관하셔야 된다'고 말한 것이 사실로 받아들여져 석방되었다.

상왕 태종은 아들과도 군권을 나눌 생각이 없었다. 강상인과 심온이 나눈 말을 보고 받은 그는 이튿날인 11월 23일 이렇게 말했다.

"과연 내가 전일에 말한 바와 같이 그 진상이 오늘날에야 밝혀졌구나. 마땅히 대간(大姦)을 제거하여야 될 것이니, 이를 잘 살펴 문초하라."

태종이 지목한 '대간'은 심온이었다. 세종은 큰 위협을 느꼈다. 강상인은 이날(11월 23일) "고문을 받아 잘못 말한 것이다. 실상은 모두 모함이었다"라며 과거의 진술을 뒤집었다. 내관 김용기(金龍奇)에게 이 사실을 보고 받은 세종은 태종이 거처하는 수강궁에 나가서 김용기가 한 말을 상세하게 아뢰었다. 아마도 "군사가 한곳에 모여야 된다는 말" 중에 "한곳"은 상왕전을 뜻할 거라는 말이었다. 그러나 태종은 일축했다.

"내가 들은 바는 이와 다르다. 과연 이와 같다면 무슨 죄가 있겠는가."

태종은 좌의정 박은에게 교지를 전했다.

"처음 강상인 등을 외방으로 내쫓기만 했는데, 그 후에 생각해보니, 나의 여생은 많지 않고 본 것은 많으므로 이런 대간은 제거하는 것이 마땅하다고 생각하게 되었다. 심온이 '군사가 반드시 한곳에 모이는 것이 옳다'고 하였다니, 경은 이를 알아야 할 것이다."

박은이 고개를 숙이고 엎드려 교지를 듣고는 즉시 일어나 앉으며 말했다.

"심온이 말한 한곳이 어찌 상왕전을 가리킨 것이겠습니까. 반드시 주상전(主上殿: 세종)을 가리킨 것이오니 그 뜻은 묻지 않아도 알 수 있습니다."

심온이 세종에게 군권을 돌리려 한 것은 대역죄라는 뜻이었다. 남은 절차는 심온의 면질(面質: 대질심문)이었다. 심온이 돌아오기를 기다려서 박습, 강상인, 심정 등을 처벌할 것인지 묻자 원숙, 이명덕 등은 기다려야 한다고 말했다.

"강상인은 죄가 무거워 죽여야겠지만 박습과 심정은 강상인에 비해서는 죄가 가볍고, 또 심온이 명나라에서 돌아오지 않았는데 이들을 죽인다면 심온에게는 변명할 길이 없으니 조금 기다리는 것이 좋을 것 같습니다."

반면 우의정 유정현 등은 반대했다.

"박습 등이 이미 자복하였으니 하루라도 형을 늦출 수 없습니다."

박은도 이에 동조했다.

"죄상이 모두 낱낱이 드러났으니 굳이 심온과 대질심문할 필요가 없습니다."

그래서 심온은 변명할 기회도 얻지 못했다. 강상인은 사지가 찢겨 죽었고, 박습과 심정은 목이 베어졌다.

죽으러 가던 강상인이 수레에 올라 크게 부르짖었다.

"나는 실상 죄가 없는데, 매를 견디지 못하여 죽는다."

상왕은 금부진무(禁府鎭撫) 이욱(李勗)을 의주로 보내 귀국하는 심온을 잡아오게 하였다. 심온은 불과 몇 개월 전 장안을 깃발로 뒤덮으며 떠났던 사신길을 오라에 묶여 돌아왔다. 심온은 상왕에게 면질을 요청했다.

"이 일은 제가 명나라에 갔을 때 일어난 만큼 관련자들을 대질시켜주기 바랍니다."

태종은 싸늘하게 답변했다.

"박습 등이 이미 황천객이 되었으니 어찌 만나겠느냐?"

심온은 그나마 국왕의 장인이라는 이유로 사약을 먹고 죽는 사사(賜死)에 처해졌다. 심온은 사약을 마시기 전 집안사람들에게 한 맺힌 유언을 남겼다.

**심온 묘역. ⓒ노규동**
심온은 개국공신 심덕부의 아들로 세종의 장인이다. 충녕대군 이도가 세자 양녕대군을 대신해 왕위를 이은 뒤 영의정의 자리에 올랐으나, 외척의 권력이 비대해지는 것을 우려한 태종에 의해 모반죄를 뒤집어쓰고 사사되었다. 묘는 경기도 수원시 광교역사공원 안에 있다.

"내가 이렇게 된 것은 좌상 박은의 모함으로 인함이니 이후로 박씨와는 혼인하지 마라."

실제로 박은은 심온을 전혀 도우려 하지 않았다. 그러나 이 사건의 원인은 박은이 아니라 상왕 태종에게 있었다. 자신의 사돈이 어떤 인물인지 모른 심온은 자세를 낮추지 않고 혁혁한 세도를 즐기다가 이런 일을 겪게 된 것이다. 한편, 이 사건으로 가장 난처해진 인물은 세종의 부인 소헌왕후(昭憲王后) 심씨였다. 박은은 훗날의 보복이 두려워서 소헌황후까지 폐위시키려 했다. 박은은 상왕을 모시고 있다가 이 말을 꺼냈다.

"중궁(中宮: 왕비)이 적막합니다."

《세종실록》의 사관은 "그 뜻은 대개 중궁을 마땅히 폐할 것을 말한 것이다"라고 설명했다. 상왕 태종도 그 뜻을 알고 답했다.

"내가 이미 경의 뜻을 알았다."

이 사실이 전해지자 세종 즉위년(1418) 11월 29일 의금부 제조(義禁府提調) 등이 수강궁에 나아가 중궁을 폐위할 것을 청했다. 그러나 뜻밖에도 상왕이 반대했다.

"평민의 딸도 시집을 가면 친정에 연좌되지 않는데 하물며 심씨는 이미 왕비가 되었으니, 어찌 감히 폐출하겠는가? 경들의 말은 미편하다."

이렇게 해서 소헌왕후 심씨는 겨우 폐출을 모면했다. 그러나 왕후의 어머니 안씨는 천인으로 떨어져 의정부의 여종이 되었다. 안씨가 그 자녀들과 함께 천인들의 명부인 천안(賤案)에서 제명된 것은 세종 8년이 되어서였다. 국왕의 장모 안씨는 자신의 사위가 국왕으로 있는 나라에서 무려 8년 동안이나 천인으로 살아야 했다. 이 사건이 한창 진행되던 와중인 11월 25일 상왕 태종이 한 말은 그의 진면목을 잘 보여준다.

"내가 병권을 내놓지 않는 것은 왕위를 잊지 못해서가 아니라, 주상을 위해 급한 일이 있을 때 후원하고자 하는 것일 뿐이다. 예로부터 지친(至親)이 이간되는 것은 군소배 때문이니 어찌 크게 징계하여 후세를 경계하지 않겠는가?"

심온은 자신의 사돈이 어떤 인물인지 알지 못했다. 태종이 조선을 개창하고 또 조선의 국왕이 되기 위해 손에 묻힌 그 숱한 피의 의미를 알지 못했다. 문관 출신인 방원은 정몽주를 격살해 개국의 계기를 만들고, 이복형제를 죽이고, 개국시조를 내쫓고, 친형과 시가전을 벌여가면서까지 왕권을 차지했다. 이런 왕권을 나눌 수 있을 것으로 생각한 게 심온의 실책이었다. 처남 넷을 죽여버리면서까지 구축한 절대 왕권을 또 다른 외척에게 나누어줄 것으로 여긴 것이 심온의 실책이었다. 태종이 살아 있는 한 그 누구도 왕권을 나눌 수 없었다.

중요한 것은 그 왕권이 누구를 위한 권력이냐 하는 점이다. 태종 자신만을 위한 왕권이었다면 그는 권력 유지를 위한 투쟁에만 민감했던 용군(庸君)으로 기억될 것이다. 그러나 유학 경서에 밝은 유학자이자 역사에도 밝았던 방원은 왕권이 자신이나 가문만의 것이 아니란 사실을 잘 알고 있었다. 왕권은 자신이나 집안만을 위한 것이 아니라 만백성을 위한 것이다. 세자 양녕에게 은나라 걸 임금과 주나라 주 임금이 백성들에게 버림받은 '독부(獨夫)'가 된 이유를 물은 것은 바로 이 때문이었다. 유학에 밝은 방원은 《맹자》〈진심(盡心) 하〉에서 왕과 왕가,

즉 사직을 경계하는 구절이 있음을 잘 알고 있었다.

> 백성이 가장 귀하고, 사직은 그다음이며, 임금은 가장 가볍다. 그래서 들판 백성들의 마음을 얻으면 천자가 되고, 천자의 마음을 얻으면 제후가 되고, 제후의 마음을 얻으면 대부가 된다.

정도전이 토지 개혁으로 들판 백성들의 마음을 얻어 개국에 성공했다면, 태종은 종부법으로 역시 들판 백성들의 마음을 얻어 개국을 완성시켰다. 그러나 아직도 왕실과 권력을 나누려 하거나 권력을 사유화하려는 벼슬아치들이 끊이지 않았다. 그는 이런 악순환을 끊는 악역이 자신의 역할이라고 믿었다. 그리고 그것은 또한 하늘이 자신에게 시킨 일이라고 생각했다.

# 나라다운 나라 만들기

### 조선의 북방 강역, 공험진의 위치

　조선의 북방 강역에 대해 그간 학교에서는 세종의 4군 6진 개척으로 압록강~두만강까지 확장되었다고 가르쳤다. 일본 식민사학자들이 왜곡한 우리 역사를 지금껏 추종하고 있는 것이다. 조선의 국경선이 세종 때 이르러 압록강~두만강까지 확장되었다는 주장은 고려 말기의 국경선이 압록강~두만강 남쪽 원산만까지였다는 것을 전제로 한다. 그러나 이는 일본 식민사학자 이케우치 히로시[池內宏]가 조작한 내용에 불과하다. 고려와 조선 초의 강역은《고려사》와《태종실록》을 통해 살펴보아야 한다. 고려는 북방 강역을 '북계'와 '동계'라는 행정구역으로 관할했는데, 이중 동계에 대해서 설명한《고려사》〈지리지〉

동계 연혁 조를 보자.

비록 연혁과 명칭은 같지 않지만 고려 초로부터 말년에 이르기까지 공험 이남에서 삼척 이북을 통틀어 동계라 일컬었다.

고려 북방 강역 중 동쪽의 경계는 공험진이란 뜻이다. 《세종실록》 〈지리지〉에 따르면 공험진은 두만강 북쪽으로 688리 떨어진 지점으로, 통상 두만강 북쪽 700리라고 말한다. 동계 서쪽을 뜻하는 북계 역시 압록강 북쪽을 포괄하는 땅이다. 두만강 북쪽부터 공험진까지 고려 강역은 한때 원나라에 빼앗겼다가 99년 만인 공민왕 재위 5년 (1356)의 북강회수운동 때 다시 되찾았다. 이때 북강회수운동에는 이성계의 부친 이자춘도 참전했다.

이후 고려에서는 압록강~두만강 북쪽 지역에 지방관을 파견해서 관할했다. 태종 이방원은 비록 명나라에 대한 사대주의를 외교의 최우선 과제로 삼았지만, 그것이 압록강~두만강 이북 영토를 명나라에 양보하는 것을 뜻하는 것은 아니라고 생각했다. 그는 명나라와 조선의 국경선 설정은 대명 사대주의를 뛰어넘는 국체 보존의 과제라고 생각했다. 역사에 밝은 이방원은 조선과 명의 북방 국경선은 두만강 북쪽 700리 지점인 공험진이라고 보았다. 이는 고려와 명나라가 맺은 국경선이기도 했고, 이성계가 건국한 후 조선과 명 두 나라가 합의한 국경선이기도 했다. 태종은 이에 대해 명나라와 공식적으로 합의하는 것이 중요하다고 판단했다. 그래서 재위 4년(1404) 5월 19일, 예문관 제학 김첨과 왕가인(王可仁)을 명나라 수도 남경에 보내 조선과 명나라의 국경선을 획정할 것을 요구했다.

"밝게 살펴건대, 본국의 동북 지방은 공험진부터 공주, 길주, 단주, 영주, 웅주, 함주 등으로, 모두 본국 땅에 소속되어 있습니다."

두만강 북쪽 700리 지점인 공험진 이남은 조선 영토라는 내용의 국서였다. 이 문제는 명나라가 지금의 심양 부근에 철령위를 설치하려고 했던 문제와도 밀접하게 관련되어 있다. 명 태조 주원장이 홍무 21년(1388) 2월 고려에 철령의 북쪽, 동쪽, 서쪽은 원래 원나라 개원에 속해 있었으니 명나라 요동에 관할시키겠다고 통보하면서 고려에서 북벌론이 거세게 일어났다. 이때의 철령은 지금의 심양 남부의 진상둔진이다. 철령은 공민왕의 북강회수운동으로 다시 고려의 강역이 되었는데 명나라가 자국령에 편입시키겠다고 통보하자 고려에서 격렬하게 반발한 것이다. 고려 우왕은 최영과 상의해 요동정벌군을 북상시키는 한편, 박의중을 사신으로 보내 동북쪽의 공험진 이남과 서쪽의 철령은 모두 고려 강역이라고 주장했다.

태종은 북방 강역을 둘러싸고 고려와 명나라 사이에 벌어진 이런 일들을 잘 알고 있었다. 그는 국왕의 첫째 임무가 조상 전래의 영토를 지키는 것이라고 생각했다. 태종은 김첨 등을 사신으로 보내 영락제에게 이런 사실을 설명했다.

본국(고려)은 즉시 이 문제를 가지고 배신(陪臣) 밀직제학 박의중(朴宜中)을 보내 표문(表文)을 받들고 (명나라) 조정에 가서 공소(控訴: 항소)하여 공험진 이북은 요동으로 환속하고, 공험진 이남에서 철령까지는 본국에 환속시켜달라고 요청했습니다.

태종은 명나라에 보내는 국서에서 명 태조 주원장이 고려의 요구를 받아들였다고 말했다. 주원장이 이렇게 말했다는 것이다.

(황제께서) "철령의 일로 인하여 왕국(王國: 고려)에서 말이 있다"하시고, 전과 같이 (고려에서) 관리를 정하여 관할해 다스리게 하셨습니다.

고려에서 요동정벌군을 북상시키는 한편 박의중을 사신으로 보내 철령~공험진까지 모두 고려 땅이라고 설명하자 주원장도 받아들였다는 것이다. 태종은 이 지역을 계속 조선령으로 유지하기 위해서는 중요한 전제조건이 있다고 생각했다. 바로 이 지역에 사는 여진족(만주족) 문제였다. 이 지역에는 삼산(參散: 북청) 천호 이역리불화(李亦里不花) 등 여진족 10처 인원(十處人員)이 살고 있었다. 이화영(李和英)이란 조선 이름도 갖고 있는 이역리불화는 조선 개국 1등공신이자 이성계의 의형제 이지란의 아들이기도 하다. 태종은 이들은 조선에서 벼슬하고 있으며 부역도 바치는 조선 사람이라고 설명했다.

삼산 천호 이역리불화 등 10처 인원은 비록 여진 인민의 핏줄이지만 본국 땅에 와서 산 지 오래됐고, 호인(胡人) 나하추(納哈出) 등의 군사와 왜구의 침략을 여러 번 겪는 동안 쇠락해서 거의 다 없어져 그 남은 종자가 얼마 없습니다. 또 본국 인민과 서로 혼인하여 자손을 낳아 부역에 이바지하고 있습니다.

이 지역에 살고 있는 사람들은 비록 핏줄은 여진인이지만 조선 사람들과 혼인해서 자손까지 조선에서 부역하고 있으니 국적을 조선 사람이라고 봐야 한다는 것이었다. 재위 4년(1404) 5월 19일 보낸 태종의 국서는 이렇게 끝을 맺는다.

그곳에 살고 있는 여진의 남은 인민들을 전처럼 본국(本國: 조선)에서 관할하게 하시면 일국이 크게 다행일 것입니다. 이 때문에 지금 배신(陪臣) 예문관 제학 김첨을 보내어 주본(奏本: 국서)과 지형도본(地形圖本)을 받들고 경사(京師: 남경)에 가서 주달(奏達)합니다.

태종은 김첨에게 철령과 공험진까지가 모두 조선 강역이라는 연혁을 담은 국서와 이 지역의 지형을 그린 지도까지 가지고 남경으로 가게 했다. 명나라 수도 남경에 갔던 김첨이 돌아온 것은 다섯 달 정도 지난 태종 4년(1404) 10월 1일이다. 영락제의 국서를 본 태종은 자신의 외교 정책이 성공했음을 알 수 있었다.

상주(上奏)하여 말한 삼산 천호 이역리불화 등 10처 인원을 살펴보고 청하는 것을 윤허한다. 그래서 칙유한다.

삼산천호 이역리불화 등 10처 인원이 사는 요동 땅이 조선 강역임을 인정한다는 뜻이었다. 이로써 조선과 명나라는 철령과 공험진을 국경으로 결정했다.

다시 한 번 강조하지만, 조선 초기 국경선이 압록강~원산만까지였는데, 세종이 4군 6진을 개척함으로써 압록강~두만강까지 확대되었다는 것은 일본인 식민사학자들이 조작한 내용이다. 태종은 대명 사대외교로 평화 체제를 구축하고, 전쟁 없이 조선의 강역을 철령~공험진까지로 확정하는 실리 외교의 성과를 거두었다. 사대 형식으로 북방 강역을 지킨 실리외교의 전형을 보여준 것이다.


대 마 도 정 벌


이성계가 조선을 건국한 후 왜적은 크게 줄어들었다.《태조실록》의 "옛날과 비교해 왜적이 10분의 8 내지 9는 줄었다(4년 7월 10일)"는 기록이 이를 말해준다. 그러나 세종 즉위년(1418), 대마도를 다스리던 종정무(宗貞茂: 소우 사다시케)가 죽고, 아들 종정성(宗貞盛: 소우 사케모리)이 계승하면서 통제력이 느슨해지자 왜구가 다시 창궐하기 시작했다. 조선 초기 왜구는 주로 삼도(三島) 왜구(倭寇)라고 불렀다. 상하 대마도와 규슈 사이의 일기도 등지에 근거지를 둔 왜구라는 뜻이다. 대마도는 고대부터 삼국에 부속되었던 섬이다. 지금도 이곳에 신라산(新羅山: 시라기야마)과 고려산(高麗山: 고마야마) 등 삼국과 관련된 지명이 있는 것은 바로 이 때문이다.

세종 1년(1419) 5월 7일 왜선 32척이 비인현을 습격했다. 왜적이 비인현 도두음곶이를 습격했을 때 비인만호 김성길(金成吉)은 술에 취해 있었다. 왜적이 공격하자 얼른 정신을 가다듬고 그 아들 김윤(金倫)과 함께 왜적에 맞서 싸웠다. 김윤은 활로 왜적 셋을 쏘아 죽였는데, 이 와중에 부친 김성길이 왜적의 창에 찔려 바다에 떨어졌다. 부친이 바닷물에 떨어져 죽은 것으로 안 김윤은 이렇게 말했다.

"아버지가 물에 떨어져 죽었는데 내가 어찌 혼자 싸우다가 적의 손에 죽으리오."

김윤은 바다에 투신해 자결하는 길을 택했다. 그러나 김성길은 죽지 않고 헤엄쳐서 겨우 살아나왔다. 이때 왜적은 조선 병선 일곱 척을 불사르고 뭍에 올라와 비인현을 공격했다. 비인현감 송호생이 맞서 싸웠지만 중과부적이어서 현성으로 퇴각해 계속 싸웠다. 왜적이 현성을 두어 겹으로 둘러싸고 공격하는 등 격전이 벌어졌다. 아침 진시(辰時: 오전 7~9시)부터 오시(吾時: 오전 11시~오후 1시)까지 전투가 계속되었다. 왜적은 현성을 공격하는 한편 민가를 돌아다니며 마음껏 약탈했다. 그러나 지서천군사(知舒川郡事) 김윤과 남포진 병마사 오익생(嗚益生)이 군사를 거느리고 달려와 협공하면서 전세가 바뀌기 시작했다. 왜적이 포위를 풀고 퇴각한 것이다.

조선 외교 정책의 근간은 사대교린이었다. 명나라에는 사대하고 이웃 국가들과는 사이좋게 지낸다는 뜻으로, 평화를 외교의 제일 방책으로 삼은 것이다. 태종은 명나라에 사대하면서도 철령~공험진에 이르는 국경선을 지켜낸 것처럼, 이웃 국가들도 교린을 근간으로 삼되 이들이 조선을 공격한다면 그냥 두어선 안 된다고 생각했다. 게다가 대마도는 원래 조선 땅이었다.

비인현이 공격 받았다는 사실을 보고 받은 상왕 태종은 격분했다. 일주일쯤 후인 5월 14일. 상왕 태종과 세종은 유정현, 박은, 이원, 허조(許稠) 등 대신들을 불러 왜구 문제를 의논했다.

"빈틈을 타서 대마도를 치는 것이 어떠한가?"

태종의 제안에 대부분 부정적인 반응을 보였다.

"빈틈을 타는 것은 불가하고, 적이 돌아오기를 기다렸다가 치는 것이 좋겠습니다."

병조판서 조말생만 동조했다.

"빈틈을 타서 쳐야 합니다."

상왕이 말했다.

"만일 소탕하지 못하고 매번 침범당해서 시끄러우면 한나라가 흉노에게 욕을 당한 것과 무엇이 다르겠는가. 빈틈을 타서 정벌하는 것만 같지 못하다. 그들의 처자식을 잡아온 후 우리 군사가 거제도에 물러나 적이 돌아오는 것을 기다렸다가 공격하고 그 배를 빼앗아 불사

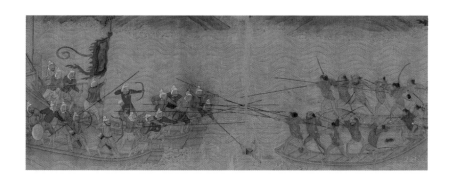

왜구도.

고려 말은 왜구가 빈번하게 침입하던 시기였다. 14~15세기 명과 조선의 건국 초기에 일본 막부가 약화되자 대마도 중심의 왜구들이 우리나라와 명나라 해안가를 자주 침략했다.

르고, 장사하러 온 자와 배에 머물러 있는 자도 모두 억류해야 한다. 만일 명을 어기는 자가 있으면 베어버리고 구주(九州: 규슈)에서 온 왜인만 억류하지 말아서 경동하지 않게 해야 한다. 또 우리의 약함을 보이면 안 된다. 후일의 우환이 어찌 다함이 있겠느냐?"

태종은 백성들의 안전을 지키지 못하는 조정은 조정이 아니라고 생각했다. 그래서 곧 장천군(長川君) 이종무를 삼군도체찰사(三軍都體察使)로 삼아 대마도를 공격하게 했다. 상왕 태종은 6월 9일 대마도 정벌에 대해 중외에 교유했다.

"대마도는 본래 우리나라 땅이다. 다만 궁벽한 곳에 떨어져 있고 또 좁고 누추하므로 왜노(倭奴)들이 거주하게 두었더니, 개처럼 도적질하고 쥐처럼 훔치려는 계획을 가지고 경인년(태종 8년)부터 방자하게 변경에서 멋대로 행동했다. 그러더니 이제는 부형을 잡아 가고 그 집들을 불살라서 고아와 과부들이 바다와 섬을 바라보고 통곡하는 일이 없는 해가 없었다. 지사와 어진 사람들이 팔뚝을 걷어붙이고 탄식하면서 그 고기를 먹고 그 가죽 위에서 자려고 생각한 것이 여러 해다."

태종은 더 이상 변방 백성들이 왜구 때문에 고통을 겪게 하지 않겠다고 맹세했다.

"이제 왜구가 방자하게 탐독(貪毒)한 행동으로 뭇 백성을 학살하여 천벌을 자청하는데도 오히려 용납하고 참을 뿐, 가서 정벌하지 못한다면 어찌 나라에 사람이 있다고 할 수 있겠는가?"

6월 19일 삼군도체찰사 이종무는 227척의 병선에 1만 7000여 명의 군사를 이끌고 거제도를 떠나 대마도를 공격했다. 오시(吾時: 오전 11시 ~오후 1시)에 먼저 10여 척이 대마도에 도착하자 대마도의 왜적들은 같은 편이 오는 것으로 착각해서 술과 고기를 가지고 환영하러 나왔다. 뒤이어 조선의 대군이 두지포에 정박하자 왜적들은 놀라서 달아났다.

이종무는 먼저 귀화한 왜인 지문(池文)에게 편지를 주어 대마도주 도도웅와(都都熊瓦: 종정성)에게 항복을 권했으나 그는 대답하지 않았다. 이에 조선군은 대대적인 수색에 나서 왜적선 129척을 빼앗아, 사용할 만한 것 20척은 차지하고 나머지는 모두 불살라버렸다. 또 왜적의 가옥 1939호에 불 지르고, 왜적 114명의 머리를 베고 21명을 사로잡았다. 왜적들은 또한 명나라까지 가서 명나라 사람들을 포로로 잡아왔는데, 이때 조선에서 구한 명나라 포로가 131명에 이르렀다.

명나라 포로들은 조선군이 나타나자 반색했다. 명나라도 하지 못한 정벌을 조선이 대신 수행해주니 기뻐하지 않을 수 없었다. 명나라 포로들은 왜적들이 창졸간에 양식 한두 말만 갖고 도망갔고 물도 없으니 포위하면 굶어 죽을 것이라고 말했다. 조선군은 훈내곶에 목책을 세워 왜적의 왕래를 끊고 오래 머무를 뜻을 보였다. 왜적은 멀리 숨어서 조선군의 동태를 살필 뿐이었다.

조선군의 승리였다. 유정현의 종사관 조의구(趙義昫)가 대마도에서 돌아와 승전을 고하자 3품 이상 벼슬아치들은 모두 상왕이 거주하는 수강궁에 나아가 하례했다. 상왕은 선지(宣旨) 두 통을 이종무에게 내렸다. 하나는 7월에 태풍이 자주 발생하니 바다 위에 오래 머무르지 말라는 것이고, 또 하나는 대마도 백성들이 잘못을 깨닫고 귀화한다면 모두 받아들여 먹여주고 재워주겠다는 것이었다. 이종무는 7월 3일 귀환했는데, 상왕은 이참에 왜적을 모두 뿌리 뽑기 위해서 재정벌에 나설 것을 논의했다. 두려움을 느낀 대마도주 도도웅와가 9월 20

일 예조판서에게 항복을 비는 신서(信書)를 바쳤다. 이를 기해년(세종 1년)에 동쪽 대마도를 정벌했다고 해서 기해동정(己亥東征)이라고 한다.

기해동정 이후 왜구들이 천위(天威)에 굴복하여 감히 포학(暴虐)을 부리지 못했다. (《세종실록》12년 4월 12일)

고려 말부터 창궐한 왜적들은 기해동정을 계기로 크게 위축되어 더 이상 변경을 노략질하지 못했다. 상왕 태종은 철령과 공험진까지를 명나라와의 국경으로 삼아서 만주 벌판까지 조선 강역으로 확정짓고, 대마도를 정벌해서 해안 백성들의 생활을 안정시켰다. 상왕 태종은 나라가 나라다우려면 강역이 분명해야 하고, 또 궁벽한 곳에 사는 백성들도 나라가 보호해야 한다는 사실을 분명하게 보여주었다. 실로 나라다운 나라가 된 것이다.

악역은 내가 감당하마

태종 이방원은 신생 조선에 가장 위협적인 존재가 명나라라고 생각했다. 특히 영락제 주체는 농경 민족인 한족 출신으로는 이례적으로 공격적인 군주였다. 갓 개창한 안남(安南: 베트남)의 호조, 즉 대우를 멸망시킨 것은 태종에게 실질적인 공포로 다가왔다. 주체는 대우를 공격할 때 호조 앞의 왕조인 진조(陳朝)를 복원하겠다는 명분을 댔다. "진씨 자손 중에서 현자를 세우겠다"고 호언했지만 막상 대우의 개국 시조인 호계리 부자를 납치해온 후로는 "호씨가 진씨를 모조리 죽여 서 계승할 사람이 없다"면서 직할지로 삼아버렸다. 신생국 호조가 멸 망한 것은 태종에게 남의 일이 아니었다. 태종은 재위 7년(1407) 4월 8 일 안남 사태를 두고 신하들과 논의했다.

"일찍이 무과에 합격한 자들이 늘 스스로 병서를 숙독(熟讀)하는가? 그렇지 않다면 장차 어디에 쓰겠는가? 들으니, 황제가 안남을 정벌하 자 안남 사람들은 속수무책으로 죽임을 당했고 대적할 자가 없었다고 한다."

공조판서 이래가 답했다.

"천하의 군사로 이 조그마한 나라를 정벌하면, 누가 감히 대적하겠 습니까?"

태종이 반박했다.

"그렇지 않다. 군사는 정교한데 있는 것이지 숫자에 있는 것이 아니 다. 어찌 한 가지만 가지고 말할 수 있는가? …황제가 본래 큰 것을 좋 아하고 공(功)을 기뻐하니, 만일 우리나라가 사대의 예를 조금이라도 잃는다면, 반드시 군사를 일으켜 죄를 물을 것이다. 나는 한편으로는 지성으로 사대하고, 다른 한편으로는 성루(城壘)를 견고하게 하고 군 량을 비축하는 것이 오늘날 가장 급무라고 여긴다."

태종이 사대를 외교의 대책으로 삼은 것은 굴욕을 참고 국체를 보 존하기 위한 것이었다. 그러나 태종은 외교만 믿지 않았다. 그는 국가 를 보위할 최후의 수단은 군사력이라고 생각했다. 사대외교로 분쟁을 예방하는 한편 군비를 튼튼히 해 명나라가 쳐들어올 때에 대비하겠다는 것이다.

태종이 이런 내용으로 어전 회의를 한 지 한 달 남짓 뒤에 명나라는 내사(內史) 정승과 행인(行人) 풍근(馮謹)을 사신으로 보내 안남을 평정한 내용을 조서로 통보했다. 명나라에서 굳이 사신까지 보내 안남을 정벌했다는 사실을 알린 의도는 뻔했다. 조선도 여차하면 안남같이 될 수 있다는 경고였다.

실제로 영락제는 안남 외에도 여러 곳을 정벌했다. 태종 13년(1413)에는 귀주 지역을 정벌하고 귀주포정사사(貴州布政使司)를 설치했다. 이듬해 2월에는 다시 달단을 정벌하기 위해 북경에서 대군을 출진시켰다. 태종은 사대외교만으로는 안심할 수 없다는 사실을 잘 알고 있었다. 명나라가 침략할 경우에 대비해야 한다고 생각했다.

태종은 봄과 가을에 경기도는 물론 때로는 강원도까지 행차해서 수렵을 했다. 명분은 직접 잡은 짐승을 종묘 제사에 바치겠다는 것이었지만, 그 내용은 수렵을 빙자한 군사훈련이었다. 또한 태종은 상왕 시절 대열(大閱)을 법제화했다. 대열이란 9월이나 10월 중 중앙은 물론 각도의 정예 군사를 모두 모아서 엄중한 의식 속에서 군사훈련을 실시하는 것이다. 모든 군사가 도열한 행사장에 임금의 수레가 나타나면 병조판서가 갑옷을 입고 투구를 쓴 채 말을 타고 임금을 받들어 인도했다. 임금이 황금빛 갑옷을 입고 대차(大次: 임금이 머무는 장막)의 자리에 앉으면 의식이 시작됐다. 대열의 의식을 치르는 동안 자연스레 그 어떤 군대와 싸워도 이길 수 있다는 자신감을 얻게 되어 있었다.

태종이 한양 도성을 수축한 것도 명나라의 공격에 대비하기 위함이었다. 상왕 태종은 세종 3년(1421) 10월 13일 임강현 군장리에 머물며 종친, 대신들에게 술자리를 베풀었다. 이때 도성이 허물어지고 있다는 사실을 언급하던 태종이 눈물을 흘렸다.

"도성을 수축하지 않을 수 없는데, 큰 역사가 일어나면 사람들이 반드시 원망할 것이다. 그러나 잠시 수고함 없이 오래 편안할 수 없는 법이니, 내가 수고를 맡고 편안함을 주상에게 물려주는 것이 좋지 않겠는가."

당시 한양 도성은 토성과 석성이 뒤섞여 있었는데 허물어진 곳이 많았다. 기세등등한 명나라를 이웃으로 두었으니 방비를 위해 도성을 수축하지 않을 수 없었다. 그런데 그 작업에는 많은 백성들이 동원되어야 했다. 그러니 도성 수축에 따른 비난은 악역인 자신이 맡고 세종에게는 좋은 역할만 맡게 하겠다는 것이었다. 태종은 도성수축도감(都城修築都監)을 만들어 대대적으로 공사를 시작했는데, 전국에서 모두 32만여 명이 선발되어 도성 수축 작업에 참여했다. 문제는 겨울에 공사를 해야 한다는 점이었다. 상왕 태종은 세종 4년(1422) 1월 5일 병조에 이렇게 물었다.

"하늘이 이렇게 추우니, 도성을 수축하는 여러 도의 군인들 중 오는 도중에 얼어 죽는 사람이 없겠느냐?"

"여러 도에서 각기 수령을 보내 전적으로 위임해서 거느리고 오게 했으니 반드시 얼어 죽게 하지는 않을 것입니다."

태종이 말했다.

"비록 성을 쌓지 못하는 일이 있더라도 백성들을 얼어 죽게 해서야 되겠느냐?"

태종은 여러 도에 사람들을 파견해 백성들을 거느리고 오는 수령에 게 타일렀다.

"도착할 기일만 생각하지 말고 바람이 차거든 머물러 유숙하고 땔나무를 준비해서 방비하다가 날이 따뜻해지거든 길을 떠나 한 사람의 백성도 얼어 죽는 자가 없게 하라. 만약 얼어 죽는 사람이 있거든 상세히 기록하여 아뢰라."

이런 준비 끝에 세종 4년 1월 15일 공사가 시작되어 한 달 남짓 지난 2월 15일 공사가 끝났다. 지금의 한양 도성은 이런 과정을 거쳐 만들어졌다. 이렇듯 태종은 악역을 자처하면서 만에 하나 명나라와 결전할 때를 대비했다. 그후 숭명 사대주의가 극성을 부리면서 명나라

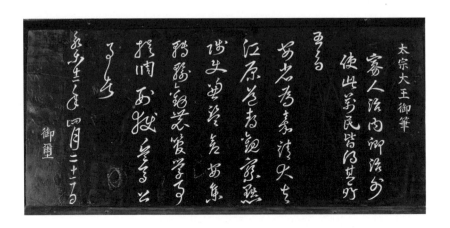

**태종 어필 현판. 어진박물관.**
태종 이방원은 평생 무수한 정적과 공신, 인척을 숙청해 많은 피를 흘렸지만, 그로 인해 조선은 외척과 공신의 전횡 없이 세종 대의 전성기를 맞이할 수 있었다. 사진은 태종의 기상이 느껴지는 힘 있는 문체가 특징으로, 태종 14년(1414) 청백리로 소문난 장수에게 내린 임명장을 판각한 것이다.

와 싸우기 위해 도성을 수축했다는 사실 자체를 아는 사람이 없게 되었다. 태종에게 명나라는 형식상으로는 사대의 대상이지만 상황에 따라 적국이 될 수도 있었다. 태종은 그 차이를 혼동하지 않았다. 그의 사고의 중심은 조선에 있었지 명나라에 있지 않았다. 이런 뚜렷한 관점을 가지고 나라를 운영했다. 태종의 치세에 조선은 반석같이 단단해졌다. 태종은 이렇듯 나라다운 나라를 만들어 후임인 세종에게 물려주었다.

냉혹해 보이는 공신과 외척 숙청으로 왕권은 아무도 넘볼 수 없을 만큼 단단해졌다. 이런 왕권을 물려주었기에, 세종은 안정적으로 국정을 운영할 수 있었다. 종부법을 단행해 노비의 숫자를 대폭 줄이고 국가에 납세의 의무를 지는 양인의 숫자를 대폭 늘렸다. 사대외교로 평화를 구가하면서도 만약의 사태에 대비해 군사를 튼튼하게 길렀다. 이 모두가 태종이 이룬 일이다.

# 폭군과 성군 사이

파란만장한 일생

세종 4년(1422) 4월 1일, 태상왕 태종과 세종은 철원 고석정 등지에서 사냥을 했다. 이날 태종은 활을 쏘아 노루와 산돼지를 잡았다. 이튿날은 갈마재에서 사냥했는데, 이날도 태종은 사슴 두 마리를 쏘아 잡았다. 이때 평강 사람 전언(全彦)의 집에 불이 났다는 소식을 듣자 태종은 의복을 내려주면서 위로했다. 이처럼 태종은 무예에 능했다. 4월 5일에도 종현산에서 사냥하면서 사슴과 산돼지를 한 마리씩 쏘아 잡았다.

이때까지만 해도 무슨 별다른 일이 생길 것이라는 조짐은 전혀 없었다. 다른 때보다 사냥을 자주 다닌 것이 다르다면 다른 일이었다.

두 임금은 한양 동부에 지은 천달방(泉達坊)의 신궁(新宮)에 돌아왔다
가 12일 다시 포천과 영평 등지로 사냥을 떠났다. 17일에는 통사(通事)
김시우가 요동에서 돌아와 영락제의 동향을 보고했다. 영락제가 21일
달단을 정벌하러 직접 나설 것이라는 내용이었다. 다음 날에는 명나
라 사람 열세 명이 평안도 여연군으로 피난을 왔다. 조선은 명나라와
분쟁이 빚어질 것을 우려해 그들을 요동으로 돌려보냈지만 명나라와
달단은 계속 교전 상태였다. 태종은 영락제가 달단 정벌을 마치면 어
떤 행동을 보일지 알 수 없다고 생각했다. 조선이 사대의 예를 다했으
므로 쉽게 공격하지는 않겠지만 앞일은 모르는 것이었다. 그래서 세
종에게 군사를 조련하는 모습을 보여주기 위해 자주 사냥터에 데리고
다녔다.

　그러던 태종이 4월 하순 갑자기 병석에 누울 것이라고는 아무도 예
상하지 못했다. 세종은 당황했다. 아직 부왕으로부터 받을 임금 수업
이 다 끝나지 않았다고 생각했기 때문이다. 세종은 4월 25일부터 고
기 반찬을 사양하면서 부왕의 쾌유를 빌었다. 그래도 태종의 병이 낫
지 않자 도교의 도전(道殿)과 불교의 불우(佛宇)와 명산에 사람을 보내
기도를 올리게 했다. 26일에는 한양과 지방에서 2죄 이하의 죄로 갇
힌 죄인들이나 재판을 받고 있는 사람들을 모두 석방했다. 또한 경기
도 광주에 있는 양녕대군 이제를 불러 태상왕의 병을 간호하게 했다.
그래도 차도가 없자 종묘와 하늘에 제사 지내는 소격전에 사람을 보
내 기도하게 했다.

　그러던 4월 30일 태종의 병세가 점점 더 위독해지자, 세종은 신하
들의 문안을 금지시키고 태종이 투병하는 천달방 신궁을 엄하게 호위

하게 했다.

　당황한 세종은 5월 2일 한양과 지방의 1죄, 즉 사형수까지 석방시키고, 다음 날에는 군사들에게 신궁을 더욱 엄하게 지키게 했다. 또한 궁중에 사람들이 함부로 출입하거나 떠드는 것을 금지시켰다. 이런 정성 때문인지 5월 4일 태종의 병세가 조금 차도를 보이는 것 같았지만 이내 다시 심해졌다. 5월 8일 세종은 태상왕을 모시고 연화방(蓮花坊) 신궁(新宮)으로 옮겼다. 투병 장소를 옮겨 병이 따라오지 못하게 하는 피병이었다. 이때 여러 왕자들은 물론 세종도 걸어서 태종의 어가를 따라갔다. 세종은 아버지를 지극정성으로 간호했다.

　임금이 태상왕의 병을 시중 든 이후 약이나 음식을 모두 직접 받들어 올렸고, 병이 심할 때는 밤새 곁에서 시중 들면서 잠시도 옷을 벗고 주무시지 않으므로 여러 신하들이 걱정했다. (《세종실록》 5월 8일)

　때마침 소헌왕후 심씨도 건강이 좋지 않았다. 그래서 세자와 함께 의산군 남휘의 집으로 가서 투병하게 했다. 남휘는 태종의 넷째 딸 정선공주(貞善公主)와 혼인한 부마다.

　5월 9일 금천부원군 박은이 세상을 떠났다는 소식을 들려왔다. 그는 태종과 운명으로 맺어진 사이 같았다. 박은은 비록 세종의 장인 심온을 죽음으로 모는데 일조했지만, 태종에게는 충신 중 충신이었다. 지금의 춘천을 다스리는 지춘주사(知春州事)로 있던 태조 7년(1398) 무인난이 일어나자 군사를 끌고 올라오기도 했다. 태종은 박은이 다시 지방으로 가지 못하게 사헌중승에 임명하고, 즉위 후에는 좌의정으로 승진시켰다. 태종은 박은이 와병 중이라는 소식을 듣고는 자신 또한 투병 중인데도 환관을 보내 문병하게 할 정도로 박은을 아꼈다. 박은 역시 태종의 병이 낫지 않는다는 소식을 듣고는 눈물을 흘리면서 말했다.

"노신의 병은 이미 어쩔 수 없지만 성명(聖明)하신 임금께서는 만년을 사셔야 하는데 어찌 여기에 이르렀단 말인가."

같은 날 밤, 태종의 병환도 크게 악화되어 안팎이 모두 정신없이 지냈다. 드디어 밤 이고(二鼓: 밤 10시쯤)에 세종은 승정원에 일렀다.

**헌릉. 권태균**

헌릉은 태종 이방원과 원경왕후 민씨의 묘로 쌍릉의 형식을 하고 있다. 서울시 서초구에 위치해 있으며, 2009년 유네스코 세계유산으로 지정되었다.

"부왕의 병이 나으실 것 같지 않으니 유사(有司)에 명하여 재궁(梓宮: 관)을 준비하게 하라."

드디어 다음 날인 5월 10일, 태상왕 태종 이방원은 연화방 신궁에서 세상을 떠났다. 56세의 파란만장한 일생이었다. 사관의 졸기는 태종의 성격과 일생을 잘 말해준다.

태상왕은 총명하고 영특하며, 강직하면서도 너그러웠다. 유학의 경전과 역사서를 넓게 보아서 옛일과 지금의 일을 밝게 알았고, 어려운 일을 많이 겪어서 진실과 거짓을 날카롭게 통찰했다. 한 가지 재주와 한 가지 착하다는 명성이 있는 자 중에 등용하지 않은 자가 없고, 조상들의 제사에는 반드시 직접 참석했다. 중국과의 관계에는 반드시 정성을 다했고, 재상에게 국사를 맡겨서 환관을 억제했다. 신상필벌이 엄격했고, 친하고 소원한 데 따라 간격을 두지 않았다. …문교(文敎)를 숭상하면서도 무비(武備)를 닦았으며, 검소한 덕을 행하고 사치와 화려한 것을 없애니 20년 동안 백성이 편하고 재물이 풍부해져서 창고가 가득 찼다. 해적들이 와서 굴복하고 예의가 갖춰지고 음악이 화락했으며 기강이 드니 작은 세목이 저절로 밝혀졌다.

태종에 대한 사관의 졸기는 결코 아첨하거나 과장한 것이 아니다. 사대로써 명나라와 평화공존을 선택했지만 싸우지 않고도 철령~공험진에 이르는 강토를 확보한 것도 사실이다. 형식상 사대로 강토를 확보한 실리외교의 전형이다. 사관이 "어려운 일을 많이 겪어서"라고 말한 것처럼 태종은 인간으로서 경험할 수 있는 고난과 영광을 다 겪어보았으며, 그 과정에서 나라의 토대를 닦은 위대한 군주였다. 그렇게 태종은 자신의 행적을 사가(史家)에게 맡기고 돌아올 수 없는 길을 떠났다.


## 지친에게는 폭군, 백성에게는 성군


활재(活齋) 이구(李榘)라는 학자가 있다. 효령대군의 7대손으로 병자호란 이후 벼슬에 뜻을 버리고 학문에 전념한 종친이다. 그가 쓴 〈태종우(太宗雨)〉라는 글이 있다.

5월 10일은 우리 공정대왕(태종)께서 신민을 버리신 날이다. 매년 온 나라에 가뭄이 들어도 이날만은 반드시 비가 내려 백성들이 살 길을 얻었으므로 '태종우'라고 불러 성스러운 덕이 쇠퇴하지 않았음을 노래했다. 《활재집》〈태종우〉)

매년 가뭄이 들었어도 태종이 세상을 떠난 5월 10일만큼은 비가 내려 백성들이 '태종우'라고 불렀다는 것이다. 인조 때 영의정을 지낸 추탄(楸灘) 오윤겸(嗚允謙)도 태종우에 관한 시를 남겼다.

성스러운 임금 용이 되신 지 200년

한 말씀 의지함이 무릇 하늘 같은 믿음이어서

지금 5월 초 열흘에 이르니

단비가 쏟아져 마른 밭을 적시네


태종이 세상을 떠난 5월 10일이면 비가 내려 마른 밭을 적신다는 것이다. 오윤겸은 시를 쓰게 된 동기를 이렇게 설명했다.

"백성들이 전하기를, 태종이 세상을 떠나던 날 '내가 살아서 백성들에게 혜택을 주지 못했지만 죽은 날에는 늘 비를 내려 가뭄을 구하겠다' 운운했다. 5월 10일은, 태종의 제삿날이다."

태종 사후 '태종우'에 대한 이야기는 광범위하게 퍼졌다. 5월 10일 비가 오면 백성들은 '태종우'라고 부르며 풍년의 조짐으로 생각했다. 조선 초중기 문신 정경세(鄭經世)는 《우복집(愚伏集)》에서 "동산에서 자고 새벽에 일어나니 크게 가물었는데 때마침 반가운 비가 왔다. 금년은 봄부터 여름까지 비가 오지 않아 가뭄이 더 심했는데, 5월 10일 감로수 같은 비가 새벽부터 밤까지 내렸다. 이 나라의 민간에서 소위 말하는 태종우다"라면서 "느낀 바가 있어서 그 기쁜 뜻을 적는다"라고 기록했다.

그러나 여러 사료를 검토해 살펴보아도 태종이 세상을 떠나는 날 이런 말을 남겼다는 기록은 없다. 아마도 훗날 백성들이 만든 말인 듯하다.

태종은 지친들에게 냉혹한 군주였다. 유학자 정몽주를 죽이고, 이복 동생인 이방번·방석 형제를 죽였다. 민무구·무질·무휼·무회 네 처남도 죽이고, 사돈 심온도 죽였다. 아버지 이성계를 내쫓고, 맏형 정종을 내쫓고 왕이 되었다. 이런 측면만 보면 폭군이라는 평가가 어울려 보인다. 그러나 이는 모두 왕가 내부의 일이고, 권력 상층부의 일이다. 공신이나 지친들에게는 몰라도 힘없는 민초들에게 태종은 성군이자 인군이었다. 위로는 임금 자신부터 아래로는 노비들까지 모두 법 아래 존재했던 시기였다. 진정한 법치, 즉 만인에게 공평한 법이 적용되면 민초들의 삶은 편안해진다. 사대부들, 특히 권력자들의 시각에서 볼 때는 태종이 공신과 처남들, 그리고 사돈까지 가혹하게 숙청한 피도 눈물도 없는 폭군이었을지 몰라도 백성들에게 태종은 성군이었다.

태종의 가혹한 공신 숙청은 측근 중의 측근 이숙번의 사례가 잘 말해준다. 태종 16년(1416) 6월 이숙번은 자신이 아니라 박은이 우의정이 된 데 불만을 품고 여러 달 동안 입궐하지 않았다. 문제는 이때 가뭄이 한창이었다는 점이었다. 태종은 자신은 하늘에 비를 내려달라고 빌며 근신하고 있는데 자신의 측근이 인사 문제에 불만을 품고 정사에 태만한 것에 분노했다. 그래서 승정원에 전지를 내려 이숙번을 비판했다.

"이런 신하가 있으니 하늘이 어찌 비를 내리겠느냐?"

그러자 삼공신과 정승, 대간에서 일제히 이숙번의 죄를 청했다. 이숙번은 사형 위기에 몰렸으나, 과거 그가 태종에게 "신은 크게 우매하니 나중에 설령 죄를 지어도 성명을 보존케 해주소서"라고 요청했을 때, 태종이 "종사(宗社)에 관계되지 않으면 어찌 보존해주지 않겠는가"라고 답한 일이 있어 겨우 목숨은 건졌다. 그러나 태종은 "전의 말은 종사와 관계되지 않는 일에 대하여만 말한 것임을 알아야 한다"며

근정전. ⓒBlmtduddl

경복궁의 중심 건물인 근정전의 이름은 "천하의 일은 부지런
하면 잘 다스려진다"는 《서경》 구절에서 유래한 것으로, 태종
의 정치적 라이벌이었던 정도전이 지었다. 정종, 세종을 포함
하여 일곱 명의 왕이 이곳에서 즉위식을 올렸다.

살아생전 도성에 들어오지 못하게 했다. 그런데 태종이 이숙번의 도성 출입을 금지시킨 데는 다른 뜻이 숨어 있었다.

이숙번을 외방으로 추방한 까닭은 내가 이미 늙었는데 내 뒤를 잇는 자손이 아비가 신용하던 사람이라 하여 그에게 일을 맡겼다가 혹시 잘못될 것을 염려하기 때문이다. (《태종실록》16년 6월 21일)

이숙번처럼 부왕인 자신과 두 번이나 사지(死地)를 같이 헤쳐나온 힘 있는 공신이 도성에 있으면 다음 임금이 임금 노릇을 제대로 하기 힘들 것이란 생각에 지방으로 내쳤다는 뜻이다. 다음 임금을 위한 백 년의 계책이었다.

세종이 《용비어천가》를 지을 때 선조(先朝: 태종) 때의 일을 자세히 아는 사람을 찾자 김돈(金墩)이 이숙번을 천거했다. 관직이 없는 이숙번이 백의(白衣)로 대궐에 들어오자 재상들이 모두 다투어 절하고 뵈었다. 이숙번은 손을 저어 그치게 하고는 말했다.

"누구는 소싯적에 영특했고 누구는 신실해서 내가 장차 영장(令長)이 될 그릇이라고 생각했는데 과연 그렇게 되었구나."

이숙번이 한양에 오자 문하에 있던 사람들이 모두 와서 인사했다. 정승을 지낸 사람들도 찾아왔는데 이숙번은 의자를 남향으로 놓고 자리에 앉아 다른 사람들은 모두 남쪽에 평좌(平坐: 바닥에 앉는 것)하게 했다. 사위가 놀라서 말했다.

"정승은 임금도 예우하는 터인데 감히 이렇게 하십니까? 패가(敗家)할 것입니다."

이숙번은 그제야 그들과 평좌했는데, 오랜 귀양살이를 겪고 나서도 거만하기가 이 정도였다. 태종은 이런 성격의 이숙번이 도성에 계속 남아 있으면 새 임금이 임금 노릇을 제대로 하지 못할 것으로 우려해 그를 지방으로 쫓아내고 살아생전 도성에 들어오지 못하게 한 것이다. 세종 또한 부왕의 뜻을 받들어 자료 수집 작업이 끝난 뒤 이숙번을 귀양지로 돌려보냈다.

정적을 숙청하는 것은 즐거운 일이지만 측근을 제거하는 것은 괴로운 일이다. 태종은 자신의 측근을 제거하는 것으로 법의 엄중함을 세웠다. 그것 또한 권력의 길이었다.

태종은 스스로 피비린내 나는 권력의 길을 걸었다. 이를 위해 많은 것을 포기해야 했는데, 그것이 그의 운명이었다. 또한 부왕에게 효도함으로써 만백성에게 효도의 모범을 보이고 싶었지만 운명이 허락하지 않았다. 제왕의 바람직한 부부관계를 노래한 《시경》에 실린 첫 노래의 "노래하는 한 쌍의 저 물수리"라는 구절처럼 만백성에게 금슬 좋은 부부의 모범을 보이고 싶었지만, 이 역시 이루지 못했다. 장남에게 왕위를 전하고 싶었지만, 이 또한 그렇게 하지 못했다. 이런 모든 비운에 대해 태종은 "이 또한 하늘이 시켜서 한 일이지 내가 즐거워서 한 일이 아니다"(《태종실록》 16년 5월 19일)라고 탄식했다.

하늘이 그에게 부여한 역할은 악역이었다. 태종은 묵묵히 그 길을 걸었고, 좋은 역할은 후대인 세종에게 넘겨주었다. 그런 태종을 알아준 것은 힘없는 백성들이었다. 그랬기에 사후 수백 년 동안 백성들이 그를 '태종우'로 기린 것이리라. 스스로 악역을 맡음으로써 후대의 태평성대를 준비하고 들판 백성들의 마음을 얻은 태종의 길, 그것은 숱한 피와 땀으로 얼룩진 길이었으나 진정한 제왕의 길이기도 했다. 지금까지 이런 길을 걸은 군주는 태종 외에는 없다.

# 백성을 먼저 생각한 강한 리더, 태종

## 세종이 정종을 본받았더라면

정종 이방과에게 운명은 예측하지 못한 일들의 연속이었다. 집안이 왕가가 되고, 자신이 왕위에 오르리라고는 결코 생각하지 않았다. 그는 그저 부친이 명한 길, 부친이 걷는 길을 욕심 없이 묵묵히 잘 따르는 아들이었다. 하지만 운명은 그에게 부친의 자리를 대신할 것을 명한다. 그가 걸었던 욕심 없는 삶과 상반되는 것이다.

원래 막내 방석의 세자 책봉에 가장 반발했어야 할 왕자는 바로 방과였다. 이성계의 살아 있는 아들 중 그가 맏이였기 때문이다. 그러나 그는 원망 없이 막내의 세자 책봉을 받아들였다. 조선은 자신이 아니라 부왕이 세운 왕조였기에, 후사 책봉 또한 부왕의 몫이라고 생각했다. 그는 부왕이 쫓겨난 자리에 앉는 것 역시 자신의 몫이 아니라고 생각했고, 왕위를 순순히 방원에게 돌려주었다. 그야말로 공자가 크게 드높인 선양(禪讓)의 드문 사례이자, 우리 사회에서 유례를 찾기 어려운 무욕의 실천이었다. 그렇게 정종은 욕심을 내지 않는 것(無慾)과 만족을 아는 것(知足)을 생각하고 실천함으로써 권력투쟁과 골육상잔의 악순환을 끊었다.

정종이 왕위를 양보한 것은 두려움 때문이 아니다. 그 역시 부왕처럼 타고난 무인이자 숱한 전장을 전전한 무장이었다. 그러나 그는 무(武)뿐만 아니라 문(文)의 가치도 인정했다. 왕이 참석하는 모든 회의에 사관(史官)이 참석하게끔 법제화한 군주도 정종이다. 민간에서 자라서 그 누구보다 백성들의 아픔을 잘 알았고, 선정을 베풀기 위해 노력했다. 그렇기에 더더욱 권력을 좇아 피 흘리는 것을 거부했고, 모든 영광을 뒤로 하고 스스로 역사의 무대에서 내려왔다.

세종 사후 후손들 사이에 벌어진 피비린내 나는 골육상잔의 비극은, 일찍이 정종이 보여주었던 무욕과 지족의 리더십이 갖는 가치를 몰랐기에 발생했다고 해도 과언이 아니다. 태종이 권력을 얻기 위해 자행한 피도 눈물도 없었던 숙청의 흐름을, 정종이 보여준 무욕과 지족의 리더십으로 보완했더라면 어땠을까? 어쩌면 삼촌이 조카를 피 흘리게 하고, 큰 할아버지들이 손자를 죽이라고 거듭 청하는 아귀다툼은 벌어지지 않았을지 모른다.

형제 사이에 우의를 잃지 않고, 자신도 하늘이 준 수명을 누린 고종명(考終命)의 군주 정종. 그가 보여준 무욕과 지족의 리더십은 오늘날 권력과 욕심에 탐닉하기 쉬운 우리에게 스스로를 돌아보게끔 만든다.

## 태종, 악역을 맡아 새 나라를 반석 위에 올리다

태종 이방원은 평생 권력을 위해 자신의 모든 것을 던졌다. 정몽주를 격살해 정국의 물고를 바꾸었고, 왕자의 난을 일으켜 개국시조인 부왕을 몰아냈다. 허수아비로 잠시 왕위에 올린 친형으로부터 임금 자리도 빼앗듯 물려받았다. 평생 숱한 피를 손에 묻힌 그이기에, 권력에 미친 냉혈한이라는 평가도 딱히 틀린 말이 아닐 것이다.

그러나 태종은 모든 일을 하늘이 시킨 천명으로 여겼다. 자기합리화나 변명으로 들릴 수 있다는 걸 알면서도 그렇게 여겼다. 태종이 즉위했을 때, 신생국 조선은 많은 문제를 안고 있었다. 무려 475년을 유지했던 고려왕조의 영향력은 여전했다. 작은 문제만 생겨도 사람들은 의심을 품고 전 왕조를 떠올렸다. 이런 의구심을 불식시키고 새 나라를 반석 위에 올려놓는 것이 태종이 생각한 자신의 역할이었다. 바로 그 천명을 위해 악역을 맡는 것도 머뭇거리지 않았다.

태종의 곁에는 그를 왕으로 만드는 데 기여한 공신이 많았다. 하지만 그중 상당수가 새 나라의 긴 안녕보다 자기 권력에 더 집착했다. 그들은 개국한 지 얼마 지나지 않아 양민들을 노비로 만들고 그 토지를 빼앗았다. 나라를 망친 고려 말 권신들과 비슷한 모습을 보였다. '새 왕조라더니 달라진 것이 대체 무엇이냐?'는 말이 나올 법했다.

태종은 새 왕조의 미래를 위해 이러한 적폐를 그 싹부터 뿌리 뽑아야 한다고 여겼다. 결국 왕의 자리에서 그가 손에 묻힌 피는 대부분 지친과 측근의 것이 되었다. 처남이었던 민무구·무질 형제가 그랬고 세종의 장인 심온이 그랬다. 태종은 자신을 위해 목숨을 걸었던 이들을 향해 무자비하게 칼을 휘둘렀고, 그러한 피의 숙청을 통해 조선은 마침내 법이 지배하는 나라가 됐다. 왕의 처남들이 죽어나가고 새 왕의 장인이 죽어나가는 공포를 목도하고도 감히 법을 어기고 백성의 재산을 침탈할 신하는 없었다. 위로는 영의정부터 아래로는 고을 현감에 이르기까지, 혹 법을 어기지 않았는지 스스로를 단속했다. 그렇게 태종은 공신집단의 권력을 해체했고 조선을 법치국가로 만들었다. 백성은 마침내 법의 지배를 받을 수 있었다.

## 죽어서도 백성을 하늘로 여긴 임금

태종은 또한 구도자적인 임금이었다. 평생 권력을 좇았고, 그것을 지키기 위해 형제나 지친의 피를 흘리는 것도 망설이지 않았지만, 그렇게 얻은 권력은 자신이 아닌 백성을 위해 사용했다. 그의 천명은 백성에 있었다. 재해가 발생하면 자신의 정치에 대한 하늘의 꾸짖음으로 여겼다. 가뭄이 계속되면 자신의 정사(政事)에 무슨 잘못이 있는지 구체적으로 직언해달라는 구언(求言)의 교지를 내렸다. 구언에 의한 응지상소(應旨上疏)는 그 어떤 신랄한 비판이 담겨 있다 하더라도 결코 처벌하지 않았다. 태종은 그렇게 때로는 피의 숙청으로, 때로는 자신에 대한 성찰로 신생 조선의 기틀을 닦았다.

일찍이 조선이 개창할 때, 가장 큰 명분이 된 것이 바로 민생이었다. 이를 위한 첫걸음이 과전법이라는 광범위한 토지 개혁이었다면, 태종은 다른 부분에서의 개혁도 시급하다고 여겼다. 바로 신분 문제였다.

고려 말부터 무수히 많은 양민들이 삶에 쫓겨, 또는 귀족들의 행패에 의해 노비가 되었다. 이러한 추세는 새 왕조 조선에도 이어졌다. 신분이 다른 부모에게서 태어난 사람들은 어머니의 신분을 따르게 하는 노비종모법으로 많은 이들이 노비로 전락했다. 당시에는 부모의 신분이 다를 경우 모친의 신분이 낮은 경우가 거의 대부분이었다.

개혁은 쉽지 않았다. 노비는 양반 사대부의 주요 재산이기 때문이다. 그러나 태종은 격렬한 저항을 무릅쓰고 "하늘이 사람을 낼 때는 본래 천인이 없었다"면서 기존의 노비종모법을 아버지의 신분을 따르는 노비종부법으로 바꾸었다. 인간이 아니라 물건처럼 거래되던 무수한 백성들이, 마침내 자손 대대로 이어지는 굴레에서 벗어나게 되었다. 과전법에 이은 노비종부법의 도입으로, 조선 개창의 대업은 비로소 완성되었다고 해도 과언이 아니다.

태종은 지친인 공신들을 향한 피도 눈물도 없던 숙청과 양반 사대부들의 이익을 성면으로 겨냥한 노비종부법의 도입을 통해 신생국가 조선을 반석 위에 올려놓았다. 조선의 번영을 이끈 준비된 국왕, 세종의 치세는 바로 이처럼 스스로 악역의 길을 마다하지 않았던 태종 덕분에 탄생할 수 있었다.

태종은 아들 세종에게 비단길을 깔아주었지만 정작 자신은 그 길을 걷지 못했다. 숱하게 구언하고 몸과 마음을 닦으며 수성(修省)했지만, 재위 내내 재해가 끊이지 않았다. 그런데 그가 세상을 떠난 뒤, 매해 5월 10일이면 자주 비가 내렸다. 바로 그의 기일이었다. 백성들은 가뭄일 때 내린 이 비를 태종이 내려주는 비라고 여기며 '태종우(太宗雨)'라고 불렀다. 죽은 뒤까지 백성들을 생각해 비를 내리는 임금으로

태종을 기렸던 것이다. 항상 자신을 "부덕한 몸"으로 칭했던 그로서
는, 살아생전에도 미처 누리지 못했던 복이었다.

# 정종·태종 연표

1357 ~ 1424년

| | |
|---|---|
| 1357 | 이방과 태어나다. |
| 1367 | 이방원 태어나다. |
| 1368 | 중국의 주원장, 명을 건국하고 원을 몰아내다. |
| 1383 | 이방원이 문과에 급제해 이성계가 크게 기뻐하다. |
| 1387 | 명, 고려에 철령위 설치를 통보하다. |
| 1388 | 이성계, 위화도 회군을 단행하다. |
| 1391 | 과전법이 반포되다. |
| 1392 | 이성계, 사냥을 나갔다가 낙마하다. |
| | 정몽주, 이성계 일파인 조준, 남은 등을 탄핵하여 유배 보내다. |
| | 이방원 등이 선죽교에서 정몽주를 살해하다. |
| | 공양왕 폐위되고, 이성계가 왕위를 이어받다. 새 왕조가 개창되다. |
| | 태조, 막내아들 이방석을 세자로 삼다. |
| 1393 | 새 왕조의 국호를 조선으로 바꾸다. |
| 1394 | 명, 왕자의 입조를 요구하다. 이방원이 사신으로 나서다. |
| | 이방원, 사신으로 가던 중 북평(북경) 연왕부에서 연왕 주체를 만나다. |

| | |
|---|---|
| | 한양으로 천도하다. |
| 1396 | 표전문 사건 발생. 명, 정도전 등의 압송을 요구하다. |
| 1397 | 표전문 사건으로 억류된 정총 등이 처벌되다. 정도전과 남은 등이 북벌 계획을 세우다. |
| 1398 | 명, 홍무제 주원장이 사망하다. |
| | 1차 왕자의 난 발생. 정도전, 남은 등이 피살되고 방원이 실권을 잡다. |
| | 이성계, 세자 이방과에게 선위하여 정종 즉위하다. |
| | 1차 왕자의 난에 공을 세운 방원과 29명이 정사공신으로 책봉되다. |
| 1399 | 개경으로 환도하다. |
| | 명, 연왕 주체가 혜종에 맞서 거병하다. |
| 1400 | 2차 왕자의 난 발생. 정종, 이방원을 세자로 삼다. |
| | 정종이 세자에게 양위하고, 태종이 즉위하다. |
| 1401 | 태종, 자신의 즉위에 공을 세운 46명을 좌명공신으로 책봉하다. |
| 1402 | 명, 연왕 주체가 내전에서 승리해 3대 황제로 즉위하다(성조 영락제). |
| | 이성계, 양주 회암사에서 고향인 동북면으로 거처를 옮기다. |
| | 조사의의 난 발생. |
| 1403 | 명의 영락제로부터 고명과 인장을 받다. |
| 1404 | 양녕대군 이제, 세자로 책봉되다. |
| | 태종, 이거이와 네 아들을 처벌하다. |
| 1405 | 한양으로 재천도하다. |
| 1406 | 태종이 선위 소동을 벌이다. |
| 1407 | 민무구, 민무질을 처벌해 유배를 보내다. |

| 1408 | 태조 이성계 사망하다. |
|---|---|
| | 명, 조선에 처녀를 진헌녀로 바칠 것을 요구하다. |
| 1409 | 태종이 또다시 선위 소동을 벌이다. |
| | 《태조실록》 편찬을 지시하다. |
| | 명의 영락제가 진헌녀로 뽑힌 권씨를 총애해 현비로 명하다. |
| 1410 | 태종, 제주로 이배된 민씨 형제를 자진케 하다. |
| | 명, 영락제의 현빈 권씨가 병을 얻어 죽다. |
| 1413 | 세자의 행실이 여러 차례 문제가 되다. |
| 1415 | 태종, 민무회가 노비 소송 사건에 개입한 일에 분노하다. |
| | 세자의 고발로 민무회의 옛 발언이 드러나, 민무휼·무회를 유배 보내다. |
| 1416 | 민무회와 민무휼을 자진케 하다. |
| | 이숙번, 박은이 먼저 정승이 된 데 분노해 칭병하여 입궐하지 않다. |
| | 태종, 이숙번의 녹권과 직첩을 거두다. |
| | 세자가 구종수, 이오방 등과 어울리는 일에 태종이 분노하다. 황희, 세자를 변호하다. |
| 1417 | 세자가 곽선의 첩 어리를 데려다 어울린 일이 발각되다. |
| | 태종, 구종수와 이오방을 사형시키다. |
| 1418 | 세자가 계속 어리와 어울리며 방종하자, 마침내 폐할 것을 결심하다. |
| | 충녕대군 이도를 세자로 삼다. |
| | 세자를 새로 정한 지 두 달 만에 양위를 결정하다. 세종이 즉위하다. |
| | 상왕(태종), 아들(세종)의 장인 심온을 명에 보낼 사은사로 정하다. |
| | 상왕이 보유한 군권과 관련해 강상인의 옥사가 발생하다. |

| | |
|---|---|
| | 심온, 사은사에서 돌아온 뒤 강상인의 옥사에 휘말려 국문을 받고 처형되다. |
| 1419 | 왜적의 노략질이 계속되니, 상왕이 대마도 정벌을 명하다. |
| | 이종무, 태종의 지시로 대마도를 정벌하다. |
| | 정종 이방과 사망하다. |
| 1421 | 명, 북경으로 천도하다. |
| 1422 | 태종 이방원 사망하다. |
| 1424 | 명, 영락제 주체 사망하다. |

## ㅅ

## ㅇ

ㅎ

# 조선왕조실록 2 | 정종·태종
피와 눈물로 세운 나라의 기틀

**초판 1쇄 발행** 2018년 7월 3일
**초판 4쇄 발행** 2024년 6월 11일

**지은이** 이덕일
**펴낸이** 김선식

**부사장** 김은영
**콘텐츠사업본부장** 임보윤
**책임마케터** 이고은, 양지환
**콘텐츠사업8팀장** 전두현 **콘텐츠사업8팀** 김상영, 김민경, 장종철, 임지원
**마케팅본부장** 권장규 **마케팅2팀** 이고은, 배한진, 양지환 **채널2팀** 권오권
**미디어홍보본부장** 정명찬 **브랜드관리팀** 안지혜, 오수미, 김은지, 이소영
**뉴미디어팀** 김민정, 이지은, 홍수경, 서가을, 문윤정, 이예주
**크리에이티브팀** 임유나, 박지수, 변승주, 김화정, 장세진, 박장미, 박주현
**지식교양팀** 이수인, 염아라, 석찬미, 김혜원, 백지은
**편집관리팀** 조세현, 김호주, 백설희 **저작권팀** 한승빈, 이슬, 윤제희
**재무관리팀** 하미선, 윤이경, 김재경, 이보람, 임혜정
**인사총무팀** 강미숙, 지석배, 김혜진, 황종원
**제작관리팀** 이소현, 김소영, 김진경, 최완규, 이지우, 박예찬
**물류관리팀** 김형기, 김선민, 주정훈, 김선진, 한유현, 전태연, 양문현, 이민운

**펴낸곳** 다산북스 **출판등록** 2005년 12월 23일 제313-2005-00277호
**주소** 경기도 파주시 회동길 490 다산북스 파주사옥
**전화** 02-704-1724 **팩스** 02-703-2219
**이메일** dasanbooks@dasanbooks.com
**홈페이지** www.dasan.group **블로그** blog.naver.com/dasan_books
**종이** 아이피피 **인쇄** 한영문화사 **코팅 및 후가공** 평창피엔지 **제본** 한영문화사

ISBN 979-11-306-1760-2 (04910)

다산북스(DASANBOOKS)는 독자 여러분의 책에 관한 아이디어와 원고 투고를 기쁜 마음으로 기다리고 있습니다.
책 출간을 원하는 아이디어가 있으신 분은 이메일 dasanbooks@dasanbooks.com 또는 다산북스 홈페이지 '투고원고'란으로
간단한 개요와 취지, 연락처 등을 보내주세요. 머뭇거리지 말고 문을 두드리세요.